2020年度烟台市校地融合发展项目：烟台市医养健康产业升级发展项目（2020XDRHXMQT23）

| 光明社科文库 |

# 医养结合养老服务模式的可持续发展

## 以基层为主导的嵌入式医养结合研究

何晓敏　杜　清◎著

光明日报出版社

**图书在版编目（CIP）数据**

医养结合养老服务模式的可持续发展：以基层为主导的嵌入式医养结合研究 / 何晓敏，杜清著．-- 北京：光明日报出版社，2023.7

ISBN 978-7-5194-7332-7

Ⅰ．①医… Ⅱ．①何… ②杜… Ⅲ．①养老—社会服务—研究—中国 Ⅳ．①D669.6

中国国家版本馆 CIP 数据核字（2023）第 114536 号

**医养结合养老服务模式的可持续发展：以基层为主导的嵌入式医养结合研究**

**YIYANG JIEHE YANGLAO FUWU MOSHI DE KECHIXU FAZHAN：YI JICENG WEI ZHUDAO DE QIANRUSHI YIYANG JIEHE YANJIU**

著　　者：何晓敏　杜　清

责任编辑：刘兴华　　责任校对：李　倩　李佳莹

封面设计：中联华文　　责任印制：曹　诤

出版发行：光明日报出版社

地　　址：北京市西城区永安路 106 号，100050

电　　话：010-63169890（咨询），010-63131930（邮购）

传　　真：010-63131930

网　　址：http://book.gmw.cn

E - mail：gmrbcbs@gmw.cn

法律顾问：北京市兰台律师事务所龚柳方律师

印　　刷：三河市华东印刷有限公司

装　　订：三河市华东印刷有限公司

本书如有破损、缺页、装订错误，请与本社联系调换，电话：010-63131930

开　　本：170mm×240mm

字　　数：283 千字　　印　　张：18.5

版　　次：2023 年 7 月第 1 版　　印　　次：2023 年 7 月第 1 次印刷

书　　号：ISBN 978-7-5194-7332-7

定　　价：98.00 元

# 序

医养结合养老服务模式，是对传统养老服务模式的延伸，是在人口老龄化进程加剧的新时期，人们对于养老服务体系的重新定位与思考。以基层为主导的嵌入式医养结合养老服务模式的可持续发展研究是应对积极老龄化、健康老龄化的一项重大研究课题。基层嵌入式医养结合是一种创新型的养老服务模式，在包含基层医疗卫生服务机构、社区、毗邻的基层养老机构、养护院等开展嵌入式医养结合服务是意义重大的开拓性实践与尝试。

本书以医药卫生体制改革政策方针、“健康中国2030”规划纲要为指导，借鉴国内外医养结合养老服务模式的经验，以供给与需求分析作为主导思路，以医养结合养老服务模式的理论研究和实证分析为主要内容，注重理论与实践的有机结合，引入丰富的典型案例，为理论研究提供了充实的实践支撑。本专著在体系结构上从不同的环节和角度逐一展开以基层为主导的嵌入式医养结合这个主题。专著撰写以现代管理科学、经济学、社会学等理论作为依据，系统分析国内外医养结合研究的最新进展与成果，密切结合我国以基层为主导的嵌入式医养结合的实际进展，在内容上力求深入浅出，在文字上力求通俗易懂，使读者在全面了解基本理论及研究进展的同时，通过经典案例和实证分析，帮助读者解决以基层为主导的嵌入式医养结合模式构建中的实际问题。

本书得到下列课题基金的大力支持，包括滨州市社会科学规划重点研究课题：“富强滨州”视域下以基层医疗机构为主导的医养结合模式研究（2021-SKGH-41）；滨州医学院社会科学发展基金项目：新旧动能转换理念下山东省高等院校康养人才培养机制研究（20SKNY08）；2020 年度烟台市校地融合发展项目：烟台市医养健康产业升级发展项目（2020XDRHXMQT23），在此对提供支持与帮助的团队成员一并致谢。

# 目 录
# CONTENTS

# 第一篇　理论篇　以基层为主导的嵌入式医养结合

随着中国经济的快速增长和消费结构的转型升级，我国现阶段老年群体的养老需求内容日趋多元，体现在衣、食、住、行、医、护、娱、学等诸多方面，以“普需”“特需”和“刚需”的形式呈现。一方面，随着老年人年龄的逐年增大，他们的生活自理能力及生理机能日趋下降，加之诸多心身疾病、慢性病等的影响，老年人生理状况、心理状态及社会适应能力等每况愈下，生活照料、医疗保健、家政代理等服务，成为老年人现实养老服务不可或缺的普遍需求。首先是生活照料方面的普遍需求。生理机能的日趋弱化及老化，使许多老年人自理能力越来越差，面对日常生活中的一些较为繁重和烦琐的事务常感力不从心、无能为力。因此，老年人日常餐饮、助洁助浴、如厕服务等的生活照护成为养老服务中日趋上升的核心元素。其次是医疗保健方面的普遍需求。面临难以规避的年老体衰、体弱多病的现实，诸多罹患常见病、慢性病的老年人，亟须通过诸多健康管理措施及服务如开展健康教育、进行健康检查与评价、建立健康档案等，实现健康的维护和促进；而一些多病缠身、急危重症的老年人，对有针对性的医疗保健服务如健康咨询、陪诊就医、康复护理、家庭病床、临终关怀等的需求更为迫切。所以，针对老年人的健康管理及医疗服务无疑是老龄人群普遍需求的重中之重。最后是家政代理方面的普遍需求。由于老年群体的生活自理能力普遍降低，对于行动不便、生活起居较困难的独居、空巢老年人而言，诸多日常生活中需要处理的繁杂琐碎的事宜如外出购物、日常家务、维修、洗浴等往往成为其无法应对的难题，因此，老年人对于家庭保洁、货物搬运、物件取送、家具维修等家政代理类服务的需求日趋强烈。

另一方面，在衣食住行等生理及生存方面的基础性养老需求得到满足以后，老年人往往会诉诸更高层次的特殊需求，如文化教育、文体娱乐、发挥余热等。首先是文化教育的特殊需求。在沧桑巨变、日新月异的新时代，许多有知识、有文化的老年人表现出强烈的自主学习意识。这一阶段的学习功利价值退居其次，非功利的价值会上升，学习的目的更多是为了提高接受新事物的能力，追求自己的爱好和自我实现。所谓“乐以忘忧，不知老之将至”，学习自然成为老年人最好的养老方式之一。因此，对以巩固和提高认知、充实文化知识、加强自我思想修养等学习教育为主导的再学习养老需求日益强烈。其次是文体娱乐的需求。物质生活的富庶促使更多的老年人探索更为丰富的精神生活。许多身体健康状况良好、文化层次相对较高、兴趣爱好较为广泛的老年人，精神需求日益多样，对文学、书法、音乐、舞蹈、绘画、摄影、手工艺术等的文化养老需求越来越大。最后是发挥余热的需求。在家庭条件、身体状况允许的前提下，许多拥有专长、思想活跃的老人“人老心不老”，他们期望得到他人认可、获得社会尊重，存在服务他人、奉献社会、实现自我人生价值的需要，更多地向老有所为等高品质的文化养老生活发展。积极老龄化进程中的“老有所学”“老有所乐”“老有所为”，已经成为养老服务领域的重要内容。

再者，老年群体由于其家庭情况、经济、文化、健康状况、兴趣、消费观念等的差异性，养老服务层面的需求也各有不同，对于特定老年群体而言，失能专护、精神慰藉、权益保护等成为老年人现实养老服务的刚性需求。首先是针对失能老人的失能专护刚性需求。对于丧失生活自理能力的老年人而言，其吃饭、穿衣、上下床、上厕所、室内走动、洗澡等日常活动能力存在不同程度的缺失，烦琐的生活照护需求仅靠单一的家庭很难完成，因此，“一人失能全家失衡”照护难题的破解必须构建完善的长期护理服务体系，依托标准化高、专业性强的专业机构及人员来完成。其次是应对心理变化的精神慰藉刚性需求。当今社会转型给老年人带来了巨大冲击，《2010~2019 年中国老年人抑郁症患病率的 Meta 分析》显示，中国老年人抑郁症患病率为 25.55%，老年人及其家属以及社会各界在应对老龄化所带来的心理变化层面明显应对不足。① 随着年龄增长，老年人尤其是独居、空巢老人，他们的活动半径缩小，人际交往陷入困境，极易产生精神空虚、生活无味的焦虑、孤独等心理失衡的情绪，从而步入“生理脆弱期”和“心理敏感期”，更加渴望得到感情上的帮助、心灵上的呵护。做好老年人的精神慰藉工作，满足老年人的精神需求，亦是老年人安享晚年的基本保障。最后是面向特殊情境的权益维护刚性需求。相关资料表明，近年来老年人面对来自财产权益、人身权益、名誉与隐私权益等受到不法侵害的问题越来越多。北京市老龄协会的专项调查结果显示，有 22%的老年人认为自身权益曾经遭受过侵害，有 38%的老年人对逐渐衰老后个人的权益维护有所担心。② 其中，老年人在财产权益方面，保健品欺诈风险最高，电信诈骗中的老年受害者居多；在人身权益方面，对老年人生命健康权的侵害最为严重，主要涉及财产继承与赡养纠纷；在名誉与隐私权方面，有的老年人受到过或面临家庭及社会的侵犯，尤其是信息化、智能化生活的日益加剧，更是给老年人的生活带来了很多冲击，很多受访老年人表示自己很难接受和融入高曝光度的社会环境。诸多问题的存在都意味着政府与社会需要给予老年人更多的权益保护。

我国人口老龄化进程的快速发展，对现有社会化养老服务体系提出了巨大的挑战。如何满足广大老年人日益增长的多样化、特殊性、个性化养老服务需求，提升老年人的健康生活质量，维护老年人应有权益，真正实现“老有所养、老有所医、老有所学、老有所为、老有所乐”，是一项值得深入研究与实践的重大课题。相对于老年群体的需求而言，我国现有的养老服务在资源上尚存在着一系列的问题，尤其体现在医疗卫生与养老服务供给资源有限，且相对独立无法协同。在供给与需求的矛盾冲突下，我国迫切需要多种社会

① 荣健，戈艳红，孟娜娜，等 . 2010~2019 年中国老年人抑郁症患病率的 Meta 分析 ［J］. 中国循证医学杂志，2020，20（1）：26-31.

② 信息化、智能化给老年人的生活带来了很多冲击 老年人权益维护有待加强 ［EB/OL］. 中国青年报，2021-02-20.

力量参与养老服务，以实现从根本上应对老龄化问题的目的。基于此，本专著第一篇在概念界定的基础上，对我国当前养老服务模式、存在的优缺点、发展趋势等展开系统分析，从供给与需求角度对以基层为主导的嵌入式医养结合理论依据、发展环境和实施路径进行剖析，结合保障视角下以基层为主导的嵌入式医养结合人才培养的必要性、可行性及人才培养模式的分析，重点探讨以基层为主导的嵌入式医养结合研究在推动医养结合养老服务模式的可持续发展层面的作用。

# 第一章 我国养老模式运行现状

中国自1999年进入人口老龄化后，就处于人口老龄化快速发展阶段。全国第七次人口普查的数据显示，我国65岁以上人口占比达13.5%；按照联合国人口老龄化统计标准，以65岁及以上人口占总人口比重来界定人口老龄化的进程，初级人口老龄化社会的标准为7%，深度人口老龄化社会的标准为14%，高度人口老龄化社会的标准为20%。[①] 在此标准下，"十四五"期间中国将进入深度老龄化社会；2035年之前或将进入高度老龄化社会。在过去的20多年里，我国65岁以上的老年人口数量增加了1.16倍，快速老龄化对我国养老服务体系建设提出了新的挑战。中国老年学和老年医学学会老龄金融分会联合清华大学银色经济与健康财富指数课题组等机构发布的《中国养老服务蓝皮书（2012—2021）》称，我国人口老龄化呈现基数大、速度快、未富先老以及地区差异大等特征，急救和失能失智照护需求将快速增长。

人口老龄化带来了劳动人口减少、发展动能减弱、公共服务供给压力增大、社会保障负担加重、社会代际矛盾增加等诸多问题，同时也蕴藏着老年人力资源开发、老年需求尤其是老年健康需求持续增加、老龄产业前景广阔等极大的发展机遇。因此，顺应老年人养老期望与需求、推动养老事业和养老产业协同发展、健全基本养老服务体系，是实施积极应对人口老龄化国家战略的重要内容，也是推进"老有所养"、提升老年人获得感和幸福感的必然要求。

---

① 人口老龄化标准 联合国人口老龄化标准［EB/OL］.99法务网，2022-10-11.

自21世纪以来，在政策顶层设计的有效指导与大力推进下，我国形成了“中国式养老”的智慧决策和战略布局，即机构养老、居家养老、社区养老三大支柱性养老服务体系。这一分类服务体系既符合老龄人口所需要的服务场所供给、也符合其活动范围的空间布局规划。与此同时，健康老龄化的提出推动医养结合的快速发展，医养结合是近几年在全社会逐渐兴起的一种新型养老模式。这种模式侧重于现代医疗服务技术与既有养老保障体系的有机融合，有效实现了老年群体对于“有病治病、无病疗养”的多元养老需求，是对原有养老保障模式的突破与创新，目前已经成为诸多学者专家及政府部门共同关注的热点问题。上述背景之下，本部分重点探讨机构养老、居家养老、社区养老以及医养结合四种核心养老模式。

## 第一节　机构养老

在诸多养老模式中，机构养老作为一种较早存在的养老模式，不管是独立的法人机构，还是附属于医疗机构、企事业单位的机构，抑或是综合性社会福利机构的一个部门或者分支机构等，机构养老在满足老年人需求层面都发挥着不可替代的作用。

### 一、机构养老的起源

尊老爱老敬老，是中华民族的传统美德，中国历朝历代在其统治期间，都不同程度地为老年人提供了符合所处时代特征的机构养老服务。如南北朝时期的孤独园，唐玄宗时期的悲田院，北宋时期的福田院、居养院、养济院，清政府举办的普济堂等，都会对无家可归的孤儿及无人赡养的老人开展一系列收容、救济行为。1979年，我国民政部对养老机构的福利性质和服务方向进行了重新界定，并出台一系列相关政策予以支持。这一时期我国养老机构的常用名称主要包括敬老院、老年公寓、老人护理院、老人院等。迈入21世纪之前，我国养老机构的发展尚属于探索阶段，民政部在2005年启动了养老服务社会化示范活动，成功推动老年福利服务由补缺型向适度普惠型的有效转变。随后制定的社会力量举办社会福利机构的系列优惠政策，在调动社会力量参与社会福利事业的积极性、维护社会办福利机构的合法权益层面发挥了指导性作用。2011 年，民政部提出建立“以居家养老为基础、社区服务为依托、机构养老为支撑，资金保障与服务保障相匹配，基本服务与选择性服务相结合，形成政府主导、社会参与、全民关怀”的服务体系，自此，养老机构的支撑地位被明确。

2006 年 9 月，全国老龄委发布了《中国老龄事业发展“十一五”规划》，将机构养老在老年人社会福利服务体系中定位成补充地位。而后续发布的《国民经济和社会发展第十二个五年规划纲要》《中国老龄事业发展“十二五”规划》《社会养老服务体系建设规划（2011—2015 年）》等法律制度则将机构养老定为支撑作用。

人口老龄化的快速发展、程度的不断加深以及原有家庭养老功能的日趋弱化，使机构养老的产生和发展成了历史必然，作为中国养老服务的内容之一的机构养老，也成为社会养老服务体系发展及人口老龄化需求的重要选择。机构养老发展的必然性不仅体现在家庭结构变化上，也同养老观念的变化、养老服务业的发展等息息相关。一方面，随着社会的发展进步以及原有生育政策成效的取得，独生子女家庭日渐增多。相对于多子女家庭，独生子女家庭老年人，尤其是独生子女家庭失能老年人面临着前所未有的养老困境。统一集中地为入住老年人提供有偿或无偿的养老服务对家中老人所能给予的生活照料、精神支持等都显得力不从心，原有家庭养老所能发挥的作用逐渐由社会专业化部门承担，社会化养老机构在适应这种转变过程中发挥巨大作用。另一方面，老年人口的经济收入来源日趋呈现多元化局面，其养老观念也与时俱进，对社会所存在的多样化的社会养老方式的了解及认可程度不断增加，这些也都为机构养老的发展奠定和夯实了国民基础。再者，中国人口基数巨大，老龄化压力之下必然也蕴藏着更大的机遇与挑战，庞大的养老服务现实及潜在的需求群体，势必成为当前机构养老的巨大市场基础，而养老服务市场存在的巨大缺口使机构养老成为满足后续需求及潜在需求的重要路径。

## 二、机构养老的内涵

### （一）机构养老的定义

国内外已有研究对于机构养老的概念表述不尽相同，综合而言，机构养老属于社会化养老的一种，是指依托专门的社会机构（如福利院、养老院、托老所等）为养老地，以国家资助、亲人资助或老年人自助等的方式为经济来源，统一集中地为入住老年人提供有偿或无偿的养老服务（如集中居住、生活照料、精神慰藉等），为老年人安度晚年提供有效保障的一种养老方式。其概念突出和强调了两个方面的重要内容，一是养老资源的来源。区别于家庭养老，机构养老的养老资源并非来自子女、本人、亲属或者配偶供给，而是来自集体、企事业单位、国家等，属于社会提供。二是养老的空间地点。机构养老脱离了老年人原有的居住地和家庭，强调通过集中居住的方式在既定的区域内实现养老。

### （二）机构养老的载体

作为为老年人提供集中服务的老年人服务组织，养老机构必然是机构养老模式的重要载体。我国主要的养老机构包括养老院、敬老院、福利院、老年公寓等。根据不同的分类方式，养老机构的划分多元。

1. 按照是否以营利为目的可分为非营利性和营利性养老机构。非营利性养老机构，主要开展对社会上存在的经济生活状况较为困难和（或）生活功能状态残缺不能自理的老人的生活照顾任务，这类养老机构具有社会福利性质，并且其收费标准是由政府制定，养老机构组织严格执行，所获取的利润主要用于发展养老服务事业，经费不足的时候需要由政府组织给予一定的扶持；而非公益性的以营利为目的的养老机构，其设置主要遵从市场的逐利原则，追求经济投入—产出效益的最大化，所获得的利润可自由分配。

2. 根据承办主体的不同可分为公办、民营、公建民营。公办即政府主办的养老机构，多数不以营利为目的，这类机构会结合当地经济发展水平、财政能力等匹配对应的设施，大多数公办养老机构相对来说能满足老年人的最基本的生活需求，但是设施设备的采购和更新速度相对较为落后；民营的养老机构大多以营利为目的，其规模、服务水准、设施等与民营组织或个人自身的经济实力相关；公建民营的养老机构则是将受政府扶持的民族资本恰当地引入养老行业，实现政府与社会民营组织的合作共赢。

3. 按照功能级服务对象可将养老机构分为养老院、养护院和老年公寓。养老机构的服务对象是老年人，但是老年人在晚年的生活自理水平不同，经济水平不同，意味着其希望养老机构所满足的需求也不同。养老院的服务对象通常为可以自理或需要轻度照顾的老人，能够满足基本的生活照料，提供集体住宿、餐饮；养护院则主要针对一些中度或重度失去自理能力的老人或罹患对身体健康影响较大的慢性疾病的老人，这类机构一方面需要照顾老年人的生活起居，另一方面还需要满足老年人基本的医疗服务需求；养老公寓主要适合具有一定自理能力和经济基础的老人，其对生活品质、个性化服务等要求往往相对较高。

### （三）机构养老的服务对象及内容

机构养老的主要服务对象是老年人，但某些养老机构（如农村敬老院）也接收辖区内的孤残儿童或残疾人。在内容上，不同形式的养老机构虽然有所区别，但基本服务内容主要包括四个方面。

1. 生活照料服务。养老机构应当提供满足老年人日常生活需求的服务，如一日三餐、洗浴如厕、穿脱衣物、室内外活动等；提供适合老年人居住、满足服务提供以及安全保护要求的住宿用房及对应设施、设备、用具等，定期对老年人的活动场所和物品进行消毒和清洗。

2. 健康管理服务。相对完善的养老机构同时也需要配备专业的医生和护士，建立标准化的入院评估制度，对老年人的身体状况及其变化进行科学、及时的评估，并依据评估结果确定或调整对应照料护理等级，同时为入住老年人建立健康档案，开展日常健康教育及指导等。

3. 科学膳食服务。科学膳食服务是指根据老年人的实际健康状况，提供均衡营养饮食的服务。由于多数老年群体生理水平逐渐下滑，养老机构为入住老年人提供适合其身体需要、营养均衡、优质的一日三餐就变得尤为重要。

科学合理的膳食不仅能满足老年人对食物与营养的需求，同时也有助于延缓或减轻老年人各种疾病的发生与发展。

4. 文体娱乐服务。养老机构需要配备完善的娱乐设施与设备，例如用来娱乐的棋牌室、活动室等，以保证老年人有足够的锻炼的场所和机会，同时也有助于开展适合老年人的文化、教育、体育、娱乐等活动，丰富老年人的精神文化生活，促进老年人的身心健康发展。

## 三、机构养老面临的困境

按照民政部《民政事业发展第十三个五年规划》的要求，到2020年，养老床位数应达到每千名老年人拥有35~40张床位，但相关统计数据显示，[①]目前大部分地方都存在床位缺口，部分地方缺口甚至达到了一半。[②] 我国机构养老的发展面临“一床难求与万床闲置并存”的困境，在服务质量与内容、空间分布等方面存在诸多问题。

### （一）养老机构区域发展不平衡

人口老龄化推动着机构养老进入不断建设与完善的阶段，但目前养老机构的发展依然面临供给与需求不平衡、区域资源配置不公平等问题。一方面，虽然现有养老机构的建设数量在不断增长，但其增长幅度与老年人口的增加数目不成正比，现有养老机构所设置和开放的床位数量远远不能满足日益增多的老年人的需求，养老机构需求大于供给的问题较为突出。另一方面，养老机构在其发展规模及质量上存在较为明显的区域间不平衡、不公平的问题。主要体现在城乡之间床位资源及服务质量差异较大，床位资源及较高水平的服务提供大多集中在城镇化程度较高的地区，城乡之间床位比例失衡、服务质量差异较大等问题突出。同时，不同城区之间由于人口密度、经济状况、地理环境等的差异，其床位分布及服务水平也存在不均衡的情况。

---

① 民政部、国家发展改革委印发民政事业发展第十三个五年规划［EB/OL］. 中国政府网，2016-07-06.

② 养老市场呈现床位“一半空置”与“一床难求”两极分化现象［EB/OL］. 搜狐网，2020-10-28.

（二）养老机构服务水平欠佳

各养老机构具有一定的区域性，其性质也存在差异，故而不同养老机构的服务质量也不尽相同。整体而言，我国现在的养老机构普遍存在着共性问题，主要表现为机构内设施及设备配备不足，无法满足老年人多样化需求；服务提供人员素质水平参差不齐且整体偏低；机构运营效率不高、服务质量不佳等。一些养老院和敬老院内仅有一些能保证自理老人基本生活需要的陈旧设备，提供服务人员严重短缺，甚至无法满足失能、半失能老人的常规护理需求；有的机构如一些居家社区照料中心，机构内配套设施不齐全，周边环境无法满足老年人的安全保护需求，因而老年人认可程度不高，上门意愿较低，导致既有的有限的设施也处于闲置状态，床位使用率不高。再者机构内的服务内容也并不丰富，服务人员缺乏专业的技能知识，机构内的文化娱乐活动开展较少，沟通交流也较为缺乏等。这些问题成为制约养老机构服务质量提升和服务对象需求满足程度的重要因素，很大程度上影响了老年人对养老机构的入住体验，制约了我国机构养老的进步与发展。

（三）社会对机构养老的接纳程度不高

一方面，受制于传统养老观念及社会舆论的影响，部分子女认为将父母送入养老机构，不论是自我认知还是社会评价，都容易被贴上不孝顺、不赡养老人的标签；老年人对于养老机构的不接纳更多来自内心孤独与亲情缺失的顾虑与担忧。另一方面，为了维持机构的有效运营并保证服务的高质量，现在的养老机构需要雇用专业的护理人员，加强娱乐设施建设，因此经营成本高，体现在养老费用上自然也较高。但是老年群体由于其工作能力的弱化及诸多疾病的影响，日常的收入途径单一、收入来源有限，同时日常的生活费用、医疗费用将会占据其大部分支出，支付养老费用的意愿和能力不足，很难进入养老机构养老。部分子女及老人由此而形成的对机构养老的排斥思想，不利于机构养老的未来发展。

（四）养老机构专业队伍数量不足，整体素质不高

老年人入住养老机构的主要动机之一是需要专业化的照护服务，但目前

很多养老机构中的护理人员既存在“量”的不足，也存在“质”的缺陷。按照国际公认的 3 名非自理老人需配备 1 名护理人员的标准计算，很多地方的养老护理人员缺口明显，同时行业特殊性使得从事该服务行业的人员流动性较大，更加剧了数量的不足。再者，养老机构中护理人员还面临专业知识与技能匮乏、文化程度水平偏低、专业培训参与比例不高、服务能力整体不足等问题，许多养老机构的护理人员是没有经过专业培训的中老年女性，护理过程中发生的争执和矛盾较多，这对处于发展期的机构养老事业有着不利的影响。

## 四、发展机构养老事业的建议

机构养老作为现行阶段有效的养老方式之一，虽然在我国起步较晚，相关制度建设还不够完善，在发展阶段还面临诸多障碍与不足，但它所发挥的养老支持作用意味着它对于老年人的不可或缺性。基于机构养老在发展中所面临的利用率低、需求满足程度不高等系列问题，在推进机构养老的科学化、规范化及健康发展进程中，供需平衡无疑成为核心要务。

### （一）统筹规划，合理调整供给结构

养老机构针对其性质、服务对象等分类多元，因而不同类型的养老机构在满足老年人群养老需求层面存在一定差异性，在资源有限性与稀缺性条件之下，科学处理存量与增量的关系，是提高资源配置有效性的关键。因此，需要对不同来源、不同层次、不同结构、不同内容的机构养老相关资源进行识别、选择、配置、协调，开展养老机构床位使用率的分类调查，摸清不同类型养老机构利用率及满意度的情况，并深入分析原因，合理制定养老机构及养老床位供给比例调整的具体目标。为进一步缩小养老机构供给与需求之间的差距，充分实现资源的有效利用，对不同状态的养老机构及不同类型的床位应进行差异性、针对性的统筹和调整。对于供不应求类型的机构床位，应通过新增、改建、资源整合等多种形式扩大其占比；对于供过于求类型的机构床位，需要进一步缩减相应占比，抑或通过改造的形式，增加资源的有效利用率，减少空置率和资源浪费。同时，需要科学下达资源配置任务，保

障资源向养老基础薄弱的地区倾斜，以减少资源配置在不同区域范围内的不平衡，促使机构养老公平与效率兼顾式发展，满足老年人社会化养老服务需要，提高养老服务资源的可及性、可接受性和有效性。

### （二）持续推进养老机构标准化建设

养老服务提供过程中的服务理念、机构设施、服务质量等，无疑是影响老年人对养老服务机构满意度的重要内容。为进一步满足老年人对机构养老的需求，诸多养老机构开始了多种创新性探索，在推动机构养老质量提升进程中，规范化、标准化的制度建设必然成为确保养老服务质量与安全、满足老年人多元需求的前提和保证。养老机构标准化，强调行为规范化，以行业标准规范养老行为，以服务技巧规范个人行为，以完善的规章制度约束人的行为。养老机构标准化有利于规范养老机构的市场秩序，使其健康有序地发展；同时通过规范养老机构运行的服务与管理标准，可提高其管理与服务水平，减少因管理不当而引起的运行困难、机构难以壮大等问题；再者作为风险较大的行业，养老行业的事故发生率较大，标准化建设的深入推进将使得老年人、养老机构的权责归属问题变得更加明确，进而为其正当权益提供有力保障。标准化专业人才的培养更是可以提升养老机构内服务人员和管理人员的专业水平，提高养老机构的管理和服务质量，把养老机构办成老年人晚年幸福生活的乐园。

### （三）构建以需求为导向的养老服务供给体系

由于年龄、收入、身体状况等的差异，老年人的养老需求是多样化的。均衡合理、优质高效的机构养老服务需要以需求为导向，结合社会经济发展，探索养老服务供给体系。一方面，要综合运用规划、土地、住房、财政、投资、融资、人才等支持政策，引导各类主体提供普惠养老服务，扩大供给，提高质量，提升可持续发展能力；另一方面，机构养老与传统家庭养老、社区养老等开展多形式的融合发展，强化基层在养老服务体系中的积极作用，充分发挥基层所具备的地理及情感优势，以精细化的社区照料为突破口，在不断完善基层养老服务制度建设、充实设施设备供给、提升专业人才素质等的基础上，拓展养老服务的辐射半径，将机构养老服务与家庭及社区深度融合，以提高机构养老床位的有效利用率，提升老年人对机构养老服务的满意度。在实践领域内，探索多种形式的融合发展，如依托城市社区卫生服务机构与养老机构如养老院等签订结对协议，充分利用社区卫生服务机构的医疗资源优势，以全科医生和（或）家庭医生团队为卫生人力资源基础，与结对养老机构内的相关人员开展符合实际的专业对接，并对老年人健康情况及其变化等相关信息实施共享。再者，以需求为导向，建立、完善并逐步扩大养老服务供给目录范畴，提升老年人机构养老的体验质量及需求满足程度，利用信息平台对接老年人的养老床位、服务项目等需求，推进“互联网+养老”服务等。

## 第二节　居家养老

我国在应对老龄化的过程中，日趋形成了“9073”的格局，也就是90%左右的老年人都在居家养老，7%左右的老年人依托社区支持养老，3%的老年人入住机构养老。在这种格局下，不管哪种养老服务模式，家庭仍然是养老服务提供的核心领域。

### 一、居家养老的起源

社会经济的快速发展和人口老龄化问题的出现，使养老方式被赋予了更多的时代内涵。如前所述，受制于传统观念、供需矛盾等，机构养老很难充分满足老年人的实际养老需求；家庭人口结构的变化也使传统的以“在家养老”和“子女养老”为依托的家庭养老面临较大的冲击，“子女数量少了、子女不在老人身边了、子女没有时间照顾老人了”等成为诸多家庭不得不考虑的问题，再加上城市化进程中的人口流动常态化，原有家庭养老的功能不断被弱化，因此，探索适应时代发展的新型养老方式成为必然，依托所居住社区终老的居家养老应运而生。

我国学术界最早提出居家养老并予以理论阐述的是袁缉辉，他在1995年

《强化家庭应用、支持居家养老》一文中提出，居家养老模式并非就养老场所而言，它更多的是在探究养老资金与服务提供方式，他认为西方国家已经从单纯的家庭养老向社会养老过渡，但是不管如何称谓这些养老方式，都是一种居家养老。一般认为，在实践领域，居家养老由大连市首创，大连市沙河口区中山公园街道于2002年9月首创“居家养老院”，它是一种多方共赢的全新养老模式。“居家养老院”的运营模式特色鲜明，由社会和企业合力出资建立家庭养老院，从业人员以吸纳大龄下岗女职工为主，服务对象主要为缺乏生活照料、需要居家看护的孤寡老人。这种模式一方面解决了由于社会养老机构不足而导致的老年人养老需求无法充分满足的问题，另一方面也是促进困难群体就业的一种重要措施，有效实现了老年人、养护员和政府的合作共赢。中央电视台、香港凤凰卫视、纽约时报、读卖新闻等多家媒体相继报道了大连“居家养老院”的情况，美国驻沈阳总领事、日本养老问题研究专家对此也进行了多次考察并给予高度评价，认为中国找到了一种适合自己的养老方式，我国民政部称其为“具有中国特色的养老新模式，具有创意的就业新形式”①。

## 二、居家养老的政策发展

政府推动的以政策文件出台为支撑的居家养老，按时间序列大致上可分为四个阶段。

### （一）居家养老服务的萌芽阶段

2000年2月，首次提出居家、社区和机构三者相提并论的表述。② 居家、社区和机构三者相提并论的表述由此产生。同年8月，《中共中央 国务院关于加强老龄工作的决定》将“建立以家庭养老为基础、社区服务为依托、社会养老为补充的养老机制”确定为今后一个时期老龄事业发展的主要目标之一。

① 张岩松. 医养结合养老服务模式及发展对策研究——以大连市为例［J］. 学周刊，2017（32）：191-192.

② 国务院办公厅转发民政部等部门关于加快实现社会福利社会化意见的通知（国办发〔2000〕19号）提出“在供养方式上坚持以居家为基础、以社区为依托、以社会福利机构为补充的发展方向，探索出一条国家倡导资助、社会各方面力量积极兴办社会福利事业的新路子”。

这一时期，传统养老服务模式和理念被更新，居家养老服务理念开始被重视。

### （二）居家养老服务概念提出阶段

2001年5月，民政部下发了《“社区老年福利服务星光计划”实施方案》，首次在政策文件中明确提出“居家养老”一词。2007年5月，国家发改委、民政部联合印发《“十一五”社区服务体系发展规划》，明确要“大力发展社区居家养老服务，重点发展面向老年人及其家庭的商品递送、医疗保健、日间照料、陪伴等服务。具备条件的地方，依托社区服务体系开展老年护理服务，尤其要做好针对‘空巢老人’、高龄老人和生活不能自理老年人的社区服务”，居家养老服务的服务内容开始趋于明朗。

政策性文件中对于居家养老服务的概念界定则首见于2008年出台的《关于全面推进居家养老服务工作的意见》，文件中将居家养老服务定义为“政府和社会力量依托社区，为居家的老年人提供生活照料、家政服务、康复护理和精神慰藉等方面服务的一种服务形式”。后期的地方性法规，如2014年出台的《北京市居家养老服务条例》、2018年10月宁波市正式实施的《宁波市居家养老服务条例》等，都强调居家养老服务是指以家庭为基础、以城乡社区为依托，由政府提供基本公共服务，企业等机构提供专业化服务，社区提供互助服务等，为居住在家的老年人提供的养老服务。这一时期，是对居家养老服务的概念与内涵探索的重要时期。

### （三）以居家服务为重点的社会养老服务体系构建阶段

在居家养老服务概念和内容明确的基础之上，2009年11月，民政部《关于进一步推进和谐社区建设工作的意见》强调，大力发展居家养老服务，依托社区养老机构和社区老年人日间照料中心，逐步建立以居家为基础、社区为依托、机构为补充的社会养老服务体系。居家、社区、机构三位一体的社会养老服务体系得到进一步明确。2011年9月，国务院《中国老龄事业发展“十二五”规划》将“建立以居家为基础、社区为依托、机构为支撑的养老服务体系”作为主要发展目标之一。同年12月，国务院办公厅印发的《社会养老服务体系建设规划（2011—2015年）》，在对社会养老服务体系的内涵和定位的阐述过程中，对居家养老的地位和内涵有了更为明晰的界定，进一步明确提出以居家为基础、社区为依托、机构为支撑的社会养老服务体系建设的重点是居家服务。这一时期，在社会养老服务体系构建的过程中，居家养老服务的重要性得到进一步强调和突出。

（四）居家养老服务的实践推进阶段

2013年9月，《国务院关于加快发展养老服务业的若干意见》明确“以居家为基础、社区为依托、机构为支撑的养老服务体系初步建立”，针对总体上“养老服务和产品供给不足、市场发育不健全、城乡区域发展不平衡等问题还十分突出”的现状，提出了加快发展养老服务业的意见。在该文件的指导下，居家养老服务的各项配套政策和支持措施陆续出台，为居家养老服务模式的广泛推行与实践打开了政策“工具箱”。一方面鼓励养老事业与养老产业协同、多元发展，“双业并举”。如2014年11月，《商务部关于推动养老服务产业发展的指导意见》颁布，明确提出以市场化的方式来推动养老服务业的发展，以促进养老事业和产业协同。该意见提出要“依托非政府组织、社区组织、企业和社区医院等多种供给主体，建立健全省、市、县、乡镇（街道）、村（社区）等不同层次的居家养老服务网络，满足多层次的居家养老服务需求”。另一方面，进一步明确了政府在居家养老服务中的职能和基础责任。2014年8月，财政部、发改委、民政部、全国老龄办下发《关于做好政府购买养老服务工作的通知》，明确了政府购买养老服务的基本原则和工作目标，要求根据养老服务的性质、对象、特点和地方实际情况，重点在生活照料、康复护理和养老服务人员培养等方面开展政府购买服务工作，并分别从居家养老服务、社区养老服务、机构养老服务、养老服务人员培养、养老评估等五个角度明确了购买养老服务工作的具体内容。其中，“在购买居家养老服务方面，主要包括为符合政府资助条件的老年人购买助餐、助浴、助洁、助急、助医、护理等上门服务，以及养老服务网络信息建设”。再者，进一步完善居家养老服务的法制化建设。各级地方政府通过一系列条例、文件等的制定和实践，积极探索和丰富居家养老服务规范化、制度化建设的实施路径。

居家养老服务在国家及地方一系列的政策文件指导及实践开拓中，不断实现量的扩充和质的飞跃，通过多方探索、多地实践，各地的居家养老服务模式不断发展，日趋成熟。

## 三、居家养老的内涵

### （一）居家养老的定义

与传统家庭养老不同，居家养老（服务）属于社会化服务的一种，它在强调家庭核心地位的同时，突出社区的依托作用和服务的专业化，主要为居家老年人提供日常生活所需的各类服务，内容涵盖老年人所需的生活照料、医疗服务、精神慰藉等诸多方面。一般可以分为两种类型，即独立型的居家养老和与子女合住型的居家养老。

### （二）居家养老的服务对象、内容及形式

1. 服务对象

居家养老具备一定的公共服务属性，费用支付方式主要包括政府购买服务和老年人自费为主、政府适当补贴两种形式。一般而言，政府负担的居家养老服务，其服务对象覆盖范围较小，主要为没有劳动能力、没有收入来源、没有法定赡养人或扶养人的“三无”老年人。自行购买为主的居家养老服务所覆盖的范畴包括任何有经济能力和意愿的老年人。当然，对于无经济能力的贫困老人而言，居家养老服务的提供则可以通过明确的补贴办法和标准来实现，充分体现了养老服务所具备的公益性和福利性属性。

2. 基本内容

对应于老年人的实际需求，居家养老服务的内容主要包括以下四类：一是生活照料服务，包括一般生活照料和特殊照料，如配餐送餐、个人清洁、家政服务及日常陪护等；二是卫生保健服务，主要包括疾病防治、康复护理、心理卫生、健康教育、健康咨询指导、建立健康档案和开设家庭病床等；三是情感与精神慰藉服务，主要涉及情感交流、心理疏导、人际沟通、娱乐健身等；四是法律维权服务，主要包括为老年人提供法律咨询、法律援助及维护老年人赡养、财产和婚姻等合法权利等服务。

3. 服务形式

居家养老服务的主要形式包括上门服务、日间照料和个性化服务三种。

（1）上门服务

上门服务的居家养老服务方式表现为“走进去”，即经过专业培训的服务人员、护理人员等到老人家中提供生活照料等各种服务，适用对象多为居住在家中生活自理能力缺失或部分缺失的失能、半失能老人。上门服务的队伍可由两部分组成，一部分是取得相应资质的专业化的养老护理员，这部分人群是提供居家养老服务的核心群体；同时也可以联合社会力量，发掘或培育有服务意识和服务能力的个人和志愿者团队，为有需要的老年人送去有针对性的暖心服务，发挥他们在社区互助、居家养老服务方面的特殊作用。

（2）日间照料

所谓日间照料，是一种介于专业机构照料与家庭照料之间的养老服务形式，即在社区提供一定场所，为家庭日间暂时无人或日间无力照护的老年人提供服务。为满足白天缺乏人员照顾、独自生活困难的老年人的需求，居家养老服务的提供可以以社区内的日间照料中心为依托，集中提供生活照顾、医疗康复等的日托服务。

（3）个性化服务

个性化服务则是针对老年人的不同服务需求所提供的单项服务。处于不同阶段、不同健康水平的老人需求不同，提供服务的内容也应该相应的有所差异。除基础性、普惠性的保障服务之外，还应该由专业性的机构和组织提供人性化、针对性和改善型的服务，将不同服务聚合在一起，形成一本养老服务菜单，让有需要的老人进行“点单式”服务。

## 四、居家养老服务的模式

由于不同区域风土人情、人文地貌等的巨大差异，各地老年人对于养老服务的需求在内容及形式方面不尽相同。在不断的探索与实践中，各地区结合当地实际，发挥地方资源优势，因地制宜地打造多样化、独具地方特色的诸多居家养老服务模式。专家与学者在理论与实践研究的基础上，根据组织机构的不同将我国各地运营较成熟的居家养老服务模式分成五种。

（一）北京西城区居家养老模式

为打破区域建设空间有限而养老需求迫切的瓶颈，北京西城区精准匹配需求，对接专业化市场力量，创新完善居家养老模式。该模式公益性突出，它以政府购买的方式，通过北京市民政局联合财政局向社区拨付资金的形式破解养老服务费用难题。在服务提供主体方面有明确的专业化和规范性要求，如科学培育养老机构和社区服务驿站等，以保障社区居家养老服务的有序、高效开展。在服务内容方面则包含老年人尤其是居家失能老年人所需要的生活照料、家庭医生签约、心理慰藉、健康教育等。同时，对于特殊老年人如高龄独居老人，则采取电话问候、上门探视等多种方式开展全方位服务，除日常生活照料及健康维护外，还会对独居老年人的居住环境进行安全及卫生评估，以确保独居老年人的居家安养。

（二）湖南长沙居家养老模式

湖南长沙居家养老模式协同整合特色突出，其服务的开展由政府、街道、社区及社会组织共同参与，多方协同、各司其职。在该模式下，市县两级公办养老机构将养老服务触角延伸至社区并开展相应的居家养老服务；街道则以示范性社区老年日间照料中心为依托为区域内老年人提供膳食供应、个人照护、休闲娱乐等日间服务；社区（村）则通过居家养老服务中心面向社区全面开展生活类、医疗类、娱乐类、维权类等多种服务。在服务运营中，日间照料中心一般由社会组织负责，居家养老服务中心则交付老年协会管理。“让老年人在家门口安享晚年”是湖南长沙居家养老模式的核心目标。该模式以需求为导向，以家庭和健康状况评估为依据，分门别类开展包括就医转诊绿色通道、全托日托、家庭医生签约、健康管理等“全覆盖”的服务。

（三）广东深圳“罗湖模式”

广东省深圳市罗湖区居家养老服务模式突出“医”+“养”协同服务的特色。该模式通过资源整合的方式，以辖区内 35 家社康中心、5 所公立医院的养老资源及医疗资源为基础，以共享中心和管理中心为依托，开展相互融合的居家养老服务和医疗服务。其中，医疗服务内容主要包括老年人的疾病诊疗、就诊转诊、健康评估、健康咨询等，其服务提供主要由人民医院及院内老年病科或社科中心的专业医务人员提供；涵盖生活照料、膳食供应、休闲娱乐等的养老服务，则由社康中心主要负责；同时依托家庭医生签约服务等，实现对于居民基本公共卫生服务和个性化服务的开展。广东深圳“罗湖模式”下的居家养老服务，正是老年人医疗与养老双重需求的精准体现。

（四）广州越秀居家养老模式

以公办民营的越秀长者服务中心为依托，结合辖区内老年人的健康状况和居家养老需求，提供有针对性的分层服务是广州越秀居家养老模式的突出特色。越秀长者服务中心的服务对象涵盖越秀区所有老年人，为进一步提升区域内居家养老服务水平和服务对象满意度，越秀长者服务中心在前期调研的基础上对服务对象进行了分类分级。一般而言，对于具有较高生活自理能力的低龄健康老年人，其服务的提供主要集中于医疗服务、健康管理、文娱活动、心理慰藉等；对生活基本能够自理的中高龄老人，其日常生活照料、康复护理等的需求则依托日托中心、康复站等来满足；而对生活不能自理的高龄老人，则需提供全方位的康复护理、生活照料、心理疏导等上门服务。以需求为导向的广州越秀居家养老模式，丰富和完善了居家养老服务体系，也大大提升了服务对象的满意度。

（五）上海长宁居家养老模式

应对庞大的养老服务需求，将社区打造为养老服务提供的“主平台”，是上海长宁居家养老服务模式探索的主思路，在将“养老”变“享老”的不断探索中，上海长宁逐渐形成了“一中心、多网点、全覆盖”的居家养老服务模式。该模式的运行是由上海市长宁区政府出资，在每个街镇建设有1家社区老年人服务中心和至少1家长者照护之家，每4~5个居委会建设1家老年人日间服务中心，形成依托街镇、社区、居家的养老服务圈。在服务的内容地提供上，综合考虑老年人需求，提供包括膳食餐饮、助洁助浴、家政服务等在内的生活照料和以健康咨询、疾病诊疗、康复护理等为主的医疗服务，以“走出来”+“走进去”相结合的形式，为有需求的老年人提供全方位的养老服务。

## 五、居家养老服务的社会意义

随着老年人年龄的增长，身体功能不断退化，对日常生活照料、医疗、精神慰藉等的需求日趋增加，由于空巢化、少子化等问题的出现，在老年人需要照顾而身边无人照顾时，居家养老服务就充分体现了其意义所在。居家养老充分结合了家庭养老和社会养老的特点，适合绝大多数家庭和老人，其在降低成本、防范风险层面上具有天然的优势，有助于老年人摆脱地理环境的束缚，形成“家门口的便利”。

### （一）有效降低养老成本

与其他国家不同，我国人口老龄化进展速度快，绝对规模大，相对于经济发展水平呈现“未富先老”的特征，此基础之下的大多数老年人，受制于经济来源途径单一、日常医疗费用挤占等，其能用于养老服务的资金较为有限，养老服务需求的满足面临较大挑战。与机构养老服务相比，居家养老是对现有社区资源的充分利用，具有广覆盖、低成本、方式灵活的典型优点，可以有效解决老年人由于经济因素而导致的高需要、低利用的难题，与一般家庭的经济承受能力相匹配。同时，对于国家和社会而言，居家养老服务所体现的资源整合，在降低养老设施的硬件建设成本、缓解专业人员不足的问题上，也发挥着巨大的作用。因此，居家养老服务对稳固家庭、稳定社会能起到良好的支撑作用。

### （二）符合老年人身心需求

随着年龄的增长，生理机能的日趋衰退使老年人对外界环境的反应变慢，一旦入住养老院或到了一个新的环境，很难在短时间内完成良好的心理适应，再加上传统家庭观念的影响，很容易引发老年人的心理问题。居家养老服务本身所具备的地理环境优势与可及性，完美地契合了老年人不愿远离既有人际关系网络的身心需求，符合我国老年人的生活习惯和心理特征，有助于他们安度晚年。同时居家养老服务充分体现了中国传统的“远亲不如近邻”的文化观念，社区邻里之间的和谐关系和良性互动，可以有效提升老年人的归属感和安全感，近邻之间的相互帮助更是为老年人身心健康提供一定的保障。

### （三）社会效益显著

居家养老整合了个人、家庭、社区、政府、社会等多方面养老资源，在保障老年人多元需求的同时，促进社区资源得到了有效的利用，在优化社会养老资源配置层面发挥着巨大作用。同时，老年人特殊的生理机能和心理状态，意味着除了最基本的衣食住行方面的生活照顾外，健康咨询、医疗康复、心理慰藉、文体娱乐等也是满足老年人多层次养老需求不可或缺的内容，老年人需求市场的逐渐扩大无疑对社会再分工有了更高的要求，养老、护理等相关人员的短缺也意味着巨大的就业岗位需求，这在缓解我国目前巨大的人口就业压力方面也发挥着明显的作用。当然，作为我国卫生事业重要内容之一的养老事业，本身具有明确的公益性，是关爱父母长辈、尊老敬老文化传统的延续，因此，养老事业的规范化、制度化发展有效带动社会公益事业的进步，有助于我国孝道文化的传承。

## 六、居家养老面临的问题

一系列的理论与实践研究表明，居家养老模式在丰富养老体系、应对人口老龄化方面有着独特的优势，发挥着明显的作用。但任何养老模式的有效推进和作用体现，都是经济、文化、政治等诸多因素共同作用的结果，因此，居家养老模式也面临着许多急需解决的问题。

### （一）居家养老服务存在供需错位

老年群体存在多元化的养老服务需求，年龄不大的老人对体育娱乐、文化学习等服务的需求和利用率较高，但随着年龄的增大，需求会向上门看病、助餐、精神慰藉等服务倾斜。但目前居家养老服务多以日常生活照料服务为主，虽然服务形式及结构上略有差异，但整体而言数量不足、内容趋同的问题仍然较为突出，尤其缺乏专业性的医疗保健和个性化的文化服务，养老服务供给与需求的结构性失衡问题依然存在。

（二）社会力量参与社区居家养老服务不足

虽然在居家养老服务的提供过程中，政府、社区、家庭及社会组织等都不同程度地参与其中，但政府主导、社会协同、市场支持的联动格局尚未形成，协同作用不明显。受制于原有体制和政策障碍，在当前的居家养老服务实践中，政府仍处于绝对的主导地位，其他参与主体在服务提供过程中具有较强的被动性和政府依赖性，供给力量薄弱且参与程度不足；再加上居家养老服务的激励机制和监督管理体制的不完善，在一定程度上制约着社会力量的参与积极性。因此，资源的有效整合、多方力量的协同供给仍是居家养老服务面临的棘手问题。

（三）缺乏专业化的运营和服务队伍

社区居家养老服务场地建设完成后，运营维护和服务至关重要，但目前社区居家养老服务基本处于无运营模式，只是简单机械化地提供老年人活动场地；而且目前居家养老养护队伍面临较为突出的人员数量不足、专业水平不高、服务质量参差不齐等问题。随着人口老龄化进程的不断加剧，养老服务供给不足首先表现为服务提供人员数量的不足，在破解这一难题的过程中，下岗女职工就成为养老服务团队中的重要支撑力量之一。但是由于她们普遍年龄偏大、文化水平偏低，又缺乏系统的专业培训，很难满足老年人高层次、多元化、专业性的养老需求，再加上激励机制和有效管理的缺乏，服务队伍也缺乏稳定性，这些都成为居家养老服务快速、高效推进的障碍因素。

## 七、居家养老的发展思路

作为经济、高效的养老服务方式之一，居家养老服务在养老事业公益性、福利性作用发挥层面起着至关重要的作用。基于上述对居家养老服务存在问题的分析与探讨，在推进居家养老服务的过程中，需要围绕以下内容不断完善政策体系、拓展服务内容、提升服务质量。

### （一）完善居家养老服务的运行体制与机制

虽然我国各地居家养老服务模式发展迅速并取得一定成效，但总的来说，在规范化运营与管理、完善的政策体制机制及保障措施构建等层面仍缺乏系统性。因此，应充分意识并进一步明确政府在居家养老服务推进中的核心作用和主导地位，一方面，通过制定相关的法律法规及配套政策，鼓励和支持各地居家养老服务的发展，规范各地居家养老服务机构的运作与管理；另一方面，通过建立持续增长的财政预算投入机制、完善养老服务政府购买的优化方案和保障措施，最终实现养老服务从补缺型向适度普惠型的根本转变。同时，进一步完善监督评价机制，构建政府主导、多方参与的居家养老服务的质量评价与考核体系，形成全方位监督管理机制。

### （二）实现多方力量的合理分工

如前所述，我国养老服务资源供给面临着绝对不足和有效利用不充分的双重问题，要实现养老服务体系的管理优化和高效运行，就需要加强政府、社会与市场的联动与互通，形成自助、互助的“多元化”养老服务资源供给格局。在多方协同的服务链式结构中，处于主导地位的政府，核心要务为做好居家养老服务的政策制定与落实、协调与监管、建设与评估等，在平衡集权与分权关系的基础上，提升居家养老服务效率；养老服务机构是居家养老服务的实施主体，主要职责为面向老年人开展全方位、面对面的养老服务，在机构内服务人员的职业培训、质量监督等方面发挥关键作用；社会组织或机构也是居家养老服务的核心力量，他们在规范开展居家养老服务的同时也可参与居家养老服务的评估，以此促进居家养老服务体系的改革与更新。总之，居家养老服务是一项系统工程，需要多方力量合理分工，各司其职，共同推进。

### （三）构建“网络化居家养老”模式

所谓“网络化居家养老”，其本质是一种依托城市管理与数字化平台而进行的养老服务模式的改革与创新，是在探索多途径养老方式有机融合的进程中提出的，是信息化时代的产物。“网络化居家养老”服务的实施，需要以社区为基本单元，协同和融合周边养老服务组织或社会力量，开展跨区域、跨机构的养老服务；同时，应充分发挥数字化平台的作用，提升与老年人互通互联的时效性，及时、充分地把握老年人的需要及其变化，鼓励服务人员为老年人开展“人性化”“个性化”服务，避免供需脱节与错位。“网络化居家养老”模式的有效推行，可以更好地整合服务资源，提升服务的针对性和可及性，符合时代需求，也必然成为开展居家养老服务的目标。

### （四）加强人才培养与培训

目前，养老服务领域内普遍存在服务人员短缺的难题，专业化、高素质的居家养老服务人才更是屈指可数，人才供给端与需求端不匹配的问题亟待解决。因此，在开展居家养老服务的教育与培训中，对专业居家养老服务人员，应建立规范的培训制度和考核方案，对符合要求的人员颁发经国家认可的通用资格证书；对社会志愿者团队，鼓励社会力量的多元注入与参与，并进行科学、规范的培训与管理。同时应结合市场需求，调整专业设置，进一步加大职业院校、高等院校等不同层次养老服务相关专业的人才培养力度，结合社会化管理，提升居家养老服务人员的整体素质和服务质量。

居家养老服务作为一种投入小、经济和社会效益高的养老方式，解决了众多老年人的养老服务问题，创造了巨大的社会效益。它弥补了传统家庭养老模式的不足，是对养老服务体系的补充与更新，有效推进了养老服务多元化的进程。随着科技的发展和社会的进步，老年人的养老需求也在更新迭代，探索更大程度提升老人的晚年生活质量、满足老年人多元需求的养老服务方式也必然是“银龄工程”① 的重要内容。

① “银龄工程”是全国老龄委于2003年发起组织提出的，是中国老龄事业发展基金会老年健康基金管理委员会为了发展老龄事业而创立的公益工程。

## 第三节 社区养老

随着原有生育政策发展所带来的家庭结构的小型化，家庭层面实现对于老年人的居家照顾越发困难，而老年人有限的经济收入又不足以支持高费用的机构养老，因此，兼具家庭养老和机构养老两者优点的社区养老模式成为人们关注的话题。

### 一、社区养老的起源

#### （一）社区

“社区”一词源自英文“community”，因其意译与区域有关，故被赋予了地域的含义。中国社会学者费孝通在对“社区”进行内涵诠释时，即强调了社会组织或社会群体活动的区域性，突出了共同体和亲密的伙伴关系。由于社会学者研究角度的差异，随后社会学家给出的关于“社区”的定义高达140多种。目前，学术界普遍认为社区应具备区域性、互动性及共情感，它是由占有一定地理区域、生活上相互关联的人群形成的共同体及其活动区域。

#### （二）社区服务及社区养老服务

社区服务是工业化、现代化的产物，早在1869年英国伦敦就出现了第一个以扶贫为主要功能的社区服务组织，社区服务作为一种运动始于20世纪50年代的英国，随着社区服务工作的不断探索，20世纪70年代，社区照顾在英国各地已经相当普及。社区照顾所包含的内容广泛，养老照顾是其中最为重要和核心的内容，英国因此也成为第一个实行社区养老照顾模式的典型国家。之后，西方发达国家开展了广泛的社区养老研究，20世纪80年代渐趋完善。无论是始终走在前列的英国还是颇具规模的美国，社区照顾的养老服务在服务内容和服务方式上日渐丰富、日趋完善。如英国通过家庭照顾，在社区兴建服务中心、托老所、居家服务等多种形式，广泛开展以人为本、官办民助、多元主体、专业照顾的社区照顾养老服务，服务形式既包含运用社区支持系统开展的“由社区来照顾”，也包含被照顾者不需要离开熟悉区域的“社区内照顾”；美国则通过不同的社区老年服务设施来满足老年人的差异化需求，如依托养老院、托老所等提供综合长期服务，通过食品供应所、上门送饭服务所、荣誉公民营养室等提供饮食服务，服务性公寓、一般护理公寓、护士护理公寓等则主要面向体弱多病的老年人；同时美国广泛发动包括大学生在内的成年人积极参与社区志愿服务活动，为老年人、儿童、残疾人、病人等提供免费送餐、信息咨询、电话安慰等服务。在与社区服务相关的诸多研究与实践中，老年人的照护无疑成为核心内容之一。

中国的社区服务，是福利事业社会化的一个重要形式，它是在城市全面改革中蓬勃发展起来的民间社区型的社会福利和社会服务事业，是在民政部门的积极倡导下逐步发展起来的。20世纪80年代我国民政部正式提出了“社区服务”的概念，1987年9月，民政部在武汉召开了部分城市社区服务座谈会，明确了社区服务的内容和任务，以及社区服务和民政部门的关系。这次会议的召开是我国社区服务产生、兴起的主要标志。在之后的发展中，先后经历了酝酿产生、普及推广和巩固提高等不同阶段，目前社区服务取得了显著成效。

社区服务在发展过程中，范围和内容日趋拓展。社区服务的项目和内容已基本涵盖广大居民物质生活和精神生活的各个领域，服务对象包括老年人、残疾人、妇女、儿童等各类群体，基本形成了以社会救助为基础的集家政服务、物业管理、职业中介、心理咨询、健康保健等内容于一体的综合服务体系。社区和养老之间的相互支持，相互依赖，也推动社区养老的发展。我国社区养老的初期活动表现为建立老年人活动中心、提供日常生活照料及开展家政服务等。20世纪80年代到90年代末，在不断结合养老服务现状开展探索与研究的过程中，逐步形成了在原有家庭养老基础上的机构、社区、居家养老协同发展的理念。进入新世纪，尤其是党的十八大以来，随着政策体系和制度框架的日趋完善，我国老龄事业的发展迈入快车道，养老服务体系建设也呈现新格局。多主体协同参与、多渠道服务供给、多政策共同支持、统筹推进多模式养老融合发展，也成为养老服务发展的主体方向，而社区养老作为养老服务体系的重要组成部分，也逐渐发展成一个行业，社区养老服务通过与其他养老服务的有机衔接，在构建我国多层次功能互补的养老服务体系、保障老年人健康积极的生活等方面发挥着不容忽视的积极作用。

## 二、社区养老的内涵

目前，社区养老已成为我国主要的养老方式之一，是指以家庭为核心，以社区为依托，以老年人日间照料、生活护理、家政服务和精神慰藉为主要内容，以上门服务和社区日托为主要形式，并引入养老机构专业化服务方式的居家养老服务体系。社区养老的典型特点表现为家庭养老与机构养老的社区集合，也就是老年人在自己所熟悉的环境中实现家人照顾与机构服务的有机融合。

## 三、社区养老的主要模式

结合学者专家的研究以及社区养老的实践，社区养老服务的模式可以分为社区机构养老和社区居家养老两种。

### （一）社区机构养老

社区机构养老也称社区集中供养，这种模式是指街道、居委会和社区内各类组织与个人兴办养老院、老年公寓等养老机构，雇用专职工作人员为入住的老年人提供集中供养服务；也可以在社区机构推行托老服务，即白天老年人在社区，由社区进行简单的照顾，晚上子女将老年人接回家照顾的日间照料服务。

其服务内容包含饮食起居、医疗保健、文体娱乐等基本生活的各个方面，服务对象主要是日常生活不能自理而家庭又无力照顾的老年人。养老服务的费用支付方式以老年人或家庭自付为主，对无经济支付能力的孤寡老人则由政府或慈善机构予以救助帮扶。社区养老机构是分散在社区中的小型养老院，这种类型的养老服务，既满足对老年人的医康养照护，又符合老年人对于熟悉生活环境、及时得到亲人陪伴等的需求，有助于老年人身心健康发展。

### （二）社区居家养老模式

这种模式是指老年人生活在自己家里，由社区组织或个人根据老年人的需要为其提供服务，主要针对那些日常生活能够自理的老年人。该模式下老年人不脱离自己熟悉的社区环境和邻里关系，既能得到社区提供的养老服务，又能得到家庭的呵护，同时养老服务成本相对较低。信息化时代，将“互联网+”引入社区养老服务也成为一种创新性的服务形式，通过信息服务平台，建立老年人信息系统，实现档案电子化，通过平台辅助老人高效、便捷、及时地获取相应服务。这种以家庭为核心、社区为载体、专业化的服务队伍为依托的居家养老模式，在很大程度上弥补了家庭照料功能的不足和缺失，符合老人心愿，有利于老年人身心健康发展。社区为居住在家的老年人提供的医疗保健、家务助理、法律援助以及应急支援等服务都可以通过有偿、低偿或是无偿的形式获得。

## 四、社区养老与机构养老、居家养老的区别与联系

机构养老、居家养老、社区养老等多种养老方式在其发展过程中，各具特色，但同时也相辅相成、相互联系，共同发挥着满足老年人健康养老多元需求的作用。

### （一）不同养老方式之间的区别

从服务场所来看，三者虽不是绝对意义的泾渭分明，但差异显著。机构养老以专业化的养老机构为依托，居家养老不脱离老年人的家庭居所，社区养老则以社区内或周边的养老中心为核心。

从服务对象来看，机构养老所针对和覆盖的对象较为广泛，包含不同生活自理水平、不同经济水平等的所有老年人；居家养老主要由政府购买服务驱动，其服务对象范围较小，更多侧重于“三无”老人，其费用主要由政府承担，在鼓励老年人自行购买服务的一些地方，政府也大多会给予适当补贴；而社区养老主要针对社区中的老年人，或者独自在家的老年人等。三者在服务对象上存在一定的重合但又不完全一致。

从服务来源来看，无论是机构养老、居家养老还是社区养老，家庭成员无疑都是重要的来源之一，但受制于家庭养老功能的不断弱化，老年人的多元服务需求放大了家庭成员服务供给的有限性，虽无法替代，但供给不足，众多养老模式的探索在不同程度地发挥着家庭养老功能的补充与延伸作用。当然，不同养老模式的服务来源也不尽相同，机构养老的服务提供主要依托专业化的技术人员和服务人员；居家养老的服务供给除关键性的家庭成员外，还包括社区养老中心、社会组织、专业化养老机构中的从业人员；社区养老的服务来源则以社区养老中心服务人员和社会组织成员为主。

### （二）不同养老方式之间的联系

虽然机构养老、居家养老和社区养老分属三种不同的养老服务模式，但其服务提供过程中依然存在着服务场所、服务对象及服务供给来源等方面的交叉。从服务场所来看，社区养老和居家养老之间存在明显的重叠之处，其服务提供的模式也存在共性；在服务对象层面，虽然针对的是不同健康状况或经济状况等的老年人，但服务形式的多元化使三种模式在一定程度上都可以实现不同老年人的全覆盖；从服务来源来看，居家养老和社区养老的服务来源在社区养老中心、家庭成员和社会组织层面发生了重叠，社区养老和机构养老的服务来源在家庭成员层面也有一定的交叉。因此，不同养老模式之间的区别与差异是相对的，“和而不同”的特点需要在突出重点的基础上，引导和鼓励不同服务主体发挥对应的积极作用，以推进我国养老服务体系的不断完善。

## 五、社区养老面临的问题

与居家养老相似，社区养老模式在弥补机构养老和传统家庭养老不足、便于就地取材、有效节约成本、更为符合中国人的传统心理等方面优势突出，社区养老缓解了我国的养老压力，开拓了解决养老问题的思路。但是目前仍然存在诸多问题，各个环节、制度、保障尚不健全，在一定程度上阻碍了社区养老服务作用的充分发挥。

### （一）社区养老服务基础设施不充分

完善的硬件设施是社区养老服务成熟的重要标志。然而在现实情况下，很多社区所能提供的硬件设施很难满足老年人的多元需求。一方面，在日常生活设施层面，大部分的老人在社区接受的服务多局限于日常生活中的喝茶聊天，大多数社区功能室为“一室”多用，缺乏综合性的配套设施，如老年阅览室、老年人学校、老年人休息室等，因此对老年人在运动健身、娱乐等方面的吸引力不高。虽然现在有的社区搭建了较为齐全的养老服务设施，但由于缺乏建设经验、后期维护不足以及无障碍设施改造缺失等，造成一些养老设施利用率低或无法使用，最终可能成为摆设，甚至存在安全隐患。另一方面，健康服务设施的不足更为明显。目前越来越多的老年人注重医疗护理、保健养生，但目前基层医疗卫生机构的专业技术人员数量不足、力量薄弱、医疗设备落后，在满足老年人多元、复杂的康养需求层面力不从心。再者，精神文化设施不足。目前，针对老年人开展的社区精神文化层面的服务多为静态的、传统的，如棋牌室、阅览室等，对于想要接触更新、更时尚的娱乐活动如兴趣班、多媒体等的老年人而言，流行元素的缺乏、相应设施设备的不足，成为难以满足老年人最新需求的障碍。

### （二）社区养老服务专业人才供需不平衡

随着社区养老服务的不断发展，社区养老服务人员在人才供给及专业化水平等方面没有跟上社区养老服务发展的速度。在人口老龄化背景下，我国养老服务存在的巨大缺口，催生大量的就业岗位。与居家养老相似，目前我国社区养老服务专业人员同样极其缺乏，人才培养数量不足、周期长，直接影响了社区养老事业发展的空间和后劲。同时，从事社区养老服务的人员大多数属于基础务工人员，综合素质不太高，且大多数缺乏相关的专业培训，很难满足当前养老服务质量要求，再加上激励机制的不到位加速了人员的流动，这些都成为社区养老进一步发展的障碍因素。

### （三）社区养老服务方式创新不足

人口老龄化形势的日趋严峻，大量的老年人口对养老的服务需求不断增加，社区养老在快速适应变化、突破传统养老提供方式等方面面临巨大压力。特别是智能化时代的到来给社区养老提供了新的思路，人工智能产品不仅能节省人力，而且其价值还在不断扩大，当老人身体健康出现问题导致突发状况时，家人或者护理人员不在身边，一些智能产品可以对人体各个器官进行健康检查，并进行人工智能监测和数据分析，从而快速有效地与医院取得联系，做到对老人突发疾病的及时发现和及时处理。但目前社区养老服务的提供，更多表现为传统养老的方式与内容，在创新意识和创新能力方面尚未取得较大的突破与提升。

## 四、社区养老的发展思路

社区养老，是实现老有所养的重要形式。以社区为主的长期照护服务，符合我国老年人的传统观念和养老需求。因此，要聚焦广大老年人对美好生活的新期待，把握社区养老服务发展的新趋势，着力构建社区居家养老服务体系，加快城乡居民养老服务市场化、专业化步伐，提升社区养老服务质量，推进养老服务业健康快速发展，实现人人都能享有基本养老服务。

### （一）打造老年友好型社区

老年友好型社区需要进一步提升为老年人服务的质量和水平，提供多层次、普惠型的社区养老服务，增加医养、康养相结合的服务机构供给，实现老年人口对社区养老服务设施的“就近可及”目标。同时要改善老年人的居住环境，聚焦公共文体设施适老、公共交通便老、老人轮椅出行无障碍等，加强社区公共空间适老化建设，降低老年人身边的安全风险。在精神文化层面，多途径促进不同年龄层和群体之间的互动、交流与共享，增强不同代际的文化融合和社会认同，实现社区和谐。

### （二）加快推进智慧社区构建

智慧社区养老，是一种依托现代信息技术实现养老服务供给与需求精准衔接的创新型养老服务模式。智慧社区的构建，其本质是对社区周边及内部资源的充分整合与利用，通过智能技术的合理应用提高服务效率，打造智能生活，提升社区品质。因此，智慧社区养老在解决养老问题中的突破性作用体现，需要打破传统观念，协同整合，建立完善的智慧化信息平台，精准对接老年人服务需求和服务资源，运用互联网、物联网、大数据等，开展智能化居家社区养老服务。同时通过智能穿戴、便携式监测、居家远程监护等智能养老设备，开展老年用品质量提升行动，加快推动智慧健康养老社区建设。

（三）扩大老年人社会参与

“老有所为”意指老年是可以有作为、有进步、有快乐的重要人生阶段，在社区养老过程中，积极为老年人参与经济社会发展、体现自身价值创造条件，引导老年生活由“被动型、等待型”向“参与型、发展型”转变，也是“老有所养”的重要体现形式。一方面，通过建立完善老年人再就业、创业政策，消除年龄歧视，保障老年人就业权益。另一方面，引导和组织老年人积极参与社区建设和管理，广泛开展邻里互助、老年人互助和各种志愿活动。同时加强老年学习教育，引导老年人主动学习接受新知识、新观念、新技能，丰富精神文化生活。

## 第四节　医养结合

作为一种将现代医疗与养老服务有效结合的新型养老服务模式，医养结合是在顺应老龄需求结构变化的进程中应运而生的，它在养老服务领域中所发挥的“有病治病、无病疗养”作用逐渐被认知，业已成为学术领域和决策部门共同关注的热点话题。

### 一、医养结合的提出背景及政策发展

随着人口老龄化进程的加快和程度的加深，老年人健康养老所必需的医疗卫生、康复护理、健康指导等需求与日俱增，原有相对单一、独立的养老服务模式已经难以满足日益增长的养老服务需求，适时转变思路、创新养老服务模式的呼声越发强烈。“十二五”规划期间，各地方政府部门和科研机构

在理论和实践上加快了对养老服务模式改革的积极探索。从政策的连续性角度看，我国的医养结合政策可以追溯到2011年，其大致分为萌芽阶段、探索阶段、发展阶段和深化发展阶段。

### （一）医养结合萌芽阶段

为进一步加强我国养老服务体系建设，国务院于2011年9月印发《中国老龄事业发展“十二五”规划》，提出建立以居家为基础、社区为依托、机构为支撑的社会养老服务体系，推进老年医疗卫生服务网点和队伍建设。同年12月，国务院办公厅印发了《社会养老服务体系建设规划（2011—2015年）》，指出在居家和机构养老等服务的功能定位上要涵盖医疗保健、康复护理等内容，力求建立综合服务网络，提出要推进养护、医护型养老机构建设。紧随其后，国务院办公厅又印发了《社区服务体系建设规划（2011—2015年）》，指出开展面向全体社区居民的包含医疗卫生在内的服务项目，满足老年人、残疾人等社会群体的服务需求，开展老年人保健服务。

此时虽未明确医养结合的概念及内容，但老年人所面临的医疗保健、康复护理等问题已经得到政策层面的高度关注与重视。与社会需求相匹配、与经济发展相适应的养老服务体系建设的目标在思路上得到进一步开拓，内容上得到进一步延伸。这些政策的制定及目标的明确，意味着医养结合的萌芽初现，它将登上养老服务的历史舞台，并发挥在“老有所养”目标实现中的重要作用。

### （二）医养结合探索阶段

在人口老龄化的积极应对中，初步建立的社会养老服务体系虽然发挥着一定的积极作用，但与之俱来的养老服务资源供给与需求不匹配、资源配置不合理等问题也日渐凸显。因此，如何广泛动员社会力量、多措并举发展健康服务业，也成了加快发展养老服务，推进健康老龄化的必要要求。

2013年9月，国务院发布了《关于加快发展养老服务业的若干意见》，首次正式提出推动医养融合发展，正式将“积极推进医疗卫生与养老服务相结合”作为养老服务业发展的六大主要任务之一，并鼓励医疗机构与养老机构积极合作，明确了医疗卫生机构应当针对老年人开展的服务内容，并将医养结合养老机构纳入医保涵盖范围。这一里程碑式的政策被称为我国医养结合政策的原点，在养老服务事业的良性、健康发展中发挥着关键的指导性作用，随后下发的《关于促进健康服务业发展的若干意见》进一步指出，要将推进医疗机构与养老机构的合作发展作为主要任务，在养老服务中充分融入健康理念，加强医疗机构和养老机构间的业务协作，增强服务能力，统筹医疗服务与养老服务资源等要求，形成规模适宜、功能互补、安全便捷的健康养老服务网络，切实促进健康养老发展。

我国医药卫生体制改革的持续深化和成效显现，为医疗卫生与养老服务的有机结合提供了资源要素保障，促使医养结合成为我国养老服务体系内的一个正式命题。此后医养结合相关的政策也多以2013年的政策文件为指导。此阶段，所开展的一系列医疗与养老融合发展形式的初步探索，实现了医疗卫生与养老服务从“连接”到“结合”的转变，推进了医疗机构与养老机构的深度合作，至此，我国医养结合养老思路基本形成。

（三）医养结合发展阶段

如前所述，现代化进程中人口老龄化的不断加剧，带来巨大的社会变迁，家庭小型化、空巢化成为养老服务领域中不得不面临的重要社会问题，老年人的医疗服务与养老服务需求叠加明显，多层次、多样化需求日益突出，康复、老年护理等薄弱环节也更为凸显，老年人群医养结合需要更多卫生资源支撑。与此同时，网络技术、信息获取技术、信息传递技术、计算机技术等的快速发展，也为医疗服务与养老服务内容和形式等的优化提供了技术支撑。这些都对医养结合的发展提出了新的要求。

2014年9月，国家发展改革委联合民政部、财政部等9个部门共同发布了《关于加快推进健康与养老服务工程建设的通知》，将养老服务体系界定为日间服务的社区老年人日间照料中心、老年养护院等专业养老服务设施、养老院和医养结合服务设施、农村养老服务设施建设4类。

2015年2月3日，民政部、国家发展改革委等10个部门联合印发《关于鼓励民间资本参与养老服务业发展的实施意见》，要求在推进医养融合发展中积极拓宽支持性政策与渠道，加大卫生计生行政部门的支持力度，规范审批和执业登记制度，强化政策范围内养老机构内设医疗机构的医保支持等。同年3月，国务院办公厅印发《全国医疗卫生服务体系规划纲要（2015—2020年）》，将医养结合作为功能整合与分工协作的重要内容之一，明确将加强医疗机构与养老机构的合作、统筹医疗服务与养老服务资源、发展社区健康养老服务等作为下一步发展的重点。

2015年4月发布的《中医药健康服务发展规划（2015—2020年）》，突出和强调了中医药在养老服务体系构建及健康养老中的作用，将开展中医药健康养老服务试点项目作为医养结合发展的重要内容之一。同年11月，在国家卫计委（现国家卫健委）和国家中医药管理局联合发布的《进一步规范社区卫生服务管理和提升服务质量的指导意见》中，明确提出鼓励社区卫生服务机构与养老服务机构开展多种形式的合作，加强与相关部门配合，协同推进医养结合服务模式。2015年11月，国家卫计委（现国家卫健委）等9个部门发布《关于推进医疗卫生与养老服务相结合的指导意见》的通知，确定了医养结合的基本原则、发展目标、重点任务、保障措施等，为医养结合进行总体布局，从政策层面进一步指导和推动医养结合发展。文件中首次将“医养结合机构”明确界定为兼具医疗卫生和养老服务资质和能力的医疗卫生机构或养老机构。同时，围绕养老机构和医疗服务机构的合作模式、规划布局、人才体系等方面提出了更为明确的思路和要求。这一文件对医养结合的定位及实施路径等进行了精确阐释，是医疗服务与养老服务从“结合”至“融合”发展的标志牌和里程碑。

这一阶段，养老服务与医疗服务已经不再是各自独立的概念与命题，医疗服务与养老服务的有机融合不仅仅是简单地满足老年人的医疗与养老双重需求，同样也是建设健康中国这一命题的应有之义。这一阶段医养结合相关政策在概念上日趋明晰、内容上逐步细化以及范围上更为广泛，为促进医养结合的长足发展奠定了基础。

### （四）医养结合深化阶段

“十三五”期间是加快推进健康中国建设、促进人口均衡发展的重要时期，也是医养结合得以深化发展的核心阶段。

2016 年 1 月，国家卫计委（现国家卫健委）印发《2016 年卫生计生工作要点》，提出将实施健康老龄化工程，启动医养结合项目试点，大力发展健康养老等生活性服务业，推动发展护理、康复、临终关怀等延伸服务，作为加快推进医药卫生体制改革的重要内容。2 月下发的《关于中医药发展战略规划纲要（2016—2030 年）的通知》，将中医药特色医养结合机构、医养结合示范基地建设作为规划的重点任务。3 月，国家卫计委（现国家卫健委）联合民政部办公厅印发《医养结合重点任务分工方案》，确定了医养结合的工作重点以及负责单位。4 月，民政部和国家卫计委（现国家卫健委）联合印发了《关于做好医养结合服务机构许可工作的通知》，要求对拟申办医养结合服务机构的申办流程进行简化，明确首接责任制。随后启动国家级医养结合试点工作，遴选试点城市（区），探索建立符合国情的医养结合服务模式。12 月，国务院印发的《“十三五”卫生与健康规划》将推动医疗卫生与养老服务融合发展作为发展老年健康服务的核心内容，并进一步明确了医养结合工作的任务和责任单位。

2017 年及以后，国务院办公厅、国家卫计委（现国家卫健委）等陆续通过《“十三五”健康老龄化规划》《关于推进医疗联合体建设和发展的指导意见》《深化医药卫生体制改革 2017 年重点工作任务的通知》《“十三五”健康老龄化规划重点任务分工的通知》《关于养老机构内部设置医疗机构取消行政审批实行备案管理的通知》等系列文件，将加强医疗卫生与养老服务相结合，为患者提供一体化、便利化的疾病诊疗—康复—长期护理连续性服务作为重要工作目标，继续推动国家级医养结合试点工作，并对建立健全医疗卫生机构与养老机构合作机制、研究出台老年人健康分级标准、建设综合性医养结合服务机构示范基地和社区示范基地、建设医养结合监测平台并开展监测和评估工作、探索建立中医药特色的医养结合机构等方面提出具体要求。2020 年 12 月下发的《医疗卫生机构与养老服务机构签约合作服务指南（试行）的通知》，对合作机构的服务内容、双方责任等均提出具体要求，以指导医疗卫生机构和具有民事主体资格的养老服务机构（包含养老机构、居家社区养老服务机构）签约合作，切实提高医养签约服务质量。

医养结合深化阶段，从宏观设计到具体操作的政策延伸，有效推动了医养结合的落地与实施。各个地方的医养结合工作扎实起步，结合家庭医生签约服务、医养结合示范基地建设、医养结合机构准入制度等一系列配套及延伸工作，以多种形式围绕老年人的健康养老需求提供综合性、连续性的医养结合服务。作为健康养老的新方向，医养结合是对原有养老服务内容与形式的重新审视，其实践成效充分体现了它在释放养老内需、繁荣健康产业、推动健康中国建设等方面的重要作用。

“十四五”时期更是养老服务发展的重要战略机遇期。2022 年 1 月，国家卫生健康委在关于印发“十四五”卫生健康标准化工作规划的通知中，将健全老年社会支持标准和医养结合标准，夯实老年健康基础标准作为以标准化促进重点人群健康的关键内容。2022 年 3 月，卫生健康委、教育部、科技部等 15 个部门联合印发《“十四五”健康老龄化规划》，强调持续发展和维护老年人健康生活所需要的内在能力，促进实现健康老龄化。将深入推进医养结合发展，增加医养结合服务供给，提升医养结合服务质量作为该规划提出的 9 项主要任务之一。为顺应老年人居家就近养老需求，相关部门通过一系列政策的推行与落实，以资源整合和资源共享为抓手，鼓励养老机构与医疗机构的多途径合作，着力解决养老服务“最后一公里”问题，实现老年人生活与健康方面的全方位需求。

## 二、医养结合的内涵

医养结合养老服务模式作为一种新型养老模式，是在人口老龄化加剧的新时期，人们对养老服务内容之间关系的重新思考与定位，也是我国深化医药卫生体制改革、应对人口老龄化、增进亿万家庭福祉的重要惠民举措。

医养结合，是指将医疗卫生资源与养老服务资源相结合，以实现社会资源最优化配置。其中，“医”的重点关注领域为健康管理及疾病诊疗，在内容上涵盖三级预防的所有阶段，即从预防保健到疾病诊疗，再到康复护理、临终关怀等。“养”则是以生活照护作为核心内容，既包括基本的生活照料及心理护理，也包括针对失能失智老年人的长期照护，同时也涵盖了“新老人”所关注的文体娱乐、旅游社交、智慧服务等。基于医养结合所涉及的多样化服务内容，其服务的提供需由具备专业医疗和护理资质的医养结合机构来实现，在多重保障之下来满足老年人尤其是高龄、患病、失能和半失能老人在一个固定的机构内享受“一站式服务”的多元养老需求。医养结合服务模式是一个既不同于医院，又不同于养老院的新功能体系，它兼顾两者的优势，不仅包括传统的生活照料养老服务，而且以医疗为保障，以康复为支撑，边医边养、综合治疗，并将专业的医疗技术检查和先进设备与康复训练相融合，有效实现养老机构与医疗机构的功能融合。

## 三、医养结合服务体系的基本构成要素

医养结合是我国养老服务体系改革创新中的重点工程，是一种切实可行的新模式，医养结合服务的基本构成要素是实现医养结合服务体系建设最终目的的核心，也是提升居民的晚年生活质量，使其“病有所医、老有所养”的必然条件。医养结合服务的基本构成要素包括服务主体、服务对象、服务内容及标准、服务实现方式、服务评价体系和管理机制等。

医养结合的服务主体所探讨的就是由谁来提供服务。现代社会公共事务的复杂性和公众需求的多样性，推动社会治理主体逐渐趋于多元化，多主体协同参与已经成为现代社会发展的必然。养老问题作为一个从古至今备受关注的社会问题，更是面临意识、制度及资源配置等多因素的制约，因此，涵盖多项服务内容的医养结合，需要调动多方积极因素，整合各项有利资源，努力发挥不同主体的职责与功能。在专业技术层面上，医养结合服务涵盖“医”与“养”双重内容，其服务提供主体应包含且不限于养老机构、各级各类医院、基层医疗卫生机构、社区以及社会机构内的服务人员。这些与家庭建立契约关系的医疗、康复、护理等的服务提供人员，必须是具有相应执业资格的全科医生、护理人员、康复人员或其他专业技术人员，必须熟悉老年病的诊断和治疗、老年人的康复护理以及老年人的心理、社会等方面的多层次需求。

医养结合的服务客体即医养结合服务的对象，顾名思义，它应包含医养结合机构内的所有老年人。区别于一般养老机构，医养结合服务的提供更侧重于有明确医疗与养老双重需求的老年人，如需要长期照护的独居老人、生

活自理能力受限的失能半失能老人、长期罹患慢性病的老人、处于大病恢复期或重病晚期的老人以及残障老人等。

医养结合的服务内容即医养结合的服务项目。医养结合概念本身即赋予了医养结合较丰富的服务内容，一般而言可分为三大类：一是基本的生活护理服务，如生活照料服务、膳食服务、清洁卫生服务等；二是医疗保健服务，如疾病诊疗、健康体检、急诊急救、康复护理、临终关怀等；三是精神文化服务，如心理指导、文体娱乐、旅游健身、社会参与等。结合老年人所处的不同健康阶段和多层次的服务需求，提供有针对性的医养结合服务，真正实现“医”与“养”的有机融合，做到健康老龄化。

从医养结合机构设置上来看，医养结合服务主要通过以养老结合医疗、以医疗结合养老、医养同步三种方式实现。以养老结合医疗是指养老服务机构内设医疗机构，主要是按照国家相关政策，根据对应的准入标准，在养老服务机构内开设医务室、门诊、卫生所、保健站等，建立医疗观察床位，拓展养老床位功能，聘请具有从业资格的医师和护士提供专业的医疗卫生服务。以医疗结合养老是通过医疗卫生机构增设老年病房来实现，主要是在医疗机构内部开设养老服务病床或老年病科，在对老年人的慢性病、常见病、多发病等提供专业化医疗卫生服务的同时，增加其专业的生活照料等服务的提供，并且通过外聘或自培等方式以保障养老服务水平的专业化。医养同步则为医疗卫生机构与养老服务机构相互协作，按照就近原则，以居家社区家庭病床为载体，选定双方合约协作机构，拟定协议或建立合作关系，根据协议或合同内容为老年人提供医养结合养老服务。

医养结合服务的评价是用一套行之有效的标准去衡量服务的质量。评价指标主要包括床位使用率、慢性病治愈（好转）率、医疗和护理不良事件发生率、住院并发症发生率、医疗文件书写合格率、住院患者满意度、出院患者满意度、医护人员工作满意度、社会第三方专项调查满意度等。通过这些评价指标基本能够客观地评价病区环境、安全管理、满意度、诊疗和护理质量等。

医养结合服务的管理机制，主要通过建立医养结合服务的相关政策制度来实现。如何充分发挥政府主导作用，根据各地老龄化现状及未来趋势，因地制宜，建立完善的医养结合服务法律法规及相关促进发展的扶植政策至关重要。具体包括医养结合服务提供机构的准入机制、管辖部门、管理方式、扶持政策、服务人员培养机制、专业的规范制度、完善的设施标准、服务标准、人员标准、管理规范及评估机制等，在此基础上，通过全社会广泛参与，保证医养结合服务的有序、规范开展。

## 四、医养结合服务的模式

养老服务刚需中，伴随医疗护理、康复营养、心理支持、生活照料等不同照顾需求的老人各式各样，需要医疗和养老服务整合的策略与模式也各不相同。目前，学者、专家从不同的角度对医养结合的模式进行了多元分类，本书在文献研究和系统分析的基础之上，将我国医养结合的模式分为如下五种。

### （一）医疗养老融合型

医疗养老融合型可以细化为“大养老、小医疗”“小养老、大医疗”以及“医疗、养老并重”三种。“大养老、小医疗”的本质为养老为主、医疗为辅，是一种在养老机构内开展医疗服务的医养结合模式，普遍适用于规模相对较小的养老机构。由于运营成本较高、机构内场所有限等原因，该模式下养老机构所增加的医疗服务主要集中于门诊业务，较难解决在养老机构直接住院的问题。“小养老、大医疗”则表现为医疗为主、养老为辅，其医养结合服务的提供主要依托医疗机构内增建养老机构的形式进行。这种类型的医养结合机构需要在机构内新建专业的养老机构、新增配套的养老设施并配备专业的从业人员，一般适用于规模较大的医疗机构。该模式以充足的医疗资源、充分的医疗保障为基础，具备明显的养老环境优势，但容易出现医疗资源利用不足甚至浪费、养老费用高等问题。“养老、医疗并重”型则多为新建的医养结合机构或医院转型为养老机构、护理院，强调医和养并重发展。新建的大型养老机构，同步配套建设综合医院或护理院，实现医疗、养老并重发展，抑或一些资源闲置的医疗机构将富余资源转型为养老服务，以开设老年专护病房或直接转型为护理院、康复中心等方式提供医养结合型的医护服务。

### （二）医疗养老协作型

较之于医疗养老融合型，医疗养老协作型医养结合模式的医养结合程度不高，医养联系并不十分紧密，目前主要有“养老机构+医疗服务绿色通道”型、“大养老+小医疗+医疗服务绿色通道”型、“社区卫生服务机构+老年人日间照料中心”型三种。“养老机构+医疗服务绿色通道”型是在充分考虑老年人特殊就医需求基础上形成的，表现为机构内老年人在预约挂号、门诊急诊、住院检查等方面的优先服务，这种“绿色通道”功能一般通过养老机构与邻近医疗机构签订合作协议的形式来实现。“大养老+小医疗+医疗服务绿色通道”型是养老机构自身先建设一个小型医疗机构，如卫生室或诊所等，同时又另与其他较大规模的医疗机构签订合作协议，并由其为养老机构患者提供就医“绿色通道”，其运作多为一般的医疗问题，养老机构自行解决，当有较重患者时立即转入合作的医疗机构进行诊治。“社区卫生服务机构+老年人日间照料中心”型则是利用社区老年人日间照料中心临近社区卫生服务机构甚至二者在同一场所内的优势，向社区老人提供医疗及养老服务。

### （三）医疗康复型

医疗康复型顾名思义是医疗与康复的结合，一般分为两种。一种是“大医疗、小康复型”，这种类型的医养结合服务提供主体多数为规模较大医疗机构新建小型康复机构，如老年科室或康复科、康复中心等，以医疗为主、康复为辅，多数是在原有的医疗机构新增康复、养护功能，构建医疗、照护、康复等相互衔接的服务体系，该模式在医、康、养一体化体系中“养”的比重较小。另一种为“医、康、养一体”型，这种模式是在医院的基础上，新建护理院和养老院，实施医、康、养一体化运营。在这种模式下，康复患者在住院期间既能得到康复治疗服务，同时又能得到养老服务，康复出院后可以持续接纳下一批有需求的人，此类机构运行效率高、经济效益明显，是资源配置效率较高的医养结合模式。

### （四）智慧医养结合型

智慧医养结合养老服务即“互联网+”的智慧养老模式，是基于现代信息技术实现养老服务智慧赋能的一种新型养老模式，具有服务方式智能化、服务内容多维化、服务品质专业化的典型特点，在实现服务供给与养老服务需求的精准对接方面意义明显。目前智慧医养结合型的实践模式主要为“互联网+可穿戴设备+实体性服务机构”型。这种模式通过整合到老年人衣物或配件上的便捷式可穿戴设备，借助互联网或软件支持等实现居家老年人日常环境中的实时健康检测与健康保障；通过信息管理平台并利用互联网、物联网，对老年人日常生活、健康、出行情况等相关数据进行及时传输，辅助实体性医养结合型的养老机构或社区机构（如护理站、社区卫生服务机构）等获取相关信息，并结合监测数据开展针对性的服务。

### （五）居家医养结合型

居家医养结合服务的提供主要通过家庭医生签约服务和长期护理居家服务等方式实现其医养结合功能。“居家养老+家庭医生签约服务”型即通过开展家庭医生签约服务活动，推广家庭医生签约服务，与有需求的老年居民签订服务协议，开展契约式服务，签约对象可以获得家庭医生提供的医疗保健咨询、优质诊疗、精准预约转诊、保健指导、疾病干预、家庭病床、健康管理等服务，在这种模式下，老人在家中即可享受到优质医疗资源所提供的医疗服务、基本公共卫生服务和个性化健康管理服务等。“居家养老+长护险中的‘家护’服务”型指的是为符合条件的失能老人提供居家医养结合服务，这一居家养老模式目前主要针对享受长期护理险的城镇职工。其实现方式主要是由失能老人的家人负责提供其基本的生活照料，长期护理险定点医疗机构则负责提供以护理和康复为重点的居家服务，相关费用主要由长期护理险的基金提供。

## 五、医养结合养老服务的必要性与优势

随着我国经济社会的发展，人民物质生活水平的提高，养老已从过去的“生活必需型”向“参与型、发展型、享乐型”转变，新时代，新养老，老

年人对养老服务有了更多、更高的要求。人口老龄化、原有养老服务模式面临的困境以及老年人的多元需求等，对养老服务模式提出新的挑战，也推动了医养结合养老服务的快速发展。

### （一）医养结合养老模式发展的必要性

#### 1. 人口老龄化应对具有长期性和艰巨性

中国人口老龄化既具有世界人口老龄化趋势的共性，也有着鲜明的特殊性。中国自迈入老龄社会之后，又面临着快速老龄化、高龄化、失能化程度不断加速的难题，根据国家统计局预测，我国 65 岁以上老年人口的数量和占总人口的比重，今后将以每 2 年增加 1 个百分点左右的速度递增，2050 年左右达到 4.2 亿和 30%以上的峰值。因此，人口老龄化应对的长期性与复杂性、艰巨性与紧迫性，更需要不断从政治、经济、社会等多个方面强化全生命周期养老的责任意识，加快完善养老服务体系、增强养老服务供给、保障老年人生活品质。①

#### 2. 养老问题是一个兼具机遇与挑战的重要课题

人口老龄化的不断加剧给社会和经济的发展带来巨大机遇与挑战，解决好养老问题已经成为关系国计民生的重大课题。一方面，庞大的、不断增加的老年群体引领消费新风尚，推动特色化、多层次的消费升级，带动养老用品、健康养生、老年娱乐、教育旅游等相关产业的快速发展，银发经济的市场需求不断被释放。国家有关方面预测，到 2030 年我国养老产业市场规模将达到 22 万亿元，对 GDP 的拉动作用将达到 8 个百分点，我国养老服务市场方兴未艾。② 另一方面，老年人是家庭与社会和谐的重要稳定因素，他们体现家庭凝集力作用的同时，也发挥着社会主流意识稳定器和传导器的作用；有活力的健康老年人利用自己的专长积极参与社会活动，发挥余热，也正是“老有所为”这一养老目标的充分体现。因此，新的养老格局和养老服务模式的构建，是应对养老问题所面临机遇与挑战的必要战略选择。

---

① 张蔚蓝 . AI 数据：2050 年中国人口老龄化将达最高峰 近 30%超 65 岁［EB/OL］. 中国网，2020-06-30.

② 2030 年我国养老产业规模将达 22 万亿［EB/OL］. 新京报网，2017-02-21.

3. 尚存的医养藩篱制约医养需求的充分满足

截至 2020 年年底，我国养老机构中能提供不同形式医疗卫生服务供给的超过 90%，但护理人员短缺和医养结合制度困境是当前阻碍一些地方养老服务提升的重要因素。[①] 有限的医疗资源供给制约着医养结合服务的有效提供，面对医疗服务需求较高的失能、半失能、高龄老人等，现有的养老机构显得无能为力。同时，我国卫生系统中依然存在资源配置不均衡、供给与服务“倒三角”等问题，意味着医疗资源在区域间的差异化明显，很难实现在长期照护、康复护理等方面设施与人员的充足匹配，医与养的融合之路任重而道远。

4. 相对独立、单一的养老服务模式面临诸多挑战

当今时代，养老服务体系的发展目标已经不再单纯地局限于照顾或服务好老年人，帮助老年人健康快乐地安享晚年才是养老的真正内涵体现。《中华人民共和国老年人权益保障法》提出的五个老有，即老有所养、老有所医、老有所学、老有所为、老有所乐，赋予养老更多的时代内涵。如前所述，现有的养老服务模式，无论是机构养老、居家养老，还是社区养老，任何相对独立、单一的养老服务模式都不可避免地面临着供给与需求不平衡、资源有效利用不足、老年人需求满足不充分等一系列问题。同时，伴随经济发展与日俱增的生活成本、医疗成本及养老成本等，无疑对现有家庭尤其是“四二一”家庭带来巨大的经济压力和心理负担。这一系列制约养老服务发展的困难和难题亟须解决。

（二）医养结合养老服务的优势

老年人由于身体机能的退化，75%的老年人患有慢性病，43%患有两种及以上慢性病。健康养老必然成为老年人的迫切需要。医养结合作为一种有病治病、无病疗养、病后康复的模式，在为老年人的晚年美好生活保驾护航方

① 王倩．我国医养结合机构已达 5857 家，超九成养老机构能提供医疗服务［EB/OL］．健康报，2021-04-08.

面，发挥着重要作用，这种养老服务模式，其优点主要体现在以下方面。①

一是实现了养老资源和医疗资源的有效利用。长期以来，养老机构面临入住率低、空床率高、资源配置浪费等问题，其作用并没有得到真正、充分的发挥。医疗卫生机构尤其是基层医疗卫生机构也面临资源利用不足、“门可罗雀”的尴尬境地，医养结合的推行可有效促进发展困难的医、养机构进行资源整合，便于其发挥各自优势，实现了医养资源的有效利用，达成“双赢”。

二是减轻了政府的压力。人口老龄化问题越来越突出，给国家带来诸多现实问题，如何解决老年人的医疗与养老问题，是各级政府需要认真加以解决的问题。医养结合以政府为主导，鼓励社会参与，即在政府组建、扩建、新建医养结合机构的同时，鼓励社会力量的广泛参与，将医养结合这一“朝阳产业”由“独唱”变为“合唱”，有效分解负担，减轻政府压力。

三是方便老年人就医，提高医疗服务可及性。我国的传统养老模式基本上是居家养老、社区养老、机构养老，不管是哪一种模式，都一定程度地存在医疗服务水平较低，无法满足就医需求的问题。老年人一旦生病，就面临由于就医不方便而影响治疗的问题，同时也会面临经济负担加重的风险，医养结合在医疗服务供给上的优势，既解决了老年人的养老问题，又解决了老年人的医疗问题。

四是有效解决患病老人家庭照护问题。如前所述，社会变迁视角下，家庭小型化、空巢化带来的传统家庭养老功能的不断弱化，使得现代家庭无力承担健康状况不断恶化的老年人的照护重担，推行医养结合养老服务模式，老年人家庭照护问题可以得到有效解决，既解放了年轻人，又使老年人得到满意的服务。

五是助力推进健康老龄化。医养结合服务提供过程中对于医与养的内容界定，意味着医养结合模式的发展有助于老年人实现身体、心理与社会功能达到完美状态，这正是“健康老龄化”的核心诉求。因此医养结合养老服务

---

① 何宁 .75%老年人有慢性病！专家提醒：警惕慢性病和感染性疾病的叠加风险［EB/OL］. 潇湘晨报，2022-07-25.

模式具有推动健康老龄化实现的重要特征。

医养结合由于其诸多优势，于政府、社会、老人、家庭都是“多多益善”“皆大欢喜”的事情，它开辟了“老有所依”的新思路，是为老年人的幸福“加码”的新举措，也必然会成为未来养老服务发展的新方向。

## 六、医养结合养老服务的发展趋势

随着我国医药卫生体制改革的有序推进及机构改革的责权职能调整，目前医养结合在国家战略和顶层设计方面达成了更重要的共识，已列入我国“十四五”规划，各地正在积极试点推广。同时，政策环境的不断优化使医养结合领域内原有的医养分离、多头管理等问题得以改善，老年人健康养老服务的获得感和满意度逐渐增加，无论是理论研究还是实践探索，都不同程度地证实了我国医养结合养老服务的重要性和可行性。国家卫生健康委网站相关报道显示（2019 年），我国现已建立了 90 个国家医养结合试点城市，300 多个省级医养结合试点，非试点城市也在积极开展医养结合相关工作。[①] 有近 4000 家医养结合机构在为老年人提供健康养老服务，医疗机构与养老机构建立签约合作关系，提供服务的有 2 万多对。医养结合已经成为我国积极应对人口老龄化的重要措施。

当然，由于医养结合工作的复杂性，对于部门协同性的要求较高，同时受制度支持、人员技术和激励机制等因素的影响，医养结合的衔接、联动不畅等也一直是不可回避的问题。再加上人口老龄化程度的不断加剧，老年人健康服务需求的快速多元增长，对医养结合提出了更高的要求；同时由于社会的转型与变迁、家庭结构的改变以及养老观念的变化等，家庭生活照料能力不足，原有家庭养老功能不断弱化，这必然使得照顾老年人这项“工作”需要社会担负更多的责任。在诸多医养结合服务模式中，基层由于离家近、门槛低、覆盖面广等特点，在发挥医养结合功能层面优势明显。以基层为主导的嵌入式医养结合强调社会力量的参与，可以有效整合社区内及周边的基层医疗卫生服务机构、养老机构及其他力量，同时也便于家庭医生就近服务

---

① 人民财评：加快推进医养结合打造健康中国［EB/OL］. 人民网，2019-10-10.

与专业指导双重作用的发挥，即一方面为居家老年人提供及时、专业的医护服务，另一方面也能通过技术指导提升护理人员的专业技能和水平。以基层为主导的嵌入式医养结合整合“医、康、养、护”等资源进基层、进社区，为老年人提供无病可预防、有病可医治、病后可康复的全生命周期的闭环服务，让老年人依托基层获得便捷有效的健康照护服务。这一有利于提升老年人健康水平且具有创新意义的医养结合模式将成为社会养老的新趋势。

因此，在文献研究和实地调研的基础上，我们有理由认为医养结合尤其是以基层为主导的嵌入式医养结合，可以更好地满足人民群众日益增长的养老服务需求。多种社会力量的基层融合与下沉，便于更好为老年人提供专业化的医养结合服务及其相关产品，也有助于建立以基层为主导、逐渐延伸至家庭并联合机构的医养结合服务体系。

# 第二章 医养结合理论基础

无论是哪个国家，养老问题始终是一个社会难题。面对飞速发展的社会经济、逐渐加剧的老龄化形势以及日趋多元的养老需求，构建符合实际的统一、多元的养老服务模式势在必行。作为养老服务模式中的新兴模式，医养结合的诞生是一种历史必然，也是医学、管理学、社会学、经济学等多学科交叉融合发展的产物，学科领域内的公共物品理论、福利多元主义理论、需要层次理论、整体治理理论以及社会分层理论等为医养结合理论的产生与发展提供了重要的理论支撑，也为医养结合的研究与实践提供了观察的角度、思考的方法和解释的依据。

## 第一节 公共物品理论[①]

### 一、公共物品理论的起源

公共物品理论是研究公共事务的一种现代经济理论。早在1739年，哲学家休谟（David Hume）在《人性论》中就提出了“公共物品”这一概念，并对其下了一个直观的定义，将物品进行最初的分类。但是，对公共物品下比较精确的分析性定义的还是保罗·萨缪尔森（Paul A. Samuelson）。他在1954

① 彭蕾蕾．公共物品的内涵和外延综述［J］．中国市场．2011（2）：22-23.

年发表的《公共支出的纯理论》一文中，提出了公共物品的严格定义，认为公共物品是指每个人对某种产品的消费不会导致其他人对该产品消费的减少。根据这一定义，他将物品划分为公共物品和私人物品，由此正式奠定了公共物品理论研究的基础。在萨缪尔森之后，西方许多经济学家都对公共物品的概念给出了自己的看法。如奥尔森认为，任何物品，如果一个集团中的任何人都能消费它，它就不能不被那一集团中的其他人消费，则该物品是公共物品。布坎南在《民主财政论》一书中指出，任何集团或者社团因为任何原因通过集体组织提供的商品或服务，都被定义为公共物品。公共物品概念界定的多视角化，丰富了公共物品理论的研究。

## 二、公共物品理论的内容

### （一）公共物品的特性

从20世纪60年代开始，公共物品成了经济学家们争论的焦点。在不断深入研究和完善的基础上，逐步形成了关于公共物品突出特性的共识，具体体现在以下两个方面。

其一，在消费层面，公共物品具有非竞争性和非排他性。消费的非竞争性与非排他性所探讨的是个人产品或服务的消费对于他人的影响。非竞争性是指任何使用者对某一产品或服务的消费，都不会减少或影响其他使用者的消费水平及供应，在边际成本上体现为零。非排他性是指排斥他人消费的可能性为零，也就是说，无论个人愿意与否，个人对某产品或服务消费的同时，不排除任何其他人对于该物品或服务的消费。

其二，在效用层面，公共物品具有不可分割性和强制性。公共物品在向全社会提供的过程中，不具备谁付款谁受益的原则，也无法实现其效用在个人、家庭或组织中分割；同时公共物品具有高度垄断性，一经提供，即需被动接受，社会成员一般不具有选择性。这一性质对公共物品的质量和数量提出了较高的要求。由于公共物品服务对象的广覆盖，低质量公共物品的流入，其危害性远远大于私人物品。公共物品的供给与需求之间的平衡也至关重要，供小于求，无法实现群众需求的充分满足，容易引发不满；供大于求，造成资源浪费，同样也不利于社会发展。

（二）公共物品的分类

依据物品的竞争性和排他性，物品可分成公共物品和私人物品，其中公共物品可分为纯公共物品和准公共物品。

1. 纯公共物品，即具有完全的非竞争性和非排他性的物品。一般而言，这类物品一经提供，即具有普遍性，区域内所有居民均可无差别免费享用。纯公共物品在现实生活中并不多见，典型的纯公共物品有国防、灯塔、公共安全、环境保护等。

2. 准公共物品，即具有有限的非竞争性和局部的排他性的物品，是介于纯公共物品和私人物品之间的物品。准公共物品一般具有“拥挤效应”，即当消费者的数目增加到某一个临界点后，边际成本为零的情况就会被打破，每增加一个使用者，将减少原有消费者的效用。拥挤点的广泛存在，意味着需要通过一定的方法如付费才能推动市场的正常运转。准公共物品的范围较为广泛，如教育、拥挤的公路、公共图书馆、博物馆、公园等都属于准公共物品。

3. 公共物品分类特性间的转化

公共物品非排他性与非竞争性特征的体现具有条件制约性，非排他性和非竞争性的程度也并非一成不变。(1) 非排他性可以向排他性转化。非排他性是与排他性相互对应的，排他性的典型特点就是排斥他人产品或服务利用的可能性，当外界条件发生变化时，两者有可能出现转化。例如，原本具有非排他性的物品如灯塔等，如果有人通过干扰装置阻碍没有安装接收器的船只接收灯塔信号，那么这个灯塔原有的非排他性就消失并转化为排他性。(2) 非竞争性也可以向竞争性转化。比如，在一个不拥挤的图书馆增加一个人，不会增加边际成本，不会影响其他人的阅览行为，但如果该图书馆已经处于饱和状态，再增加一个人，就会出现拥堵，导致正常阅览行为受阻，带来边际社会成本增加，竞争性出现。这些可能发生的变化意味着过去的纯公共物品会转向准公共物品甚至是私人物品。

### （三）公共物品的消费特点

公共物品所具有的消费与生产特点，使它极容易出现阻碍市场调节的搭便车行为。所谓搭便车，是一种不劳而获的行为状态，指个人不承担任何成本的消费或使用公共物品的行为。搭便车问题的存在导致公共物品供应不足，产生市场失灵现象，也就是市场没有能力使分配达到帕累托最优（指资源分配的一种理想状态）。因此，在公共物品的消费过程中，需要通过一个集中计划的过程，以达到资源的有效配置，提高公共物品供给的效率。

## 三、公共物品理论的评价

作为研究公共事务的一种现代经济理论，公共物品理论有助于规范政府经济行为、提升政府经济行为的合理性和有效性。当然，在公共物品理论的运用中，也需要对以下问题给予较高的关注。

### （一）公共物品需求表达困难

合理资源配置的目的在于实现供给与需求之间的平衡，供需双方的有效信息传递是必要条件。但是，在公共物品尤其是准公共物品的提供过程中，居民自治的不完善，公共物品需求意愿的表达能力不足、积极性不高、渠道不畅通等，在一定程度上阻碍了公众对于公共物品需求的信号传递，提供者缺少消费者的有效需求信息，最终导致公共物品供给与需求之间的不平衡，阻碍资源的有效配置与均衡。

### （二）公共物品供给效率提升困难

一方面，公共物品的供给主要依靠政府，体制内固有的管理思路与模式，将很多高效率的运营方式排除在外，同时，资源的有限性和服务供给来源的单一性，决定了公共物品的垄断性，外部竞争力的缺乏阻碍了服务供给部门效率提升的积极性，最终导致公共物品供给效率低下。

另一方面，公共物品提供的机构及人员缺乏追求利润的动机。公共物品提供的目标并非利润最大化，服务供给部门人员的既得收入与公共物品的供给效率也缺乏直接关联性，再加上公共物品的成本与效益难以精确测定，无法实现供给效率的科学评价，所以，政府相关机构及部门在保证公共物品供给数量与质量的过程中，往往存在社会资源浪费的情况，这最终都成为公共物品供给效率提升的障碍因素。

再者，公共物品的监督机制缺乏有效性。公共物品的特性决定了无法通过盈利情况对政府部门的相关工作进行优劣评价，而司法机构和民众进行监管的过程中，始终存在一定程度的信息不对称，相对于政府部门，监督者很难获取有关公共物品的投入成本、供给数量等方面的精确信息，实施监督的有效性与合理性大打折扣，因此，公共物品供给部门缺乏有效监督体制下的内驱力，也将影响公共物品供给效率的有效提升。

## 四、公共物品理论在医养结合领域中的应用

### （一）医养结合服务性质界定

养老问题已经成为政府高度重视、社会广泛关注的重要民生问题，政府在养老难题的积极应对中发挥着主导性作用。医养结合作为一种融合医疗与养老资源的新型养老服务模式，是对原有养老服务内容及形式的创新，整体而言，医养结合养老服务属于准公共物品，主要体现在以下三个方面。

1. 医养结合服务具有非排他性。养老服务是老年人依法享有的基本权利之一，任何老年人都应有相对平等的机会和权利享有政府提供的养老服务，这对于不脱离原有养老服务主旨的医养结合服务同样如此。不管通过何种路径和方式，任何老年人在享受政府提供的医养结合养老服务时，不能影响或排除其他老年人也同时享受这种资源整合服务而带来的益处。

2. 医养结合服务具有一定的竞争性。如前所述，公共物品所具备的非竞争性在某些特殊情况下具备向竞争性转化的可能性。人口老龄化的快速发展，使医养结合资源供给面临整体不足与分布不均衡的问题，较之于日益增长的养老服务需求，由供需不匹配而产生的“拥挤点”使医养结合服务具有了一定的竞争性。

3. 医养结合服务具有显著的正外部性。外部性是一种溢出效应，主要表

现为群体之间行为与决策的相互影响。医养结合服务的提供在有效提升老年人生命质量的同时，减轻了家庭成员的照料负担与经济压力，促进了和谐社会的构建，于家庭和社会而言，凸显其正外部性。

### （二）医养结合服务形式与服务内容界定

整体而言，医养结合服务所具备的准公共物品性质是老年人均等享有养老服务的基础。但医养结合本身所体现了的资源整合效用，则意味着其服务主体和服务内容的多样化。不同养老场所在提供不同的生活照料和医疗服务时，赋予了养老服务更多物品属性上的内涵，一般可分为三类。

基本的生存类服务：这类服务一般属于纯公共物品，多由政府直接提供或政府出资购买服务的方式提供，主要覆盖需要财政兜底保障的老年服务群体，如“三无”老人、五保户、“低保”老人等，在内容上主要包括基本生活照料、基本公共卫生服务等刚性需求。

普惠的医养结合服务：这类服务不具备完全意义的非竞争性或非排他性，属于准公共产品的范畴。在服务内容上主要包括基本生活照料、基本医疗服务、康复护理、精神慰藉等，这些服务虽可以实现对普通老年人的全覆盖，但受制于资源的有限性和服务提供主体的多样性，服务供给层面多具有一定的竞争性；有些服务则具有一定的排他性，在享受资格层面有相应的约束性条件，如各地推行的护理补贴，大多数地区规定只有低收入失能老人方可享受。普惠性的医养结合服务可以通过政府和（或）其他非营利组织实现对老年人服务的供给和补贴。当然随着社会经济的发展和养老服务体系的不断完善，这类普惠性的医养结合服务也存在转化为纯公共物品的可能。

高端的医养结合服务：这类服务由于资源的稀缺性和对服务对象的选择性，排他性和竞争性明显，可界定为私人物品，如为特定服务对象开展的医疗美容、高级护理等特殊服务或治疗。这类服务的种类及数量供给源自市场需求，一般由私人或民营的医养结合机构提供。

### （三）政府在医养结合中的职能

虽然医养结合服务内容上的界定存在物品分类上的差异，但医养结合服务主体内容的准公共物品性质意味着，政府提供医养结合服务，除资金投入的形式外，也应该表现为政府主导下的制度安排。建立、完善老年人医养结合服务的制度与管理规范并匹配高质量、充足的医养结合服务人才，是发展各种机构养老和社区居家养老医养结合服务的基础，是保障医养结合服务健康发展的必要条件。

1. 统筹规划、合理设置是医养结合服务满足供需的核心

供给与需求之间的平衡与匹配始终是医养结合服务的关键。一方面，政府应科学谋划、合理布局，不断优化医养结合机构类型与数量、人力资源结构与规模等层面的资源配置，确保医养结合服务在数量上实现供需平衡，既要避免因数量不足而产生需求空缺，也要避免因过度无序发展而出现资源浪费。另一方面，需要进一步制定和完善医养结合服务的规范与标准，健全相关激励机制，从政策层面优化医养结合职业环境，以实现医养结合服务在质量层面的供需匹配，既要扩充和稳定职业队伍，提高职业队伍的职业成就感，也要进一步提升老年人的服务满意度。

2. 完善的政策法规体系是医养结合人才供给和质量提升的基础性保障

随着我国老龄化进程的加剧，医养结合服务人才的需求也将持续增长。但是，目前我国尚未形成完善的具有系统性和连续性的医养结合人才培养与教育体系，医养结合人才队伍中长期存在的数量不足、能力欠缺、服务质量不高等问题依然未得到充分解决，激励机制的不完善又加剧了医养结合人才的流失，诸多的障碍因素严重制约了我国医养结合的高质量发展。因此，在政府主导、政策引导之下，科学合理设置专业，制定并不断完善薪酬管理制度、职业评审机制、职业生涯发展规划等一系列激励政策，吸引高层次的医养结合专业人才到基层服务，并通过科学的培训提升医养结合服务机构中的从业人员、居家非正式照料者等的专业技能和素质，是促进医养结合服务人才稳步发展、满足医养结合养老服务数量和质量要求的重要保证。

我国在医养结合人才队伍建设和培养方面进行了多种探索。2015 年发布了《国民经济和社会发展第十三个五年规划纲要》，明确要求构建以人才培养等为支撑的人口老龄化应对体系。2016 年年底，国家卫生健康委等 13 个部门印发了首个国家级专项规划《“十三五”健康老龄化规划》，老年医学、康复

医学、护理学等专业的人才被纳入卫生系统急需紧缺人才的培训规划中，同时，强调对相关从业人员的职业技能鉴定。同年，国务院办公厅印发了《关于推进养老服务发展的意见》，加强对养老服务机构负责人、管理人员的岗前培训及定期培训。2019 年，人力资源和社会保障部与民政部联合颁布了《养老护理员国家职业技能标准（2019 年版）》，对养老护理员的培养培训和等级认定进行了规定。一系列政策文件的下发，充分体现了国家对医养结合人才发展的关注与重视。

### （四）医养结合服务的多元化供给

老年人养老服务需求的多样化发展，推动医养结合服务内容的不断更新与扩容，科学整合医疗与养老资源，以不同老年人的医养结合服务需求及服务利用能力为基础，多主体开展服务供给，无疑是医养结合服务顺利推行的关键。医养结合服务开展过程中，面向自理能力有限和（或）经济状况较差的弱势老年群体，以政府投入为主的服务供给，在提供满足生存的基本生活照料和部分基本医疗服务方面发挥着核心作用。同时多元市场化的形式，如公建民营、公私合作、合同出租等，在发挥市场优化资源配置方面起到了重要的积极作用。再者，非营利组织具有深入社会基层、贴近弱势群体、服务供给灵活等一系列独特优势，可以高效地为有需求的老年人提供差异化、高端化、个性化的养老服务，是医养结合养老服务供给中重要的补充力量。因此，政府应结合各地实际制定科学的支持性政策，不断优化医养结合多元化供给的环境，相互补充、相互协同，在最终实现医疗与养老的有机融合方面发挥重要作用。

## 第二节 福利多元主义理论

### 一、福利多元主义理论的起源

1978 年，在英国的《沃尔芬德的志愿组织的未来报告》中，福利多元主义的概念被首次提出，沃尔芬德报告主张福利应维持多元体系，志愿组织也应参与其中。该报告强调了政府、市场之外的其他主体在社会福利供给中的功能，主张将福利多元主义运用于英国社会政策的实践。罗斯（Rose R）是最早对福利多元主义进行系统阐释的学者，他在《相同的目标、不同的角色——国家对福利多元组合的贡献》一文中详细剖析了福利多元主义的概念，采用三分法的方式将福利的提供者分为国家、市场和家庭三部分，他认为福利是全社会的产物，任何一个单一的主体都不能满足社会福利的需求，他的思想打破了福利国家完全由国家提供福利的做法，建立了多元福利供给的基本分析框架。

此后，该理论在国外逐渐发展成熟，得到了学界及政策制定者的普遍认同，自20世纪70年代以来在社会政策领域扮演着越来越重要的角色。

## 二、福利多元主义理论的内涵及核心

福利多元主义，亦称混合福利经济，是指福利的规则、筹资和提供由不同的部门共同负责、共同完成，而不局限于单一的政府部门。福利多元主义认为，政府不应是唯一和单一的福利服务的购买者和提供者，更应该是服务的规范者、管理者和仲裁者，同时也应该成为其他部门从事服务供给的有效促进者。

福利的社会支持与保障作用的发挥具有鲜明的动态性和时代特征，因此，福利供给的来源与途径也在持续的社会适应中进行不断的调整与变化，福利多元主义所追求的多路径福利供给，打破了原有的政府垄断性，体现了政府参与和分权的职能转变，使社会福利与服务的提供更具有竞争性和可持续性。因此，福利多元主义在其内涵上也就表现为鲜明的多元化与分散化。

①多元化是指社会总体福利来源多元。福利主义多元化所探讨的是福利国家中政府的作用及其与其他社会组织之间的关系。福利国家所面临的经济生产能力与福利待遇不匹配、人口老龄化带来更多的养老与医疗压力等，使原有的政府大包大揽的做法难以适应社会的发展与变化，也推动着福利供给向“政府+市场+家庭+社区+志愿组织”的多元组合的转变，政府作用逐渐减少的“民营化”或“非政府化”是多元化的重要体现。

②分散化是指社会服务供给层级分散。福利多元主义分散化一定程度地体现了集权与分权的关系处理。基于社会福利和服务所具备的脆弱群体优先性和普遍性，单一、绝对的政府供给很难实现其有效覆盖，如何将福利与服务地方化、社区化是福利多元主义探讨的关键内核。

## 三、福利多元主义理论的评价与实施困境

### （一）福利多元主义理论的评价

在西方福利国家不堪重负的前提下，西方学者提出了福利多元主义，得到了学界和政界的普遍赞同。从理论上看，福利多元主义体现了权利与责任相统一的原则，在推进政府与市场、社会与家庭等的通力合作、多元共治层面发挥着巨大作用。但从实践效果来看，福利多元主义也不可避免地面临着执行层面的诸多问题。

首先，福利供给呈现碎片化。由于政府、市场、社区及家庭等在福利服务供给过程中，存在着价值理念的差异及功能、责任上的交叉重叠，服务供给在数量、内容及区域分布上不同程度地呈现零散状态，碎片化的福利供给难以实现福利水平的提升与公平覆盖。

其次，政府的责任与负担加剧。如前所述，福利多元主义体现了政府职能的转变，这就意味着，政府不仅是福利服务的提供者，也是福利服务供给的监督者与管理者，但各福利主体职能及边界的模糊化，增加了政府解决社会问题的同时规范社会行为、协调主体关系的难度，这种“全能政府”模式无疑加重了政府的责任与负担。

最后，政府责任模糊职能缺位。在西方的福利多元实践中，分权与参与作用的过度夸大，弱化了政府福利供给的责任与职能。西方学者的研究发现，在职能界定模糊或不确定的情况下，政府可能将其自身的责任推卸给并没有能力承担的家庭、市场和志愿部门，最终导致福利供给成本增加、服务质量降低。

### （二）福利多元主义的实施困境

福利多元主义理论意味着社会福利体系普惠性作用的体现，需要多元主

体协同参与，无论是政府与市场、家庭与社区，抑或是志愿者与互助团体，都应发挥其应有的责任与职能。但是，各具特色的社会福利提供主体在职能发挥中并非泾渭分明，他们所面临的诸多困境与障碍，也增加了福利主体责任精确界定的难度。

1. 家庭

家庭是社会生活的核心和基础，在为家庭成员提供包括物质支持、生活照顾、养老等在内的诸多服务中占据主导地位。福利多元主义理论认为，家庭的福利供给功能是天然的、有利于降低政府福利成本的存在。但是，现代社会所导致的家庭规模不断缩小，家庭结构稳定性降低以及人口的不断老龄化等，均使家庭本身面临着前所未有的风险与压力，其社会福利提供者的功能日趋弱化。另外，受传统观念的影响，家庭社会服务供给功能的转移与强化，在很大程度上会导致女性的家庭负担加重，进而加剧性别上的不平等，影响社会的稳定性，不利于社会和谐发展。因此，现代家庭所面临的诸多障碍与困难，使它很难成为稳定、持续、高效的福利服务提供者。

2. 志愿者组织

志愿者组织是以开展志愿服务为主要任务的社会公益组织，在激发社会活力、优化社会治理等方面发挥重要的支持作用。福利多元主义理论认为，志愿者组织具备提供社会福利和服务的多元优势。一方面，志愿者组织的服务提供具有灵活性。志愿者组织与服务对象联系紧密且持久，能够对服务对象的多样化需求做出迅速反应，具有服务提供时间、范围、人员及方式等层面的灵活优势。另一方面，志愿者组织具有非营利性和慈善性。志愿者组织重点围绕弱势群体提供必要的救助与帮助，是主动承担社会责任、自愿维护公众利益的一种体现，在促进社会发展、维持社会稳定方面发挥着重要作用。再者，志愿者组织具有参与的广泛性。这种广泛性既包括志愿服务参与人员的广泛性，也涵盖志愿活动服务内容的多样性，在社会资源的动员与整合层面发挥着不可替代的作用。但是，志愿者组织存在资金不足、对捐赠行为过度依赖、专业化水平不足等问题，在一定程度上缩小了志愿活动的空间，弱化了志愿服务的功能，影响了志愿者组织提供社会福利的稳定性和充分性。

3. 市场

市场是各方参与交换、实现商品价值的重要领域，也是为政府获取资金的重要来源。福利多元主义理论认为，市场也是社会福利供给的主体之一，它可以为政府提供如医疗保障、教育、养老等诸多服务，且能够给予社会成员更多的自由选择权。但随着经济全球化、人口结构的变化等，市场对不断增加的新的福利需求矛盾调节方面显得力不从心。一方面，国际化、全球化的概念体现了各国之间在政治、经济、文化上的相互依存性，也不断模糊了本土化的内涵。而超不出民族国家统治范围的福利多元主义制度，无法实现对全球范围内不同行动的协调，全球化所带来的变迁超越了福利多元主义的政策方案范围。再者，人口老龄化是现代各国面临的普遍趋势，快速增长的老年人口带来与日俱增、日趋多元的社会福利与服务需求，加剧了由于劳动力供给不足、经济增长压力过大而产生的供需矛盾。虽然，福利国家在应对劳动力市场的供求矛盾问题方面，采取了一系列措施如延长工作年龄、吸收外来移民等，但依然会面临诸如工作意愿、文化冲突等方面的问题，人口结构变化所带来的挑战也大大超出了福利多元主义的视角，基于福利多元主义观点下的市场贡献甚微。

综上所述，从根本上看，政府仍然是居民福利最重要的来源。福利多元主义所主张的家庭、社区、市场等作为解决福利国家危机的选择，存在着一定的局限性。因此，解决福利国家的危机，不能简单地采取放弃政府责任的做法。福利多元主义更应积极调整福利提供中政府与社会组织的职能分工与协同关系，注重福利提供方式的灵活性与多样性，以有效满足公民的多元福利需求。

## 四、福利多元主义理论在医养结合领域内的应用

2000 年民政部下发的《关于加快实现社会福利社会和意见的通知》，明确提出广泛动员和依靠社会力量，大力推进社会福利社会化的要求，构建以国家兴办的社会福利机构为示范、其他多种所有制形式的社会福利机构为骨干、社区福利服务为依托、居家供养为基础的社会福利服务网络。这是福利多元化以政策形式体现的重要起点。随后，多元主体供给的思路在实践中开

始逐步显现。2022年，国家卫生健康委、教育部、科技部等15个部门联合印发《"十四五"健康老龄化规划》，将政府主导、全民行动作为规划原则之一，明确要求发挥政府在促进健康老龄化工作中的主导作用，鼓励社会资本参与，构建多层次、多样化的老年健康服务体系；倡导个人和家庭积极参与，共同构建老年友好型社会。由此可见，社会福利化社会化政策以及健康老龄化要求，无疑是与福利多元主义理论内涵的契合，多渠道、多元化的医养结合服务供给体系的构建，要求国家、市场、非营利组织、社区、家庭等均作为养老服务提供主体向老年人提供养老福利。

福利多元化理论重在突出和强调社会福利主体的多元化，不再局限于某一单一主体。随着社会不断变化，政府的单一福利主体已经不能满足多样化的养老需求。医养结合过程中，若仅依靠国家提供相应福利的单一途径，容易造成公共医疗资源被大量侵占，不仅会降低医疗护理服务的质量，也会引发社会其他人员的不满情绪；若仅靠市场进行资源供给，收入水平的有限加之疾病所造成的贫困，会使相对多的老年人无法获得所需要的医疗护理等资源，同时也会进一步加大不同收入群体之间的福利保障水平差距，而家庭在老年医疗护理提供方面专业性不足，无法独立提供相应的照护行为。因此，我国养老服务体系的完善需要多方的投入与支持，在国家的统一领导和监督下，充分发挥多元主体各自的职责与功能，探索多样化医养结合体系。

### （一）强化福利多元化医养结合模式的顶层设计

医养结合养老服务模式是一种整合当前社会相对不足的医疗资源和养老资源的重要模式，是提高养老与医疗服务高效发展的有力措施。福利多元化理论指导下的医养结合模式具有较高的融合性、跨越性的特点，这给政府等行政机构提出了新的要求，也意味着顶层设计的重要性。因此，政府部门需要根据现有外在的政治、经济、社会环境和内在的制度、人口老龄化特征等进行综合评价、科学设计，量身打造适合我国国情和区域发展的多元化的医养结合制度和相关体制发展战略，做好顶层设计。

### （二）扩大医养结合养老服务供给主体，丰富多元化供给渠道

在福利多元主义的倡导下，充分发挥政府、市场、社区、家庭等多元主

体的多方联动是医养结合一体化和可持续发展的关键。养老产业和服务的发展离不开资金的支持，政府在养老产业的发展中占据主导但非绝对地位。福利多元主义理论意味着，在医养结合领域，政府行政部门在提供医养基本服务、社会福利救助、医疗救助等兜底服务的同时，应鼓励民间资本投入医养结合领域的建设，通过多元化资金筹集弥补机构养老资金短缺的问题，充分发挥市场作用，提高资源配置的有效性，满足不同老年人医养结合服务的多元化需求。社区平台作为医养结合服务提供的供给主体之一，具备与社区居民关联度密切、熟悉程度高等优势，他们掌握辖区内老龄人口的基本状况，便于与家庭积极开展对接。因此，政府在充分发挥市场作用的同时，也需要加大对社区养老服务基础设施和信息化平台的建设力度，以便形成“家庭—社区”联动机制，以实现老年人“老有所养、老有所依、老有所乐、老有所安”的美好愿景。

## 第三节　需要层次理论

### 一、需要层次理论的起源

马斯洛需要层次理论，是1943年美国著名心理学家亚伯拉罕·马斯洛在《人类激励理论》一文中提出的。亚伯拉罕·马斯洛（Abraham H. Maslow）是美国社会心理学家、人格理论家和比较心理学家，人本主义心理学的主要发起者和理论家，心理学第三势力的领导人。马斯洛需要层次理论是心理学中的激励理论，在现代行为科学中也占有重要地位。

### 二、需要层次理论的基本内容及观点

#### （一）基本内容

需要层次理论将人的需要分为五个层次，通常被描绘成金字塔内的等级。从层次结构的底部向上，需要分别为：生理需要，安全需要，社交需要，尊

重需要和自我实现需要。

第一层是生理需要，顾名思义就是满足人的日常生理活动的需要，如人的衣、食、住、行等需要，这也是人最低层次、最基本的需要。生理需要得不到满足的人，需要在增加工资、改善营养条件、给予更多的业余时间和工间休息等方面予以改善。生理需要是人类生存的基础，也是其他激励因素发挥作用的前提。

第二层是安全需要，主要涉及在人的生理需要得到满足之后，希望能够避免一些灾难危险，生活能够更加安全稳定，更有保障的需要。马斯洛认为，整个有机体是一个寻求安全的机制，人的感受器官、效应器官、智能等主要是需要安全的工具。处于这一层次需求的人，往往更具有对于职业保障、福利待遇、保护员工不致失业等管理措施的渴望。

第三层是社交需要，当人的生理需要和安全需要都有了保障之后，人们开始渴望得到爱与归属，希望自己能够参与到一定社会群体中，成为其中一员，对亲情、友情和爱情等情感具有渴望，并希望能够被他人信赖、接纳和依靠。此时，提供社交往来机会，寻找及建立和谐温馨的人际关系，开展有组织的体育比赛和集体聚会等尤为重要。

第四层是尊重需要，人们一旦满足了社交的需要，就会产生尊重的需要，即尊重自己、尊重他人和受到他人的尊重，希望能够自信、独立的生活在不同的环境中，并与他人和睦相处；自尊的需要使人相信自己的力量和价值，使得自己更有能力，更有创造力。缺乏自尊，使人自卑，没有足够信心去处理问题。对处于这一层次需求的人，需要通过公开奖励和表扬、强调工作任务的艰巨性以及成功所需要的高超技巧、颁发荣誉奖章等方式，帮助人们证明自己在这个社会的存在价值。

第五层是自我实现的需要，也是最高层次的需要，指个人能够最大限度地发挥自己的潜能，在社会生活中实现自身价值。马斯洛五个层次的需要按阶梯层次递升，一般来说，在此一级层次的需要得到相对满足之前，很难产生高一层级需要的追求动力。当然，每个人都有可能通过不同的形式与途径满足较低层级的需要，进而追求最终自我实现需要的满足。

### （二）需要层次理论的基本观点

马斯洛需要层次理论被行为科学所吸取，并成为行为科学的一个重要理论问题。一般而言，五种需要是与生俱来却差异性存在于不同个体中的，处于不同层级之中的需求，发挥着不同的激励与行为指导作用。

马斯洛认为，低层次需要的满足是高层次需要出现的前提，而且随着需要层次的上升，需要所发挥的激励作用逐渐降低。在人的生命周期中，随着年龄的逐渐增长，需要表现出层级上升的规律性，即低层次需要出现较早，但自我实现的高层次需要在成人后才有可能出现，而且只有人类才有自我实现的高层次需要。但同时，高层次需要并非维持机体生存的必要因素，因此，并不是所有人都会产生尊重和（或）自我实现的需要。当然，所有需要的满足都要具备一定的条件，但高层次需要的满足对于社会、经济、政治、文化等条件的要求较高，也意味着其实现难度相对较大。简言之，较之于低层次需要，高层次需要的产生及实现更为复杂。

## 三、需要层次理论的理论评价

一方面，马斯洛的需要层次理论是人类行为和心理活动的规律性总结，有助于组织管理或服务中有效激励因素的识别，在提高人员积极性、促进生产效率最大化上发挥着重要作用。人的需要在从低级向高级发展的过程中，每一个时期都有着占主导地位的需要，这一需要往往是人的行为产生的推动性因素，同时人的行为具有目的性与创造性，因此，这种规律的存在对组织管理、服务提供等都有着重要的启发作用。

另一方面，需要层次理论也存在着一定的局限性。首先，需要层次理论的理论基础是存在主义的人本主义学说，即人的本质是超越社会历史的，抽象的“自然人”，马斯洛在此基础上对人的需要及其结构的考察是离开社会条件、离开人的历史发展以及人的社会实践进行的，因此得出的一些观点就难以适合所有情况。其次，人的需要是复杂的，其归类有重叠倾向，也具有自我中心的倾向，往往不能机械地、绝对地按层次进行划分，也并不一定严格地按上述各个层次逐级去满足。现实社会中低层需要未满足的情况下，热切追求高层次需要的情况并不少见。另外，马斯洛需要层次理论在探讨需要满足与否的时候，并没有对需要满足的标准和程度进行清晰界定，关于满足的判断是模糊的。这在一定程度上就需要根据实际情况，有针对性地运用需要层次理论，以发挥它的实际作用。

## 四、需要层次理论在医养结合服务领域中的应用

医养结合构建的是集“医疗、护理、预防、心理、康复、营养”六位一体的全方位服务的新型养老服务模式，是解决我国未来一段时期人口老龄化问题的主要措施之一。按照需要层次理论，包括老年人在内的不同人群，在不同时期所对应的需要不尽相同，也就意味着医养结合服务供给的形式与内容也应各有差异。

### （一）生理需要层面

随着年龄的增长，老年人想要拥有充分的经济来源、均衡的一日三餐、独立且完全自理的生活等，其实现的难度逐渐增大，对于空巢老人、失能老人、半失能老人更是如此。因此，医养结合机构就需要根据老人的身体机能以及生活能力制定相应的服务及评估标准，为其分配不同等级的服务，确保老年人所获得的医养结合服务能在质量和内容上满足差异化的生理需要。如德国对老年人的服务分为五个等级，根据不同等级收取服务费用；日本则根据介护认定原则，将需要支援的等级分为七个，并提供相对应的服务。

### （二）安全需要层面

随着年龄的增长，人的身体机能逐渐弱化，抵抗力日趋下降，疾病尤其是慢性病发生概率增加，同时，随着老年人可能出现的自理能力降低，其居住条件的安全性和警示性需求也不断增加。此时，老年人尤为关注身体的健康状况，要求得到充分的医疗保障，在生病的时候能及时得到医疗救助。因此，医养结合机构在为老年人打造良好医养结合环境的同时，更需要提高医疗服务水平，打造符合老年人需求的医疗条件和设施。同时也必须保证老年人在入住过程中的人身安全与财产安全，安装相应的报警装置、护栏及无障

碍设施等，保证其生活在安全的环境中。

（三）社交需要层面

伴随着年龄的增长，老年人的思维能力与表达能力逐渐降低，人际交往与沟通的难度加大，同时，信息化的快速发展带来了巨大的“数字鸿沟”，也阻碍着老年人的有效社会融入，再加上各种因素导致的子女及时关心照护的缺失，一系列社交困局的出现使老年人逐渐与社会脱节，容易产生疏离感和孤独感，长期孤寂无助的生活和精神状态也会导致老年人患病概率的增加。对此，医养结合机构的专业人员，需要以更加专业化的角度为老年人提供陪护、情感交流等服务。通过文化活动等的开展，提升老年人的人际交往能力，满足老年人爱与归属的需要。

（四）尊重需要层面

在现实生活中，大部分老年人脱离了原有的工作岗位或社交领域，也失去了在职期间的社会身份和地位，渴望被人尊重的需求与被人忽视的状态产生了冲突，容易产生失落感。高效的医疗保障与机构服务更能满足老年人获得幸福感的需要，这就需要在实际开展医养结合活动时，充分考虑老年人倾向的生活方式、个人的习惯与爱好等，了解老年人的内心世界，满足老年人被周围人和社会接纳、尊重的需求。“老有所爱”，就是指尊重老年人的兴趣爱好，尊重老年人的想法和做法，尊重老年人对自己生活的决定。因此，家人、社区工作人员以及相应的医生、护士及志愿者等，在与老年人接触的过程中都应充分满足老年人尊重的需要，言语温和、态度和蔼、细致耐心地进行沟通与交流，开展对应的服务。同时，社区、机构或其他提供主体也应定期举行相应的活动，使老年人在与外界广泛交流的过程中寻求尊重需要的满足。

（五）自我实现需要层面

老年人在退出社会的主流舞台后，仍渴望有所建树、有所创造，使自己趋于完美，追求一定的成就感，这在马斯洛的需要层次理论中称为自我实现的需要。自我实现意味着要发挥老年人的潜力和能力，完成与其能力相匹配的事情，实现个人理想、抱负，体现生命价值。因此，应根据当前医养结合机构的实际，多途径、多样化地开展老年人活动与项目，帮助老年人充分地、活跃地、忘我地、全神贯注地体验生活、融入社会，让老年人在活动中实现自身的价值，满足价值需求。同时，应在社会上营造尊老爱老的氛围，提高老年人的社会地位。这里所指的老年人最高层次的自我实现需要，其本质就是，在医养结合服务中解决了老年人所有生活及精神上的较低需求后，帮助老年人追求自己的理想生活，完成心中的梦想。

随着我国老龄人口基数的不断增大，当前的医疗卫生、养老服务体系压力越来越大，为了更好地满足老年人对养老服务的需求，医养结合机构应结合马斯洛需要层次理论逐层满足老年人从生活到心理、从医到养的不同需求，建立长效的发展机制，提升医养结合的覆盖率，转变老年人的观念，丰富其养老生活。现阶段医疗机构与养老服务机构的无缝对接，可有效推动养老事业稳步发展，因此相关机构要根据不同老年人的需求提供针对性的服务。当然，这也对医养结合服务人员提出了更高的要求，他们不仅要有针对性地了解老人的需求层次，还要根据不同的需求层次来提升自身技能和服务质量，以满足老年人多层次、多样化的需求。

## 第四节　整体性治理理论

### 一、整体性治理理论的起源

整体性治理由英国学者佩里·希克斯（Perri Six）于 1997 年出版的《整体政府》中提出。整体性治理的提出，是为了解决新公共管理的组织机构、公共服务等由于细分和割裂而形成公共服务的碎片化、分散化的问题。

整体性治理理论是对新公共管理的一种修正，是在探索打破公共管理治理低效率困境的有效途径中产生的。进入 20 世纪的西方国家，在传统的官僚体制及新公共管理理论运行中出现了公共服务低效率、碎片化、服务裂解等问题，导致迈入风险时期的现代社会面临一系列政府管理危机，重塑政府、提升绩效成为当时时代的必然要求。

信息化时代的来临，促进了以政府内部机构和部门的整体性运作为出发点的整体性治理理论的诞生。新公共管理作为世界范围内的行政改革运动，在调整政府职能、创新管理方式上发挥着重要作用，但是新公共管理实行过程中所产生的企业化、管理职能碎片化、价值取向局限性等问题，也制约着政府治理效率的有效提升。20 世纪 90 年代后，信息革命引起社会经济高速发展，信息技术手段逐渐被公共管理所应用，成为应对复杂决策系统、减轻机构破碎化的重要路径。信息技术的发展及数字信息时代的到来，对公共服务的重新整合与协同提出了新的要求，也提供了新的契机。

## 二、整体性治理理论的内容及核心特征

### （一）整体性治理的内涵

整体性治理就是以公民需求为治理导向，以信息技术为治理手段，以协调、整合、责任为治理机制，对治理层级、功能、公私部门关系及信息系统等碎片化问题进行有机协调与整合，不断从分散走向集中、从部分走向整体、从破碎走向整合，为公民提供无缝隙且非分离的整体型服务的政府治理范式。整体性治理的精髓在于整合，包括了政府组织整合、公共服务整合、公共服务政策整合、公共部门与第三部门及私营部门整合以及信息资源整合。整体性治理借助整合打破了现有功能化、碎片化的分工模式，使公共事务得以整合各种资源，促使各公共服务主体成为公共服务流程中的一个节点，助力其为公民提供无缝隙的公共服务。

### （二）整体性治理的核心特征

1. 致力于取得公共利益和责任

整体性治理致力于解决新公共管理理论所产生的缺陷，通过消除政策之间的矛盾、促进部门之间的协作交流、推进公众导向的整体服务，发挥政府与市场和社会的协同作用，其目的在于能以更低的成本开展效率更高和社会

效果更好的“无缝隙”服务，以取得公众利益和责任的满足。

2. 立足于政府与社会各类组织的合作

“治理”一词的使用尽管并未达成一致，但都共同指向包括非营利部门和私人部门等的公私关系，强调组织间“更平等”的关系，也是解决不同功能主体间边界模糊、组织分化的新思路。这种模式通常需要建立权威的顶层结构与设计，以“一站式服务”的形式，实现各伙伴关系之间的组织联合，体现政府与社会各类组织的协同与合作。

3. 强调官僚制组织结构基础

整体性治理理论认为，权力的转向和治理的协同并不意味着政府部门及其职能的终结，官僚制依然是政府治理的根本组织结构，政治权力仍然为政府行动的基础。组织结构所具有的横向与纵向分工特征，意味着即便是数字时代的网络化治理，官僚制仍然是一个重要的组织载体。

4. 突出信息技术应用的重要性

整体性治理对于既有分散资源整合及整体性服务提供的诉求，彰显了信息传递与共享的必要性和重要性，依托数字化手段进行的信息互动能有效提升政府运转能力。互联网技术正渗入包括医疗养老在内的诸多领域，运用数字化手段进行层级管理是整体性治理的特征之一。

5. 重视整合、协作与整体运作

整合与协调是整体性治理所突出和强调的关键点和首要内容。信息化时代的整体性治理，突出信息技术所发挥的重要工具性意义，更加注重治理的协同性、服务的整体性及数字化的广泛应用性。

## 三、整体性治理理论的作用

自20世纪90年代整体性治理理论兴起以来，英国、新西兰、澳大利亚等国家相继在政府改革中着手进行整体性治理理论的实践，建立健全“整体政府”已成为不少西方发达国家公共服务改革的普遍性诉求。相对于新公共管理理念的缺陷而言，整体性治理理论的意义和作用体现在以下方面。

（一）体现了民主价值和公众利益。整体性治理强调以公众需求为治理导向，在政府及各协作主体紧密合作、协同运行的过程中，突出政府的公共服务职能，将民主价值和公众利益置于首位，克服了新公共管理过于突出效率、影响公平与责任等民主价值的弊端。

（二）走出了碎片化管理的困局。新公共管理运行所产生的机构碎片化问题引发理论与实践的普遍反思，在信息技术引领的时代变革下，寻求多主体合作共治的整体性治理理论应运而生。整体性治理借助信息技术的优势，将政府、社会和市场构建成一个通力合作、协调共生的社会治理网络，打破组织各自为政的藩篱，以整体性为目标，走出了碎片化管理的困局。

（三）修正了过度分权带来的弊端。新公共管理所建立的分权政府，是对政府职能的重新界定，其目的在于建立和完善市场经济秩序。但过度分权也带来了政府聚合力降低、组织信息沟通不畅、利益主体离心力加大等一系列弊端，整体性治理所构建的官僚制基础上的横向综合组织结构，是对过度分权的矫正，提升了中央集权本身所具备的控制能力，方便了跨部门的沟通与协作。

（四）创新了治理方式和治理工具。信息技术是整体性治理的重要平台，也是政府治理现代化的重要驱动力量，信息技术的应用推动了政府治理环境的透明化，提升了政府跨区域、跨层级的协同治理能力，增强了政府的社会治理效能，其本质是治理方式和治理工具的创新。

## 四、整体性治理理论存在的问题

整体性治理在许多国家公共行政的实践中正如火如荼地进行，但是，无论在理论上还是实践中，整体性治理都暴露不少问题。

### （一）重返官僚制带来的问题

整体性治理在发展过程中，仍是以官僚制为基础的。整体性治理所要求的由“管理”到“治理”的过程，就是希望通过引入合作的治理理念，破除政府利益至上的弊病，以治理主体多元化为关键点，实现公共事务政府治理与社会参与的交叉融合。但是，以官僚制组织结构为基础的政府管理具有“科层化”“规则化”特点，先进信息技术的引入虽然可以为整体性治理提供技术支撑，但无法从根本上厘清政府在整体性治理中的角色定位。同时，在设计理念上，整体性治理明确要以公众需求为导向，但在运行机制上，官僚制所要求的以法理权威为基础必然带来政府集权问题，再加上多元主体参与中对于政府治理主体监督机制的缺乏，必然导致两者之间不可调和的矛盾与冲突。

（二）现有组织基础阻碍网络化政府的有效运行

整体性治理的有效性要求政府工作以问题为导向、以民众参与为基础、以部门协调整合为思路，在网络化互动中实现民生问题的根本性解决。但与官僚制密切相关的整体性治理改革，在运行过程中，无论是政府内部的沟通与协调，还是政府对外部公众诉求的应对，抑或行政部门与社会之间的互动，无一例外面临着等级制度下的组织结构制约，真正意义的网络化政府运行依然存在实践上的困难。

（三）整体性治理的服务整合功能实现困难

整体性治理所体现出的协调与整合功能，更多体现在部门与部门之间，除面临的诸如“中央与地方垂直整合”“不同管理机构在相同管辖范围内的水平协作”等部门上的整合障碍之外，实践中，整体性政府改革无一例外还要面临部门间职能与服务供给的协调与整合，在协同治理过程中，部门之间及其职能的整合并未能从本质上解决公共服务效率低下的问题，整体性治理所应发挥的公共服务的整合与有效供给功能尚未充分实现。

（四）治理责任面临归属困境

合理分工基础上责任的明确是有效管理的核心要义之一，必然也是整体性治理整合与协同作用发挥的关键环节。然而在整理性治理的实践中，普遍存在的以模糊部门间边界来实现部门间整合的问题，必然导致部门间责任界定模糊、归属不清，部门间的相互推诿或责任转嫁依然存在，碎片化问题解决的表面化降低了治理与服务的能力和水平，整体性治理所期望达到的多元治理主体交互渗透的效果也最终无法实现。

这些问题的存在意味着政府运用公共管理前沿理论进行改革是一个持续

不断的过程，甚至可以说，只要政府存在，政府改革就会一直延续下去。以满足公众需求为一切行动的逻辑，整体性治理回答了协调与整合这两个公共管理领域的传统问题，通过不断地完善与改革，最终将实现公共服务的无缝隙供给。

## 五、整体性治理理论在医养结合领域内的应用

在不可避免的专业分工条件下，整体性治理着眼于人民与社会的需求，通过对政府、市场与社会不同机构、职责的有机整合，健全社会合作治理机制，实现以公众需求为导向的"一站式"公共服务供给。医养结合养老服务模式是集传统的疾病养护、健康护理以及临终关怀等多种服务为一体的综合型养老服务，其目的在于改善医疗与养老两种社会资源的不协调，实现两者供给主体之间的协调发展。一方面，医养结合的服务供给及管理涉及医疗、民政、医保等多个部门，医养分离、政出多门、多头管理等问题的存在意味着相关部门及职能整合的必要性；另一方面，资源的有限性和服务需求的多样性，也意味着原有单一的政府供给主体很难满足与日俱增的养老服务需求，构建主体多元化的医养结合格局势在必行。因此，整体性治理理论的合理应用，对推动医养结合资源有效整合、提升政府治理效率、满足老年人多元需求产生重要的积极影响。

第一，整体性治理强调医养结合治理组织结构上的协同整合。整体性治理强调政府对不同层次或同一层次机构的治理进行整合。纵向维度上，它重视中央政府对下属机构的控制；横向维度上，则突出为解决同一公共事务、加强政府部门间合作的新组织机构的建立。2018 年 12 月，中共中央办公厅下发《关于印发〈民政部职能配置、内设机构和人员编制规定〉的通知》，成立了养老服务司，但是医养结合工作主要划归卫生健康委员会负责，医养结合碎片化、条块分割的问题依然存在。整体性治理在促进民政部门和卫健部门为老年人服务的相关职责的协同整合层面提供了理论支撑。

第二，在医养结合服务供给方式上允许多元参与。各级民政部门、卫健部门、老龄办、人社部门、福利事业部门、红十字会以及社会各种团体和志愿者等虽然都为老年人提供医养服务，但存在分散、交叉、流于形式的问题，

未能切实满足老年人需求。整体性治理理论强调运用联合、协调、整合等方法为民众提供无缝隙、一站式的公共服务，这就意味着需要统筹协调政府各职能部门及社会，明确为老年人提供的医养服务内容、服务形式、收费标准等，该理论是为老年人提供无缝隙的而非互相分离的医养服务的重要保证。

第三，在技术手段上注重数字信息技术的应用。整体性治理理论强调在部门之间和部门内部要充分利用信息技术，以实现各方信息共享。在现有的医养结合服务多元供给形式之下，民政部门、卫健部门等与医疗机构信息不对称的问题依然存在，在技术手段上注重数字信息技术的应用尤为重要。一方面，相对于庞大的需求人群而言，现有的医养结合服务尚不能充分满足需求，医养结合部门需要充分利用信息技术实施监督，以确保老年人合理获取医养结合服务；另一方面，医养结合部门需要利用信息技术促使医养服务制度化、规范化、公开化，以便于接受社会及相关方面的监督，同时应充分利用信息技术动态掌握医疗机构提供医养服务的情况，提高医养结合服务的质量。

面对日益增加的老年人，“医”与“养”服务的有机融合，需要在整体性治理理论的指导下，以满足民众需求为主导理念，进行医养管理机构整合、医养服务提供的公私部门整合，“医”和“养”并重的公共服务整合以及监管信息整合等，最终实现“老有所养、老有所医”。

## 第五节　社会分层理论

### 一、社会分层理论的起源及内涵

“分层”一词来源于地质学研究，在地质学中是指地质的沉积成层现象。社会学借用“分层”一词来分析和说明社会的纵向结构，比喻各社会群体之间的层化现象，进而用于描述人类社会个体间及群体间所存在的不平等。

在学术领域，社会分层被定义为社会成员、社会群体因社会资源占有不同而产生的层化或差异现象。按照研究视角的不同，社会分层定义可以概括为两类：一类是视其为客观过程的界定，即认为社会分层是社会成员在社会生活中因获取社会资源的能力和机会不同而呈现出高低有序的等级或层次的现象或过程。这里所说的社会资源是能应对和满足需求的、有价值的物质和精神财富的总和，包括人力、财力、物力等有形资源，也包括信息、技术、文化等无形资源。另一类是视其为主观方法的界定，即认为社会分层是一种源自一定标准的社会成员的高低层次划分。两种视角下的界定相辅相成，共同形成社会分层的依据与支撑。

## 二、社会分层的特征

作为一种客观过程或现象，社会分层表现为普遍性与特殊性共存。

社会分层的普遍性表现为其存在的广泛性。无论是历史发展的任何阶段，也无论是在哪个国家和地区，都存在着表现形式多样的分层。如不同社会的等级制度，不同个人或群体所拥有财产、权利等的差异，无一例外地体现着社会分层的普遍性。同时，社会分层或社会不平等也具有特殊性。在不同的社会发展阶段，不同国家或区域所面临的实际问题和政策导向不同，社会分层的依据及结构状态也不尽相同。如封闭性明显的传统社会所形成的社会分层具有较强凝固性，但开放性显著的现代社会所形成的社会分层则体现出明显的流动性。

在中西方的诸多研究中，都一定程度地存在社会分层与阶级、阶层混用或并用的情况。目前，具有一定代表性的一致性意见更多地认为，社会分层的意义较为宽泛，分层内容具体涵盖阶级、阶层、层界。

## 三、经典的社会分层理论

社会分层理论的产生与现代西方主要国家工业社会的发展程度密切相关。较为经典的社会分层理论包括马克思主义、韦伯以及帕累托的社会分层理论。

### （一）马克思主义的社会分层思想

马克思主义的社会分层思想揭示了阶级产生的真正根据和本质。马克思（Karl H. Marx）认为，生产资料所有权关系是划分社会阶级的唯一标准，直接对立的资产阶级与无产阶级存在着巨大的生产资料占有程度上的差异。阶级斗争是社会变迁的主要动力，它作为一种与生产发展相联系的历史现象，最终会随着生产力的高度发展而归于消亡。马克思主义的社会分层思想，根据隐藏在社会分层现象背后的根本原因和动力机制来划分社会阶层，揭示了资本主义社会的剥削本质，这也是始终贯穿马克思学术生涯的主题。

（二）韦伯的社会分层理论

马克斯·韦伯（Max Weber），德国社会学家、历史学家、政治学家、经济学家、哲学家，是现代西方一位极具影响力的思想家。他为西方古典管理理论的确立做出了杰出贡献，是公共行政学的创始人之一，被称为“组织理论之父”。

韦伯从社会现象入手分析、归纳和理解各种社会差别，主张用财富、权力和声望来划分阶层。财富是根据经济因素划分的，指全部经济财产的构成；权力则是根据人们是否拥有权力以及权力大小来确定的，强调一个人或一群人对他人实施控制和施加影响的能力；声望是指大众对个体或组织的认可程度，其地位的高低来自社会公认的评价体系。财富、权力与声望三者虽相对独立，但又交互影响。韦伯认为社会现象是复杂的，因此划分社会分层的标准也应该是多元的，他主张个人主义方法论原则，强调个人行动的主观性，认为行动者的社会地位高低不仅依赖于经济资源的占有程度，权力资源及声望资源也同样发挥着重要的影响。韦伯提出的三个基本标准被西方学术界广泛接受，这也说明他的分层标准有很强的解释力，抓住了社会分层的关键，对社会分层理论的发展产生了深远影响。

韦伯的社会分层理论是建立在合理性和合法性基础上的，从形式合理性与实质合理性之间的相互关系和张力中解读现代社会的矛盾。但其历史局限性也较为明显。社会分层的基础是社会成员的差异性，随着社会的不断变迁，社会正从韦伯所处的工业时代，经历后工业社会，进入网络时代，传统的分层标准在当今社会正逐步失去其存在的基础。

（三）帕累托社会分层理论

维尔弗雷多·帕累托（Vilfredo Pareto），意大利著名的经济学家、社会学家，经典精英理论的创始人，社会系统论的代表人物。他提出了著名的帕累托最优的概念，并用无差异曲线帮助发展了个体经济学。

帕累托的社会分层理论被称为精英阶级理论。帕累托提出的精英概念是基于天生的能力和才干基础的中性概念，指的是那些具有特殊才能，在某一方面或某一活动领域超过大多数群体，对社会发展产生重要影响的成员。广义上的精英泛指全部社会精英，为分布在人类活动的各个领域并取得突出成就的冒尖人物，不分性别和类别；狭义的精英是指处于特殊地位的统治者。帕累托的精英循环论认为，现代社会的不平等主要由于个人与生俱来的生理差异决定的，即基于自然差别。社会成员归属于哪个社会层次取决于他们天生的能力和才干。同时，精英阶层中的成员及其地位不具有恒常性，时代与社会的发展使精英群体不断面临动态的调整与变化，精英阶层的更替促进了社会优良治理秩序的形成与稳定。

## 四、社会分层的标准

从本质上讲，社会分层就是依据一定标准对个人或群体所占据的资源及其水平进行分类分级，一般而言，用来分层的资源包括：经济资源、职业或就业资源、政治权力资源、文化资源、社会关系资源、社会声望进行的资源、公民权利资源，以及人力资源。

### （一）按照经济资源形成的社会分层

经济资源作为经济物品的集合体，一般被视为社会分层中的首要资源，它所具有的有用性、稀缺性及其内容广泛性，使它成为社会生产发展的重要基础和条件。从经济资源形成的社会分层看，主要包括如下三种。

1. 根据生产资料的占有或剥削与被剥削划分社会阶层。这种社会阶层划分方式，是马克思提出的一种冲突色彩最为浓厚的分层理论和方法，它有助于解释各个冲突群体、各阶级之间的斗争，并辅助探索政策性修正策略。但是，这类标准所具有的浓厚的冲突性色彩，容易激化社会矛盾，在社会分层中不宜广泛应用与宣传。

2. 按照收入划分社会阶层。收入与人们的消费方式、生活习惯、安全感和积极性有着密切的关系，收入差距的大小对社会安全也有很大程度的影响。以收入标准进行的分层因直观性强而应用广泛，一般而言，结合国家或区域实际可分为极低收入层、低收入层、中等收入层和高收入层四种。社会经济运行的效率在微观层面上更多地体现在收入差距上，因此，按照收入进行的社会分层，对消费需求及投资需求的协调与平衡具有明显的应用价值。

3. 按照市场地位划分阶层。市场地位强调的是对非收入性经济资源的占有情况，主要表现为因市场交换而产生的对商品或财产、信息或机会等资源拥有程度的差异性，体现个人或群体的生存机会或商品控制能力。区别于收入，这类标准更具有综合性，有助于对某些不依赖收入而形成的社会地位进行科学划分，更能体现个体或群体所处的实际生活地位，也有助于区分因交换关系而形成的不同利益集团，如服务提供者与服务利用者等，其现实意义明显。

### （二）按照职业形成的社会分层

职业地位是人们在现代社会中的主要社会地位，职业是个人进行社会活动的主要场所。职业地位的高低体现了人们在所处时代对于某一类职业的主观认知和职业价值观，虽具有一定的历史性和发展性，但整体而言多集中于对职业声望、职业环境、经济收入等的综合评价，它不仅影响个人或群体的社会分层，也在一定程度上左右职业的流动方向。从职业角度解释社会分层主要来自对社会分工的探讨，社会分工是人类文明进步的标志，也是商品经济发展的基础，因分工不同而产生的行业、岗位等的差异，对专业知识、技能水平等的要求自然不同，因此，按照职业地位揭示人们的社会差别不具有冲突色彩，更具有合理性和可接受性。

### （三）按照政治权力形成的社会分层

如前所述，在韦伯的分层理论中，政治权力是划分社会阶层的重要标准之一，韦伯也被认为是政治权力分层的较早提出者。权力意味着一个人在群体和社会中向别人施加影响的能力，因而，权力的大小往往会影响一个人的性格、态度和行动意向。处于不同权力层的人，对某一社会现象所持的态度与观点具有较大的差异。因此，权力所具备的特定社会状况下的正当性和价值性，使权力资源成为社会分层的基础性和核心性概念，在社会分层中所发挥的作用常常超越收入，是对不同社会群体间利益格局的现实反映。

### （四）按照文化资源形成的社会分层

文化资源是人们从事文化生活和生产所必需的前提准备，它是一种以精神状态为主要存在形式的资源，具有典型的无形性。文化资源在其产生的过程中，受地理环境、语言差异以及文化本身的影响，不同区域、不同群体以及个人所拥有文化资源的丰富程度和质量高低也不尽相同，虽然经济分层、阶级分层与文化分层并不总是一致的，但文化差异依然可以表现阶级差异，文化分层对经济分层和阶级分层起到了固化作用。

### （五）按照社会关系资源形成的社会分层

从广义上讲，社会关系资源是指一个社会在其运行、发展进程中，以及生活在这个社会中的人们在其活动中，为了实现自身目的所需要具备或可以利用的一切条件。它强调人的社会网络和他透过直接或间接接触能够动员的资源的总体。狭义层面，一般认为社会关系资源基本上是无形的，更多表现为人与人的关系。凡是有人群的地方就存在社会关系资源和社会关系网络。西方学者在最初形成系统的社会关系理论时，更多地强调社会网络、社会关系对于进入上层社会的重要作用。不同地域、不同时代、不同群体的社会关系网络的结构与表现形式不尽相同，一般而言，一个人接近或使用较好的社会资源，会有较多的机会获得较高地位的职业。

### （六）根据社会声望资源形成的社会分层

根据社会声望资源进行的社会分层，具有较强的主观性。按照社会学的观点，一个人社会地位的高低是由他所处社会公认的评价标准确定的，体现了个人或群体受他人及社会尊重的程度。所以，在社会声望资源评价中，主观的意识形态和价值观是第一位的，而经济是第二位的。当然，声望评价的主观性意味着根据社会声望资源形成的分层，可能与其他资源形成的分层存在不一致，如具有较高声望地位的人，可能其经济地位并不高。根据社会声望进行的资源分层在其本质上表现为特殊形式的社会舆论，虽具有主观性和不稳定性，但也显示出对权力与财富的平衡作用。

（七）根据民权资源形成的社会分层

民权资源是一个比较典型的西方概念，是一种基于权利的资源转化。社会学认为民权应包括公民权利、政治权利以及社会经济权利。随着社会的发展，原来作为阶级区分标志的民权资源，已经逐步扩大至社会各个领域，成为各阶级、各阶层共享的资源。尽管如此，民权资源在教育、卫生、养老等方面依然存在社会群体分布的差异性与不平等，研究民权资源的分配，对于经济发展中效率与公平的研究具有重大现实意义。

（八）根据人力资源或人力资本形成的社会分层

根据人力资源或人力资本形成的社会分层是指由于资历、教育、工龄等的不同而产生的分层现象。在研究社会分层时，社会学通常会用“先赋地位”和“自获地位”两个概念来界定人力资源的差异。“先赋地位”，顾名思义是指个人所获取的社会地位来自与生俱来的生物条件或社会属性，是一种事先给定且较难改变的状态；与“先赋地位”不同，“自获地位”则需要通过个人后天的奋斗与努力来争取。诸多社会地位的形成往往来自“先赋地位”和“自获地位”的相互叠加。但是“自获地位”所依赖的“后天努力”和由此而形成的地位差异，更符合现有价值体系下人们对公平的认知。因此，一般认为，因人力资源不同而形成的地位差别属于“自获地位”。当然，人力资源对经济地位、经济收入也会产生一定的影响。

总之，社会分层是社会群体差异性研究的必然要求，是对复杂研究对象的清晰化和简洁化。虽然以上的不同分层标准存在一定的交叉与重叠，也存在不一致的情况，但基于“阶层归属”的社会分层理论便于各阶层人群利益的调整与平衡，在促进社会和谐与稳定、提升效率与公平层面发挥重要作用。

## 五、社会分层理论在医养结合中的应用

就社会整体层面而言，社会分层是社会需求的产物。就老年人这一特殊

人群而言，由于其生理、经济、社会、职业等的特殊性，他们所拥有的社会资源与其他人群有着较大差异。因此，医养结合多元服务提供的过程中，社会分层理论的运用对老年群体差异化需求的满足发挥着重要的指导作用。

### （一）社会分层研究在老年群体研究中占有重要地位

社会学研究的对象是整个人类社会，侧重于强调社会整体。作为社会学重要研究内容之一的社会分层理论，是一种基于群体本质性分类的研究。而老年人群仅仅是基于年龄分层上的一种界定，从社会分层的标准来看，这一群体依然存在诸多不同，自然需要开展分层研究。老年群体在不同分层要素尤其是经济方面的区别和差异，凸显了老年人的社会地位高低，也成为影响老年人养老方式选择的核心要素之一。因此，社会分层理论为老年人口问题的研究提供了新视角。

### （二）社会分层理论有助于满足老年人多元养老需求

作为需要社会给予关心与关注的脆弱人群，老年人所处的特殊生理时期意味着他们身体机能及心理状况的特殊性，也意味着老年人对养老服务需求的迫切性；同时，老年人所拥有的健康状况、经济状况、社会地位等不尽相同，也必然产生在生活照料、医疗保健、精神慰藉、社会参与等不同内容和层次的差异化养老需求。对老年人进行社会分层，其本质是对老年人差异性的客观描述，其目的在于了解不同老年人的养老服务需求及社会价值，进而有针对性地制定社会保障及养老服务政策，细化和完善养老服务内容及形式，使不同背景和特征的老年人能够获取均等的、满足多元需求的养老服务资源，实现老年人养老服务需求共性与个性的统一。

### （三）社会分层理论有助于缓解老年群体的社会不平等问题

中国社会不同阶层的民生需求及其福利满足程度不尽相同。诸多学者专家结合我国实际情况，将老年群体按照财富、社会声望、权力等进行了一系列划分，而不同阶层老年人对于养老服务、社会保障等的要求也存在明显的差异。社会化分层的介入，为老年人不同层级结构下实现不同社会保障和社会福利等提供了重要依据。因此，社会分层理论提示，在社会福利制度制定中，不同的覆盖对象需要考虑其社会分层特征，要具有一定的针对性和弹性，以缓解老年群体可能存在的社会不平等问题。

（四）社会分层理论有助于提升老年人的社会参与

老年群体由于年龄、健康等，大多数退休后便退出了社会生产领域，不再从事生产劳动。老年人在社会领域的退出，不仅是老年人力资源的巨大浪费，也减弱了老年群体社会参与的程度，使老年群体的价值得不到社会的认可，进一步弱化了老年群体社会声望、社会关系等资源拥有的权利。但是不同社会分层之下的老年人，其社会参与能力与意愿不同，进入老龄阶段不等同于老年人需要逐步从社会运转体系中脱离出来，相反，积极老龄化所强调的“社会参与”，其本质是对老年人为社会发展做贡献、充分实现自我价值的支持与鼓励，也是对有能力及意愿的老年人享有充实生活需求的满足，更是健康老龄化不可或缺的重要组成部分。因此社会分层理论为养老服务多元化提供了另一个社会学视角，为解释不同社会分层下老年人群体的内在差异、老年人的不同社会参与程度以及差异化养老服务需求等，提供了有价值的理论支撑。

总之，社会分层理论为养老问题的理论与实践研究提供了重要的思路。与其他群体一样，老年群体也存在着资源占有内容及程度上的差异性，以此为基础所进行的社会分层，意味着处于不同社会阶层的老年人所面临的核心养老问题及对应的养老能力各不相同，这就体现了养老服务差异化和个性化供给在满足老年人养老需求上的突出意义。因此，科学制定分层评估体系及标准，合理调整服务内容及形式，构建多支柱、多层次的养老服务模式，是体现“老有所养”时效性的关键。

# 第三章 以基层为主导的嵌入式医养结合

随着医养结合研究与实践的不断深入及运行模式的日趋多元与成熟，结合我国目前“以基层为重点”的卫生与健康工作新方针，接下来重点探索全新的医养结合模式——以基层为主导的嵌入式医养结合，充分发挥基层在医养结合服务提供过程中的实际作用，以有效实现为老年人提供专业规范、方便可及、综合连续的健康养老服务。

## 第一节 以基层为主导的嵌入式医养结合的基本概念

以基层为主导的嵌入式医养结合是社会嵌入理论的深入与运用，是一种相对低成本且高效率的照顾服务模式，因此，有必要在系统分析学术领域内研究与实践的基础上，对以基层为主导的嵌入式医养结合的相关概念及运行模式进行界定与阐述。

### 一、“嵌入式”概念及社会嵌入理论

匈牙利政治经济学家卡尔·波兰尼（Karl Polanyi）首次提出“嵌入式”概念，他认为在经济的发展变化中，非经济制度是与之同步发展的，人类社会的进步离不开“嵌入式”的发展关系，经济是嵌入社会关系和社会网络中的。1985 年，美国社会学家马克·格兰诺维特（Mark Granovetter）将经济制度和行为同时放入社会结构与制度结构中去分析，最终建立社会嵌入理论，

即社会关系是社会学与经济学相互联系的载体。

在围绕“嵌入者”与“被嵌入者”所开展的诸多研究中，社会嵌入理论家认为“嵌入者”可以是理性的，也可以是人或结构，而“被嵌入者”则表现为多个社会结构体系。详细来说就是两个事物原本是相互独立的，在前事物进入后事物之后，后者的结构在遵循一定机制的基础上产生了变化，双方随之建立新的联系。

社会嵌入理论强调经济活动存在与非经济因素相关的不确定性，其核心是经济活动融于具体的社会网络、政治构架、文化传统和制度基础之中。在养老服务领域，“嵌入”则是指将市场化的运行机制引入专业的机构，在养老服务及其相关机构内建立起小规模、多功能的专业化养老服务平台。

## 二、“嵌入式”养老服务模式

### （一）“嵌入式”养老服务模式内涵

社会嵌入理论可以有力地支持嵌入式养老模式的研究。如前所述，单一养老服务模式各有利弊，具有较高社会化程度的机构养老，其集中养老的特点容易造成老年人家庭情感关怀的缺失；传统的居家养老和后续发展的社区养老，虽在一定程度上满足了“就近安养”需求，但由于社会化程度低，很难实现资源的有效整合与利用。因此，在时代变迁及需求迭代之下，养老服务模式的边界日趋模糊，融合趋势日益显现，“嵌入式”养老服务模式应运而生。所谓“嵌入式”养老服务模式，是集居家养老、社区养老、机构养老等模式的优点于一身，以嵌入单位如社区内闲置资源为载体，以社区内老年人为服务对象，采用资源、功能和运营方式多方嵌入的形式，在政府主导及财政支持下进行市场化运作的一种养老服务模式，如图1。

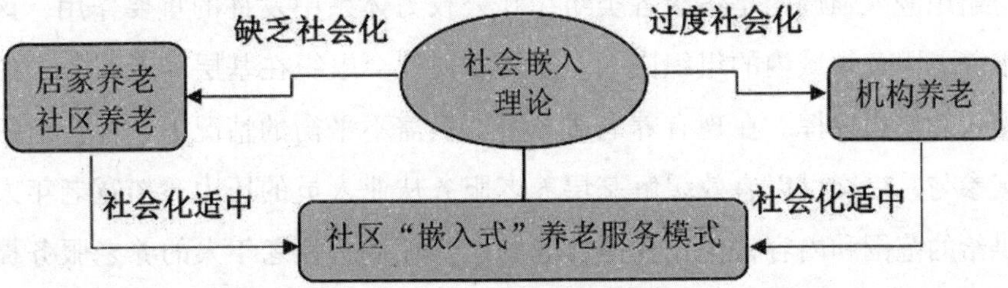


**图1 社会嵌入理论应用图**

（图片来源：薛妍．北京小型养老机构嵌入式智慧养老服务模式研究——以D养老服务中心为例［D］．桂林：广西师范大学，2021.）

该模式作为三者的结合与完善，在一定程度上实现了功能互补，弥补了单一养老模式的局限性，是一种新型的养老服务模式。它通过对社区乃至社会养老资源的整合，将专业化的养老服务嵌入至时空距离和心理距离较近的社区，在满足老年人适中的社会化需求的同时，也实现了老年人原居安养的需求。

“嵌入式”养老服务模式更多是居家养老和机构养老结合的新生产物和模式，是机构养老和社区居家养老两种模式上的补充和整合，虽然“嵌入式”养老模式在学术领域及实践探索中的界定有所区别，但一般而言，“嵌入式”养老模式更侧重于“以社区为载体，以资源嵌入、功能嵌入和多元运作方式嵌入为理念”，该模式下的养老服务强调对于周边养老服务资源的整合，突出竞争机制下的市场化运营，其目的在于为老年人提供就近、专业、便捷的养老服务。目前，“嵌入式”养老模式在我国经过多年的发展，已初具规模。

（二）“嵌入式”养老服务的嵌入单元

社会嵌入理论为我国养老服务的多主体协同供给、多部门共同参与提供了重要的理论支撑。目前，我国养老事业的推进与发展是以政府为主导进行的，在为基层养老服务的开展提供政策保障和制度支持的同时，需要充分整合现有养老服务资源，以多元融合的形式实现真正意义上的嵌入。因此，从嵌入单元的视角分析，“嵌入式”养老服务可以分为组织嵌入、关系嵌入及文化嵌入三种。

组织嵌入强调的是各级各类组织在公权力体系中发挥的重要作用，该理念下养老服务领域内的组织嵌入，需要实现社会组织在基层养老服务中的有效融入和作用发挥。在现有养老服务资源供需不平衡的情况下，社会组织的社区参与，无疑可以有效缓解基层养老服务从业人员的压力，拓宽老年人服务供给的范围和内容，优化社区养老的运营环境，为老年人的养老服务提供更广泛的社会基础，推动养老服务多元主体参与的良性循环。

关系嵌入强调行为人通过所嵌入的网络关系获取信息及资源，并受所处网络的影响。养老服务领域内的关系嵌入，则突出了养老服务提供人员与老年人之间相互信任关系的建立，有赖于双方所处的网络关系。老年人居家安养、就近养老的需求，体现了老年人对原有人际关系、邻里关系及社会关系等的依赖，这种依赖性越强，关系嵌入所能发挥的作用就越大。因此，医养结合服务提供过程中，需要充分考虑老年人原有的关系网络及其对老年人健康尤其是精神生活的影响，只有如此，才能提升关系嵌入所能发挥的衔接与契合作用，提高老年人对新型养老模式的认可程度，进而促进新型养老服务模式的规划化运营及推广。

文化嵌入是“嵌入式”养老服务模式推行的重要路径和抓手，它是指区域性的传统价值观、习俗、惯例等独特区域文化对该地区及其他地区中的组织、人员等产生的潜移默化的影响，强调文化内涵的融入，具有极强的时代特征、区域特色和意识形态印记。养老服务领域内文化元素的激活及适度嵌入，有助于专业化养老与区域民风民俗的有机融合，更容易获取老年人的认可与支持；同时，符合时代背景的人口老龄化国情教育的开展，在促进民众深入了解嵌入式养老服务模式、强化居民对生命的关爱、推动政府和居民之间信任关系的建立层面发挥着重要作用。因此，有效的文化嵌入无疑是推动“嵌入式”养老服务更好地融入社区、融入家庭、融入生活的强心剂。

## 三、“嵌入式”医养结合模式

医养结合作为将养老与医疗融合的一种养老模式，其发展具有典型的嵌入性特征。“嵌入式”医养结合是对原有机构、社区、居家养老模式的补充和整合，其实质是原有医养结合模式在运作方式、资源结构、服务特点上的创新。也就是在原有相对独立和单一的养老模式基础上，整合现有的医疗、养老、社区及社会其他资源，通过改建扩建、更新改造、资源升级、合并经营等方式进行过内嵌或结合，为老年人提供满足需求的专业化程度高、针对性强、更为便捷的养老服务。

综合嵌入的规模、结构及环境等因素，目前学者将“嵌入式”医养结合模式分为三种，即单向嵌入式、双向嵌入式和整体嵌入式。

单向嵌入是指某一系统的单方面介入，多表现为浅层嵌入。目前，单向嵌入式医养结合的主要形式为养老服务中嵌入“小医疗”，即通过基层医疗卫生机构如社区卫生服务中心（站）、乡镇卫生院等，为居家养老提供基本医疗护理、家庭医生签约、健康管理等服务。这种单向嵌入形式具有鲜明的低成本、广覆盖、就近便捷的优点，符合老年人居家安养的实际需求。但是基层医疗卫生服务机构本身所面临的人力资源短缺、基础设施薄弱等发展困境，无疑也制约着单向嵌入式医养结合的作用发挥。

双向嵌入是一种内化交易逻辑，强调社会组织之间的互惠互利，表现为甲乙两个不同系统的有机衔接与相互嵌入。从实践上看，双向嵌入式医养结合的主要形式为医养联合体，也就是通过签订协议的形式，将医疗服务资源和养老服务资源有机结合，建立或紧密或松散的合作互助关系，为老年人提供包括定期体检、绿色通道等在内的医疗护理和生活照料等服务，实现资源的共享与互补。因此，无论是医疗机构内的养老问题还是养老机构内的医疗问题，在一定程度上都可以通过医养联合体得以便捷、有效的解决。

与前两者不同，整体嵌入多表现为深层嵌入，某一系统内嵌入的子系统多是转型升级衍生出的新系统。整体嵌入式医养结合主要表现为两种形式：第一，医疗系统内嵌养老服务，即医疗卫生机构如公立医院或民办医院，在其原有资源基础上延伸开展养老服务。根据医疗机构实际情况，在其表现形式上可以增设老年科、新建养老服务设施、就近建设养老机构等，其目的在于充分利用医疗机构自身的医疗资源优势，拓展辐射至养老服务领域，实现医疗资源与养老服务的深度融合。第二，养老机构内嵌医疗服务，即在原有养老机构的基础上新增医疗服务。在其表现形式上可以增设“门诊部”“卫生所”等，有实力的养老机构也可以同时设立护理院，其目的在于为老年人提供专业化生活照料的同时，满足老年人的健康管理及医疗服务需求，形成“以医促养、以养助医”的医养结合运行模式。

在实践层面，我国在各地也逐步开展嵌入式医养结合养老服务的试点，每个试点地区展开的方式都不尽相同，主要的医养结合方式包括：第一，养老机构+医疗服务专区，也就是通过与就近医院合作的形式，实现养老机构内医疗服务的供给。这种医养结合形式，是以养老机构为基础，通过在养老机构内部设立能提供基础性医疗服务的门诊部，来满足辖区内老年人日常检查与用药、疾病诊断与治疗、康复护理及突发疾病医学救援等需求。第二，医疗机构内设养老机构，这类嵌入形式是以医院为基础的养老服务的提供主要通过在医院内设立无陪护的老年科来进行，服务内容主要为老年疾病的诊断护理等。第三，院企合作+联合运营，这种模式下的养老机构与医疗机构在医养结合作用发挥上并驾齐驱，两者通过合作的形式，最大限度地提高医疗资源和养老资源的利用率，实现了养老机构与医院医疗资源的整合。以上几种模式更多的是适用于小范围的失能老人或患病老人，都存在一定的局限性，集中体现为医疗和养老这两者之间的矛盾并没有充分协调解决。

总的来说，在国家和各地方的不断努力与积极探索下，多种嵌入式医养结合模式及运行方案如雨后春笋般不断涌现，但受制于原有体制机制、思想意识等因素，医疗与养老相对独立的状态依然存在，医与养的深度融合尚未达成。考虑到我国“9073”的养老格局，提供医养结合服务的重点放在家庭和社区更符合实际。在“嵌入式”医养结合养老模式中，基层作为嵌入的核心系统之一，发挥着重要作用。基层现引申为社会或党政各种组织中最低的一层，它跟群众的联系最直接。医养结合中的基层，包含了基层医疗卫生机构、社区及周边医疗和养老服务资源等。以基层为主导的嵌入式医养结合则是将基层嵌入养老与医疗的社会化体系中，通过政府主导，整合各方资源，提升社会专业化、长期性的养老服务能力，共同参与养老服务体系的搭建，满足老年人多元化需求，构建社区居家医养结合的桥梁。

## 第二节 以基层为主导的嵌入式医养结合的特征及环境分析

以基层为主导的嵌入式医养结合在打破医养分离的藩篱、重构健康产业的价值链层面具有不容忽视的地位。该模式立足于基层，主张结合社会内部以及社区周边的医疗及养老服务资源，在提供满足老年人多方需求的产品与服务层面，特征鲜明，具有较为明显的优势，但作为新生事物同时也面临着诸多的挑战。

### 一、以基层为主导的嵌入式医养结合的特征

嵌入式模式是一个有必要发展的新型医养结合服务模式，运行良好的嵌入式医养结合服务模式具备一定的共性与特征。基于对嵌入式以及基层等的界定及理论分析，对以基层为主导的嵌入式医养结合的特征进行如下系统总结。

#### （一）就地养老体现本土性

不管是单向嵌入式、双向嵌入式，抑或是整体嵌入，以基层为主导的嵌入式医养结合模式强调通过基层医疗卫生服务机构、社区周边医养服务资源以及原有机构等各方就近资源的补充和整合，体现和突出了就地养老的本土化特色。

就地养老是当前老龄化政策中的一个流行术语，可以将其定义为“具有一定程度的独立性，可继续在社区中生活的养老方式”，被视作一种使老年人能保持自主性并能获取多元社会支持的养老方式。“就地养老”越来越被更多的政策制定者、医疗服务提供者和老年人所青睐与推崇的原因主要有两方面。

一方面，它是基于满足老年人拥有对家庭和社区的依恋感和联系感的一种养老方式。随着个体的成长，个体会形成不同的依恋关系，依恋对象的类型呈现多样化。老年人的依恋关系一般包括与配偶、兄弟姐妹、朋友等的依

恋关系。对于老年人来讲，不可避免地要面临年龄不断增长而带来的一系列问题，如疾病引起的生活质量不断下降、人际关系网络不断缩小及精神慰藉需求不断增加等，诸多仅靠老年人自身很难解决的实际问题，意味着老年人的身份相对于子女而言已经从提供支持者转换为接受保护者。在生命晚期，老年人随着可用资源的日趋减少，对于子女、邻里以及周边熟悉的环境重要的依恋关系更在促进身心健康方面发挥着重要的安全堡垒功能，为老人提供必要的协助与保护。再加上很多老人更可能会在同一住所里生活几十年，对所居住区域周围的邻居及物理空间产生强烈的联系感，这种联系感所形成的归属感及安全感，可以为老年人后续生活带来安全与保障。

另一方面，基层嵌入式养老所发挥的就地养老作用，能更好地满足老年人对身份感与自主感的要求。通常情况下，老年人之所以更倾向于在现有的家庭或社区里继续生活，可能是因为他们不想进入养老院或其他机构，也可能是老人们认为留在这些地方会失去他们的自主能力和判断。而老年人与已有人际关系及其社区环境联系的维持，可较好地在地缘和社缘方面保持良性的、持续的互动关系，能让老人们更具生活的自主性，找到归属感和认同感。因此，相较于集中居住的养老机构服务而言，在熟悉的家庭和社区获得连续性、综合性的服务，更符合老年人心理和服务需求特性，即就地养老。由此可知，以良好的基层为主导的嵌入式医养结合服务模式恰恰就是就地养老的典型代表。

### （二）需求与供给的多元性

多元性所体现出来的是系统中各组成部分之间的相互区别，是基于系统原理的个性化、差异化体现。老年群体养老服务需求所呈现的多元化特点，意味着良好的以基层为主导的嵌入式医养结合服务模式需要具备和体现供给与需求的多元性。

#### 1. 老年群体养老服务需求呈现多元化特点

《2019中国养老产业发展白皮书》的资料显示，近年来，我国老年人的人均养老消费持续增长，养老需求呈现多样化趋势。截至2018年，我国老年人人均消费中，日常消费占比61%、医疗康养占比22%、社交娱乐占比13%、养老金融占比 4%，其中医疗、社交、娱乐和保健领域近年增速最快。① 随着老年人群体对社交、娱乐、陪伴等需求的日益强烈，他们的养老需求将逐步转向包含关怀访视等服务在内的养老设施和养老服务。因此，食品、医疗、营养保健是老年人的主要消费需求，老年群体对医疗与养老服务的需求逐步从单一化迈向多元化，照料服务、健康管理、预防保健、适老器械等未来将成为老年人消费新的增长点。另外，随着高龄老人、孤寡老人、空巢老人、失能与半失能老人等各种特殊老年人群规模的不断扩大，老年人对于医养结合服务中的安宁疗护、康复护理、社会照料、心理慰藉等的需求也日趋增加。

不同老年群体在生理、心理、社会适应性等方面服务需求的差异化及多元化，为医养产业发展带来机遇的同时，也为医养结合服务提出了更高的要求。因此，仅限于满足老年人基本生理需求方面的医疗与养老服务显然不能满足老年人的多元化需求，如何对服务内容进行市场细分，有针对性地满足老年群体的需求尤为重要。

2. 老年群体健康需求的多元性需要多元化的医养结合服务供给来实现

良好的以基层为主导的嵌入式医养结合服务模式，它所提供的服务需要以基层为主导，面向家庭延伸，并适当地联合相关的机构开展医养结合服务，是集医疗、康复、养生、养老为一体的现代化养老服务体系，其本身即是多元化特性的体现，也就需要多元化的服务供给来实现。

一方面，老年群体身体健康状况个体差异明显，在医养结合服务提供的过程中，医养结合服务机构需要在对老年人健康状况科学评估的基础上精准分级，进而提供差异化和针对性的个体照护服务，从而得以让每个老年人在养老的过程中都能享受到全方位的呵护。

另一方面，针对不同的老年人，在照护计划的设定和具体方案的实施方面，还需要进行个性化的定制，结合不同老年人的经济状况、个人意愿以及实际健康需求等，提供各具特色的多元化产品和服务组合。为了尽可能地满足老年人日趋多元化的健康需求，以基层为主导的嵌入式医养结合服务模式，需要充分发挥其与老年群体的空间距离及心理距离优势，全面、全方位进行

---

① 2019 中国养老产业发展白皮书，赛迪顾问股份有限公司/中国经营报于 2019 年 10 月联合发布。

关注，从生理、心理、娱乐、文化及运动等方面提供多元化的照护。

再者，老年群体多元化需求与供给之间的平衡，也需要多途径、多元化培养专业化的医养结合人才。满足老年人多元化的医疗与养老服务相结合的需求，需要多层次、专业化的医养服务团队及组合，老年医学、康复、护理、心理、健康管理和社会工作等多领域、跨专业的复合型人才队伍的培育与储备，这是确保基层嵌入式医养结合服务模式能够有效地实现多元服务供给的关键。

总之，不论是老年人的需求，还是满足这些需求的产品与服务组合以及人力资源保障，都表明良好的基层嵌入式医养结合服务模式具备多元性。

### （三）资源的整合性

资源整合是一种基于系统论的思维方式和管理理念，就是通过对资源的激活、识别、选择与融合，将分散的、潜在的资源进行条理化、系统化，进而创造出新的资源，其目的在于寻求资源配置与需求的最佳契合点。以基层为主导的嵌入式医养结合服务的有效推进，需要多个部门与组织的通力合作以及多方力量的协同支持，因此，健全的多部门协同机制的建立、社会健康支持系统的形成等，是实现养老机构与医疗机构在空间布局上的有机融合、资源集约化利用的重要基础，也是医疗卫生与养老服务提效增能的重要保障。以基层为主导的医养结合服务主要通过与社区及周边医疗、养老服务等资源及机构的整合实现其功能。

一方面，以基层为主导的嵌入式医养结合模式，重点探讨与社区内及周边已有的医疗卫生服务资源相结合。如城市的社区卫生服务中心（站）、农村的乡镇卫生院及村卫生室等，在条件允许之下可辐射周边距离较近的医院、康复医院、护理院等，通过与其建立有效的沟通机制、良好的合作机制等，形成老年人就近提供多元化医疗卫生服务的整合性支持网络。

另一方面，以基层为主导的嵌入式医养结合服务需要与社区内及周边已有的养老照护资源相互协作与整合，如社区居家养老服务中心及附近的养老院、敬老院等。通过采取适宜的合作模式如托管、合营、并购等，为老年人提供整合式的养老服务。

再者，以基层为主导的嵌入式医养结合服务，也需要整合社区内已有的社会保障资源，如社区养老服务组织、社区助老机构、其他社会志愿组织、承担相关政府购买服务的社会力量等。通过与他们的协作，为有需求的老年人提供整合性的服务，核心的目的在于通过专业化、普适化养老服务的提供，促进适老化、人性化社区的构建，进而激发志愿性资源的服务动力，形成稳固和完善的养老服务社会支持网络。

总之，以基层为主导的嵌入式医养结合模式，致力于满足老年群体多元化医养服务需求，其功能的发挥体现了整合性特点，通过资源的有效整合，实现各部门、各力量之间的协同合作，以确保老年群体享受多元化的健康服务，合力提升养老服务的质量和水平。

### （四）医疗与养老服务的可及性

可及性原为2014年公布的全科医学与社区卫生名词，意指全科医师对居民提供的地理接近、使用方便、关系亲切、结果有效以及价格便宜等一系列使人易于接受的服务。[①] 最初可及性在定义及内容界定上，更多侧重于医疗服务与卫生保健服务的提供。如Penchansky和Thomas将可及性定义为卫生保健体系与病人需求之间的“适配度”，并归纳了可及性的五个维度：（1）可得性，指医疗服务机构提供的服务类型和数量与病人需要的服务类型与数量之间的关系。（2）可及性，指医疗服务机构的地理区位与病人区位之间的关系，以交通方式、路程时间、距离或交通成本来衡量。（3）便利性，指医疗服务的提供与组织方式（包括预约系统、开诊时间、非预约服务、电话服务）与病人对其适应能力之间的关系，以及病人感知的服务提供方式的适宜性。（4）可负担性，指服务提供者的服务价格对病人收入、支付能力的要求以及与医疗保险之间的关系。（5）可接受性，指病人对医生与机构的期望与实际接受之间的关系，也包括医生和机构对病人的期望，通常指病人对医生年龄、性别、医院软性环境等特征的期望。以供需双方适配度为着眼点的可及性强调了服务提供应该以病人需求为导向，体现出政策制定者、服务管理者只有关注并

---

① 全国科学技术名词审定委员会．全科医学与社区卫生名词（定义版）［M］．北京：科学出版社，2014.

满足病人的健康需要，才可能全面提升服务可及性的理念。这些维度和要素，充分体现了卫生服务利用者获取所需医疗服务及保障的能力，虽然可及性照顾并不是决定人群健康的最重要因素，但它对于卫生服务利用的有益之处是显而易见的。

医养结合领域内的可及性照顾在其要素界定层面同样具有适用性。在人口老龄化背景下，老年人对于医疗与养老服务的综合性、多样化的需求，需要对应的医养结合机构在服务提供过程中充分考虑需求因素，而以基层为主导的医养结合服务模式在提供满足老年人需求的医疗与养老服务的形式与内容上，具有较为明显的可及性的特点。

1. 地理位置的接近性

地理位置的接近性主要是指居民到达最近医养结合服务机构的距离以及所需要的时间。到这些机构距离的远近决定了接受服务的时间长短，是衡量服务可及性的一个重要指标。以基层为主导的嵌入式医养结合，是对原有、就近的医疗、养老、社区等资源的利用与再利用，它把医疗、养老事业置于老年人的家门口，以社区为主、逐步延伸至家庭，并且与机构医养相联通，让老年人可以享受在“家门口”看病就医、养老养生等便利服务，地理位置的接近性是其重要的特点。在服务供给时间方面，基层嵌入式医养结合机构除了正常的日间照顾安排之外，在传统的营业时间以外也可以向老年人提供服务医疗、照护等服务，另外还可以通过线上预约等途径缩短等待时间。在服务内容上，可以实现在一个“窗口”即获得连续性的、一体化的服务，无须老年人自己在不同“窗口”间来回转换。地理位置的接近性和时间上的可及性是基层嵌入式医养结合服务模式的特点，也是其具备的不可替代的优势。

2. 心理位置的密切性

依托社区卫生服务中心（站）、乡镇卫生院、社区养老设施及敬老院等形成的以基层为主导的医养结合机构，其地理位置的优势促进了医养结合工作人员与辖区内老年人之间的有效沟通与交流，熟悉感与联系感提升了老年人对于医养结合服务提供人员的信任度，由此而形成的心理位置的密切性，有助于医养结合服务提供人员在第一时间高效开展医疗、护理、康复、健康教育等一系列服务，可以及时掌握老年人、慢性病患者生理及心理健康状况，并进行针对性指导；同时在基层“网格化”健康管理的基础上，通过运用微信、手机 App 等信息化手段与老年人、慢性病患者或其家属进一步建立多途径、有效的互动沟通渠道。心理位置的密切性这一特征，增强了老年人对于医养结合机构及其人员的信任感与亲切感，也提升了老年人对于服务的接受度和依从性。

3. 经济上的可接受性

经济可接受是通过居民是否有经济能力去接受对应的服务来衡量的。由于绝大多数老年人脱离了劳动力市场，其经济来源结构单一、经济收入水平较低、储蓄能力有限，因而经济因素往往是老年人选择养老方式的首要考虑因素。相对于大部分的养老机构而言，以基层为主导的嵌入式医养结合机构具备投资较少、成本较低的特点，其费用收取相对较低，因此，更符合老年人经济层面的接受程度。

### （五）服务的连续性

生命的连续性使得老龄工作需要注重养老的全老龄生命周期。老年人的生命周期大致包括自主期、部分援护期、全面援护期和终末期，每个阶段对应着具有不同生活能力和身体状态的老人，分别是自理老人、介助老人、介护老人和临终老人。为了更好地让老年群体老有所养，着眼于全老龄生命周期保障的连续性医养结合服务至关重要。

正如我们所知，“医养结合”就是把专业的医疗技术和先进设备与诊疗检查、康复训练、日常饮食、生活养老等服务相融合，以医疗为保障，以康复为支撑，边医边养、综合提供。“医”包含了有关疾病转归、评估观察、相关检查、功能康复、诊疗护理、重大疾病早期干预以及临终关怀等医疗技术上的服务。“养”则涵盖生理和心理上的护理、日常饮食照护、功能训练、日常学习、日常活动、危重生命体征、身体状况分析、体重营养定期监测等服务。以基层为主导的嵌入式医养结合服务，通过向基层、社区、家庭等的延伸，本身体现了医养结合服务的综合性和全方位，即在不同的地点、以不同的方式为不同的老年人提供对应的医养结合服务。如对有活力、能自理的老年人更关注预防保健和健康管理类的服务，对半失能的老年人更关注康复护理类的服务，对完全失能的老年人更关注医疗类与生活护理类的服务等。基层嵌入式医养结合服务通过市场细分，清晰定位目标老年群体，精准匹配服务需求，提供全方位、全老年生命周期的持续性服务。

结合以上分析，以基层为主导的医养结合服务模式在其服务提供层面，需要充分发挥其地理位置毗邻、心理距离近、经济层面可及性高以及服务的连续性等特征，以更好地满足老年人的医疗与养老需求。

## 二、以基层为主导的嵌入式医养结合的优势与机会

“嵌入式”医养结合养老模式，主张结合社会内部、社区周边的养老服务资源以及基层医疗卫生服务机构等，既可以提供机构入住医养结合服务又可以提供入户“医”+“养”服务，集中了传统家庭养老、社区居家养老和机构养老三者的优势，可以满足老年人多元的医养结合养老服务需求。

### （一）政策支持与保障

近年来，随着政策环境的不断优化，医养结合服务在基层医疗卫生机构的嵌入得以不断深化与实践。党的十九大报告特别提出，将医养结合确定为实施健康中国战略、加快老龄事业和产业发展的重要举措，基层医疗卫生机构开展社区医养结合服务的外部环境日益优化。2015 年 9 月，国务院在《关于推进分级诊疗制度建设的指导意见》中明确，基层医疗卫生机构可以与二级以上医院、慢性病医疗机构等协同，为慢性病、老年病等患者提供老年护理、家庭护理、社区护理、互助护理、家庭病床、医疗康复等服务。2016 年 4 月，卫健委、民政部下发《关于做好医养结合服务机构许可工作的通知》，指出医疗机构申请养老机构设立许可，民政部门优先受理；基层医疗机构和二级医院内设养老机构符合条件的，享受养老机构相关建设补贴、运营补贴和其他政策扶持。2016 年 12 月，《关于全面放开养老服务市场提升养老服务质量的若干意见》下发，文件提出依托社区服务中心（站）、日间照料中心、卫生服务中心，为老年人提供健康、文化、体育、法律援助等服务的明确要求。同时，新一轮医药卫生体制改革“保基本、强基层、建机制”的要求和“以基层为重点”的新时期卫生与健康工作方针，有效推动了医疗资源配置的

不断优化与调整。伴随着医疗资源重心的不断下移，原有“倒三角”供给和“正三角”需求的不合理局面被打破，覆盖城乡的基层医疗卫生服务网络日趋完善，基层嵌入式医养结合服务的推进将获得充分的资源保障。

（二）符合现有老龄化特点

人口老龄化是一个国际性的发展趋势，也是人类文明进步的标志。我国1999年进入人口老龄化社会，与其他国家相比，我们国家的人口老龄化具有数量多、速度快、差异大、任务重等特点。这些特点也意味着我国老年人群体中病残老年人、孤寡老年人和中低收入老年人占比相对较高。随着家庭结构小型化、人口流动加快以及单身人群的增加，这种趋势将更为明显和突出。因此，在解决病残老年人、孤寡老年人和中低收入老年人养老问题的过程中，以基层为主导的嵌入式医养结合模式所具备的医养结合、社区化和价格低廉等条件恰好成为满足需求的必要条件，因此市场需求巨大。

（三）价格优势突出

医养结合服务本身所具备的高度专业性和内容多元性，意味着完善的服务提供需要相对较高的成本投入，现有相对独立的医养结合机构尤其是高端的医养结合机构，动辄过万元的月均费用，明显超出大多数老年人及其家庭的经济承受能力。相比之下，以基层为主导的“嵌入式”医养结合服务模式本身所具备的特点，彰显出它的突出优点，即灵活性高，价格优势明显。

首先，基层开展医养结合服务的投资和运营成本较低。一方面，许多基层机构如基层医疗卫生服务机构、社区养老服务机构等拥有大量相对闲置的医疗或养老资源。以基层医疗卫生服务机构为例，《2020年我国卫生健康事业发展统计公报》显示，2020年年底我国三级医院病床使用率达81.5%，而一级医院的病床使用率仅为48.7%，其中乡镇卫生院和社区卫生服务中心的病床使用率分别为53.6%和34.0%，基层医疗卫生机构超过40.0%的空床率，为医养结合服务的开展提供了可利用空间。若以这些基层医疗机构为主体开展医养结合，不仅可以充分利用现有的空置资源如病床、设备等，节约大笔养老投资成本，还可以实现资源的有效利用。另一方面，基层医疗卫生机构所承担的常见病多发病诊疗服务、家庭医生签约服务等，既可面向社区普通居民，也可以面向购买医养结合服务的老年人，具有较为明显的规模经济效用，有利于降低医疗服务的长期平均成本，进而降低单位医疗服务的价格。

其次，从利润方面来看，与以民营企业等为主导的医养结合模式相比，以基层为主导的嵌入式医养结合模式主体多为非营利性机构，社会公益特性突出，有相对稳定的财政保障，服务及产品定价相对较低，营利性要求不高，因此，有利于为广大中低收入老年人提供价格低廉的医养结合服务。

再次，以基层为主导的嵌入式医养结合在运作模式上强调与就近资源的整合，在管理与运行方面，由于该模式下的组织规模较小，机构横向的分工与纵向的分级相对简单，管理成本和运营难度也相对较低，因此以基层为主导的嵌入式医养结合模式可复制性强，易推广。

最后，从经济优势方面来看，无论是前期成本投入，还是后期运营维持，抑或是盈利要求，以基层为主导的嵌入式医养结合模式都具有其他医养结合模式所没有的优势。因此，该模式的推广有助于广大中低收入老年人养老需求的满足，它所具备的突出价格优势有效提升了该模式的市场竞争力，对我国养老体系建设的推进有着重要的积极作用。

### （四）专业化优势明显

以基层为主导的嵌入式医养结合养老模式，更能体现服务及技能的专业化优势。社区整合就近基层医疗资源、养老资源，可以实现养老和医疗服务的“无缝衔接”。以基层医疗卫生服务机构嵌入医养结合为例，一方面，与大医院相比，基层医疗机构所具备的广覆盖、综合性、可及性等特点，使其可以在第一时间较为准确地掌握社区老年人的健康信息及其变化，更为便捷、及时地为老年人提供基本医疗服务。另一方面，基本实现全覆盖的基层医疗卫生网络，其机构运营及服务提供规范性强，较之于养老机构内设医疗机构的医养结合模式，与大医院的多方合作更容易实现“大病去医院，小病在社区，康复回社区”的合理就医格局。因此，这种将基层医疗卫生服务与养老服务资源有效整合的方式，有助于充分发挥基层所具备的地理优势和价格优势，一定程度地缓解了老年人结构性看病难和看病贵的问题，同时也在一定程度上推进了医与养的有效结合。再者，遍布城乡的基层医疗机构与其他类型的养老服务机构形成良性竞争，有助于提高老年消费者福利，推动服务专业化水平的提升，进而实现分配效率最大化。

### （五）可以满足多元需求

马斯洛的需要层次理论告诉我们，人的需要按照先后出现的顺序分为生理需要、安全需要、社交需要、尊严需要和自我实现需要。以基层为主导的嵌入式医养结合养老模式可以满足老年人不同层次的需求。

以基层为主导的嵌入式医养结合大部分的服务由社区及就近的基层医疗机构、养老机构等提供，服务对象以社区及周边居民为主，服务内容包含老年人所需的医疗服务、社会交往、生活照护等，具有明显的社区化、可及性特征，在减轻家庭养老负担、满足老年人养老需求层面作用突出、优势明显。一方面，以基层为主导，其服务半径意味着老年人不脱离家庭生活和原有生活环境，依托独特的地理优势，可实现“就地养老”“就近养老”，在满足老年人对家庭的依恋以及子女给予老年人亲情温暖和心理慰藉方面，情感优势突出，可以更好地满足老年人生理、安全及归属等需求。另一方面，以基层为主导的嵌入式医养结合模式同时给予了健康老人发挥余热的平台，老年人可以结合自身兴趣及原有专业技能等，积极投身社区活动，有助于他们实现尊重和自我实现的需求，真正实现老有所为。

## 三、以基层为主导的嵌入式医养结合面临的问题和挑战

以基层为主导的嵌入式医养结合服务是养老产业的新生事物，在自身优势和外部机会的影响下，发展迅速。截至 2020 年年底，全国共有两证齐全的医养结合机构 5857 家，比 2017 年年底增加 59.4%，医疗卫生机构与养老服务机构建立签约合作关系的有 7.2 万对，是 2017 年年底的 6.1 倍。两证齐全的医养结合机构床位数达到 158.5 万张，超过 90.0%的养老机构都能够以不同形式为入住的老年人提供医疗卫生服务。① 尽管如此，在理论优势转化为现

---

① 国家卫健委：截至 2020 年年底全国共有 5857 家两证齐全医养结合机构［EB/OL］. 中国网，2021-04-08.

实优势的过程中，仍然遇到诸多的困扰与阻力。以基层医疗机构嵌入为例，据国家卫健委统计，2020 年年底，全国有基层医疗卫生机构 97 万个，其中社区卫生服务中心 9800 个，社区卫生服务站 2. 55 万个，乡镇卫生院 3. 58 万个，村卫生室 60. 8 万个，基本实现了城乡基层社区的全面覆盖。以此计算，目前基层医疗机构开设养老机构的比例低于 7. 4%。[①] 以基层为主导的医养结合服务模式仍有较大的发展空间。

### （一）条块分割，多头管理

由于制度原因、行业差异、行政划分等因素，目前我国养老服务的供给主体包含民政、卫生、社保等诸多部门。医养结合型养老服务体系多部门的介入，虽各有职责分工，但仍不可避免地存在职能交叉与重叠的情况。“多头管理”与“多头不管”的局面并存，使得各部门对各项扶持政策的理解、调整和落实难以做到协调一致和横向整合。养老机构“养老不医护”、医疗机构“治病不养老”的事实，给老年人的养老和医疗带来不便。医养结合涉及健康养老的民政、卫生、社保三条主线呈分立状态，部门工作壁垒、责任边界不明等造成的医养结合服务供给碎片化，成为实现政策协同的主要障碍。

### （二）功能定位模糊

以基层为主导的嵌入式医养结合养老模式是打破机构养老、居家养老和社区养老各自为政、相互独立局面的重要路径之一，是实现“医+养”有机结合的有效途径，其目的在于形成一个有效的服务闭环，实现功能的有机融合，而非取而代之。医养结合工作中，由于所具备的专业属性和服务范畴不同，养老机构和医疗机构所提供的服务在内容上也存在一定差异。一般而言，养老机构所提供的服务属于社会性服务，内容多侧重于老年人的日常生活照料；医疗机构所提供的服务属于医疗服务，内容侧重于疾病诊疗、健康指导等。在医养结合服务提供过程及对应的管理过程中，二者所表现出的差异性也是造成医与养分离的客观原因。在医养结合推进的进程中，如果不能厘清医与

---

① 滕晗．国家卫健委：积极组织发动城市医院医生和退休人员到基层医疗机构服务［EB/OL］．封面新闻，2022-02-09.

养的关系，找准两者的契合点，就很难实现医与养的有机融合。在一些发达国家的成功案例中，基层医疗卫生机构向居民提供公共卫生服务和日常诊疗的同时，还将养老、幼儿保育等与健康有关的社区服务纳入服务范围。而在我国，还较为普遍地存在着医养分离的问题，如部分机构局限于为老人提供养老康复活动，而忽略老年人医疗需求，或者医疗卫生机构的服务定位仅仅停留在提供公共卫生服务和日常诊疗服务，社区养老还没有纳入其服务范围。这种医养分离的服务定位导致目前很多基层的社区、医疗卫生机构或养老服务场所等缺乏医养结合服务意识。

（三）供给与需求差异突出

"嵌入式"医养结合所提供的医疗及养老服务水平与老年人实际需求之间仍存在差异和矛盾。第七次人口普查数据显示，截至2020年年底，目前我国失能、半失能老人总数超过4000万，按照"3位被护理老人需要1名护理人员"的国际标准，我国职业化养老护理人员的缺口高达900多万，能够提供专业化、高质量医养结合护理服务的专业人员更为稀缺。[①] 同时，以基层为主导的嵌入式医养结合机构所面临的床位空置率高、设施利用率低的问题尚未充分解决，社区内资源闲置、浪费的问题依然存在。再者，随着慢性病患病年龄的提前和所患疾病的不断增加，与之俱来的是慢性病管理服务需求的空前高涨，原有基层医疗机构所存在的资源配置不足，尤其是人力资源缺乏的问题被进一步放大，医养结合相关专业人才更是无法满足对应需求，这就必然导致医养结合机构无法实现老年人所需医养结合服务的有效供给，基层所应发挥的可及性、便捷性的作用也很难得到充实体现。

（四）医养结合服务运营能力不足

总体来看，"嵌入式"医养结合在其运营模式上无外乎有公建公营、公建民营和民建民营三大类，不管是哪一种运营模式，也不管是单向嵌入、双向嵌入抑或整体嵌入，都需要基层医疗卫生服务机构、社区、养老机构、企业、

① 失能老人超4000万，关注养老健康是重点［EB/OL］. 齐鲁晚报，2021-07-06.

政府、志愿者组织等可能的利益相关群体之间的充分交流与沟通，信息共享不畅、交流不到位都容易导致基层嵌入式医养问题停滞不前，也阻碍“医”与“养”相关机构的长期合作。同时，任何类型的医养结合机构，其组织的高效运营都会对机构管理者提出较高的要求，医与养的有机融合要求管理者既要具有综观全局的概念化技能，还要具备既涵盖医疗服务又包含养老服务的专业化技能；既要拥有一定的医疗服务管理能力，还要具备一定的养老服务经营能力。习惯于公立医疗机构运作的管理者，还不具备医养结合服务经营能力，对开展医养结合服务信心不足。再加上相对于基本公共卫生服务以及常见病、多发病诊疗而言，现有的医养结合服务缺乏有效的激励机制和科学的考核制度，营利空间有限，这也是基层机构对开展医养结合服务缺乏兴趣和动力的重要原因。

（五）模式经验需进一步积累

以基层为主导的嵌入式医养结合养老模式作为一种新型养老模式，尚处于发展和推广的萌芽时期，影响力以及被人们所熟悉的程度等均相对小于居家养老、机构养老和社区养老等。一方面，受社区规模、老年人数量、康养人才数量、服务提供能力、建设资金等的限制，以基层为主导的嵌入式医养结合服务规模较小，在应对日益增长的多样化养老服务层面，所具备的广覆盖优势体现不明显。另一方面，虽然“嵌入式”医养结合养老模式在很多城市社区及农村已经展开实践，并取得了一定的成效，但其影响力有限，尤其是在经济状况较落后的地区更是缺乏可直接借鉴的经验，大规模普及推广仍然面临较大挑战。

正是上述一系列原因，在不具备规模优势、尚不能满足老年人多元需求以及经验、能力不足等多重压力下，以基层为主导的“嵌入式”医养结合的发展需要更为有效的政策支持和制度供给。

## 第三节　以基层为主导的嵌入式医养结合的实施路径

以基层为主导的嵌入式医养结合养老模式仍处于发展初期，其面临的诸多挑战意味着其作用的充分发挥还需要包括宏观政策指导与相对微观的基层工作完善等在内的多方面社会支持。

## 一、继续加大政策支持力度，促进政策落地

政府的支持和政策落地无疑是以基层为主导的嵌入式医养结合养老模式发展的重要保障。作为社会管理者，政府部门应该在从政府服务理念层面深化对基层“嵌入式”养老服务的认识的同时，积极促进基层“嵌入式”医养结合养老服务机构的建设用地、财政补贴和长期照护保险等相关政策的落地；另外，应当逐步简化以基层为主导的嵌入式医养结合养老服务机构审批流程，不断优化医养结合机构发展的政策环境和职业环境，积极引导社会力量参与，科学构建服务评价体系、制定服务标准，全面提升基层“嵌入式”医养结合服务的整体质量与水平。当然，也应多途径强化基层“嵌入式”医养结合养老模式的宣传力度，使各级政府机构和老年人对其有进一步的认识和了解，激发老年人的需求，获得公众的信任和理解，提高基层“嵌入式”医养结合养老服务的利用率。

## 二、优化功能，持续推进整合治理

资源的有效利用与充分整合是解决目前医养融合供给碎片化、条块分割等问题的核心。整合治理一方面体现在政府主导下，不同层次服务平台其服务项目的连续性与层次性；另一方面也体现在服务主体的转介与整合上。以基层为主导的嵌入式医养结合服务组织具有特殊性，在医疗、养老相关机构与基层整合协同的时候，需要建立一套职责明确、合作共赢的分工协作机制。通过对责任分工、服务内容、受众范围、服务设施使用与维护等方面的明确，促进基层与医养服务机构相互支持、互相监督和互相促进，真正把以基层为主导的嵌入式医养结合的优势落到实处。

## 三、转变观念，对基层医疗卫生机构的职能进行重新定位

基层医疗卫生机构的传统定位更多体现在基本医疗服务与公共卫生服务层面，其在医养结合服务中“医”的提供上发挥着不可替代的作用。以基层

为主导的“嵌入式”医养结合，必然对包括社区卫生服务机构在内的基层提出更高要求，因此，鼓励基层医疗卫生机构开展社区医养结合服务，就需要对基层医疗卫生机构的职能进行重新定位。结合基层医疗卫生服务机构所具备的地理上贴近服务对象、医疗成本相对较低、与居民关系融洽等优点，可考虑将医养结合服务纳入基层医疗卫生服务机构的基本职能，并给予一定的财政及资源支持，使基层医疗卫生机构成为医养结合服务的重要提供者。

**四、完善基层“嵌入式”医养结合服务评估体系**

目前，处于发展初期的以基层为主导的嵌入式医养结合模式，在服务提供方面，多主体的参与有利于医养结合服务内容及服务形式等的完善，但由于尚缺乏明确的评估机制，服务质量参差不齐。因此，完善的评估体系是衡量基层“嵌入式”医养结合服务质量的关键。目前国家及地方已逐步开始了医养结合质量评价行业标准及规范的探索，围绕评估的主体、方式及内容等诸多方面开展创新性、时代性研究。就评估主体而言，除由医养结合专家组建的专业委员会或机构外，经相关卫生行政部门委托产生的第三方评估机构也应在医养结合质量评价中发挥重要作用；在评价方式上不应拘泥于单一评价，评价机构应结合实际采用实地检查、资料查验、问卷调查相统一，重点抽查、随机抽查相结合的方式开展全面研究；在评估内容上，应将医养结合机构的软硬件条件、医养结合综合服务能力、服务质量及服务满意度有机融合，进行全面衡量。此外，应注重评估结果的及时反馈及档案留存，以促进基层“嵌入式”医养结合服务的不断优化。

**五、循序渐进，逐步提高医养结合服务针对性**

服务和需求相匹配是以基层为主导的嵌入式医养结合机构可持续发展的内在支撑。老年人由于身体素质、经济条件、家庭环境等的差异，其医养结合需求千差万别。因此，以基层为主导的嵌入式医养结合应该以服务对象的需求为导向，对服务内容及服务提供方式等进行细分，以提高服务的针对性和有效性。例如对身体健康状况较好、生活完全能自理的老年人，主要提供健康管理、文体娱乐、社会参与等服务；对罹患慢性病、生活自理能力不足的老年人，在提供基本生活照料服务的同时，需要开展日常用药、诊疗护理、康复保健等服务；对失能、高龄老年人，则需要提供包括安宁疗护、长期护理等在内的全方位服务。就服务提供方式而言，对行动不便的老年人，以“走进去”的上门服务为主；对白天缺乏人员照顾的独居老人，可以提供日间照料服务；对有特殊需求的老年人，则围绕其实际情况开展针对性、个性化服务。总而言之，不断适应老年人的个性化服务需求，缩小供需差距，是提高以基层为主导的嵌入式医养结合服务可接受性和满意度的有效途径。

### 六、优化基层医养结合养老专业化人才培养机制

作为基层医养结合专业人才培养的核心机构，高校等在构建专业化的医养结合人才培养模式时，应与养老服务行业、医养结合机构等的目标和要求相融合，不断完善教学内容与教学环节，丰富教学手段，提升专业人才的服务技能；同时，应对基层现有医养结合服务人才展开系统化、规范化、专业化的培训，不断提升他们在生活照料、诊疗护理、精神慰藉等方面的专业知识、服务技能及道德素养，并积极探索医养结合相关职业的资格认证制度与评价体系，优化职业环境，保证服务人员可以为老年人提供高质量的服务。通过多渠道培养与培训体系的构建，借助专业设置调整、订单定向培养、职业化教育等多种途径，在保证医养结合专业人才质量与水平的同时，缓解缺乏基层医养结合养老服务人员带来的压力。

## 第四节　疫情防控常态化背景下以基层为主导的嵌入式医养结合的发展趋势

经历了此次新冠肺炎疫情后，人们的思维方式、生活习惯、消费习惯等或将产生很大的变化，从医养结合工作的角度来看，社会中的长者群体无疑是最需要被关爱和关注的群体。随着年龄的增长，老年人身体机能逐渐减弱，代谢速度不断减慢，难以避免地面临着机体免疫力下降、罹患传染病的风险增加等问题，这就使医养结合工作面临着传染性疾病防控与养老的双重压力。

新形势下健康老龄化目标的最终实现，对医养结合提出了更为严峻的挑战，如何积极应对、精准定位、科学谋划，成为推动医养结合更快、更好发展的关键。新冠肺炎疫情在给养老行业带来诸多新的问题与挑战的同时，也为以基层为主导的嵌入式医养结合提供了新的机遇。

## 一、疫情防控常态化背景下养老服务面临的问题与挑战

### （一）疫情之下老年人成为社会最脆弱的群体

老年人群体由于自身身体机能下降，多种基础疾病缠身，传染性疾病感染的风险将会大大增加。虽然接种疫苗对防止重症和死亡的效果显著，但部分多种疾病缠身的老年人不适合疫苗接种。同时，疫情对于信息化的要求越来越高，数字时代让一切变得更方便的同时，也加速了不“触网”的老年人与时代的脱节，给老年人的生活、就医等带来诸多不便。这些问题都在一定程度上容易引发老年人的焦虑情绪，而精神慰藉与心理安慰的缺失更是会成为负面叠加因素，在疫情防控常态化背景下，老年人无疑会成为社会最脆弱的群体。

### （二）疫情防控常态化促使以公共健康为基础的医养综合服务需求增加

医养结合机构所提供的能满足老年人对于“医疗”的需求，一般包括面向社区普通老人的健康管理，如疾病预防知识的健康教育、疫情防控知识的宣讲、定期体格检查等；也包括了主要面向慢性病老人的疾病治疗、康复指导和危机干预等服务；同时还包含针对失能失智、术后需康复护理的老人开展的康复护理服务等。由于其身体机能的老化，多种慢性病共存，免疫力下降，老年人感染新冠肺炎后危重比例高，死亡风险大。因此，在疫情防控常态化背景之下，医养服务在全面康养需求满足的基础上，更应该侧重于以一级预防为主的公共卫生服务，以减少老年人感染传染性疾病的风险。所以，科学制定符合老年人实际情况的规律起居计划、给予充足的营养支持、引导老年人保持乐观心态、帮助老年人开展适量的运动或活动并做好紧急情况应对等工作，在疫情防控常态化阶段至关重要。只有将老年人疾病的预防与控

制纳入广泛的养老服务中考虑，强化老年人日常健康监测和保健工作，提高老年群体的免疫力，老年人的生命与健康才能得到有效的保护。

### （三）疫情防控常态化进一步催熟老年群体治未病的意识

疫情对人们生活的各方各面都产生了重大的影响，尤其是健康。如果说人口老龄化趋势和政策引导是大健康产业发展的最大动力，那么此次新冠肺炎疫情及其以后的常态化进程无疑成为进一步刺激大健康消费的催化剂，治未病的健康意识迅速被提升并普及。疫情改变的不仅仅是人们的生活方式，同样影响着人们的思维方式。疫情暴发以来，人们对于基本防护用品如口罩、消毒液、酒精等的需求激增，同时，人们尤其是老年群体在选购商品时也越来越关注商品是否带有守护健康、增强免疫力等的功能。因此，随着人们尤其是老年群体治未病意识的提升，未来全社会健康相关产品的消费支出将会进一步提高，国内大健康产业将迎来加速发展期。

### （四）疫情防控常态化对医养结合机构的突发事件应急处置能力提出更高要求

正如我们所知，慢性病患者尤其是老年慢性病患者成了此次突发公共卫生事件的易感人群。医养结合机构作为老年人这一特殊群体可能长期的生活居住地，机构中老年人和罹患慢性病的病人相对较多，人员比较密集，在应对诸多突发事件如突发重大疾病、突发传染性疾病时，稍有不慎，极易引发群死群伤等恶性事故。因此，对医养结合机构老年患者的早发现、早报告、早隔离等基础防疫处理，势必成为应对突发公共卫生事件的前哨和第一站。医养结合机构需要切实担负起疫情防控的主体责任，结合医养结合机构的实际制定切实可行的方案措施，将防控工作落实到医疗护理、管理服务的每一个岗位、每一个环节，坚决堵住一切可能导致疫情传播的漏洞。同时也要求医养结合机构的工作人员熟练掌握疫情防控技能和应急处置流程，确保出现突发情况时能快速正确应对。这无疑对医养结合机构突发事件的应急处置能力提出了更高的要求。

### （五）疫情防控常态化放大了农村地区医养结合工作的薄弱点

资源配置的失衡导致医养结合的发展在城乡之间呈现差异化，传染性疾病的防控、诊疗抑或是对应的养老服务工作，在基层尤其是农村都存在着诸多制约因素。虽然各级各类医养结合机构多设有医疗服务的区域，但是由于内部空间有限，很多医养结合机构尤其是农村医养结合机构，缺少新冠肺炎疫情防控所要求的单独设置的隔离观察区域。面临传染性疾病时（如新冠肺炎疫情），个别老人临时外出就诊需要返院或者暂时出现其他情况需要单独隔离时，很难找到适合的空间。在疫情防控需求之下，只能要求老年人在机构以外的其他场所集中隔离或居家隔离，老年人将无法得到有质量的照护和陪伴，甚至还有可能面临在外被感染的风险。同时，相对于城市而言，农村社区在资源供给上面临更为棘手的人员缺乏、设备不足、技术落后等问题，医疗服务水平及突发公共卫生事件应对能力明显滞后，突发传染性疾病的防控难度更大、疾病传播风险更高。疫情防控常态化在一定程度上更多地暴露了农村地区医养结合工作的薄弱点。

### （六）疫情防控常态化背景下养老服务行业持续运营压力增加

2020 年以来，新冠肺炎疫情对养老服务业所造成的影响，通过民政部 2020 年年底公布的数据即可显示，我国已建养老服务机构床位 429.1 万张，2020 年年底床位空置率高达 50%。[①] 造成这种情况的原因多样，从供给方的角度来说，客观条件的限制，在一定程度上“劝退”了部分需求方。养老服务机构内高龄、多病、住院、去世等原因造成减员的比例较高，但部分没有隔离条件的机构无法接收新入住老人，床位得不到补充，入住率下滑。同时需求方的主观态度也在发生变化。自 2020 年疫情发生以来，一些家属觉得探视不便，不愿让老人继续入住或新入院；部分能够自理的老人因长时间无法外出，会产生逆反心理，不愿继续入住养老机构，退院人员进一步增加。这些无疑都会增加养老行业的挑战，也增加了养老服务行业的运营成本。对于

---

① 李海楠. 养老托育市场正送走“寒冬”迎来“春天”［EB/OL］. 中国经济时报，2022-09-09.

养老行业而言，特别是民营养老机构，冲击格外严重。养老服务机构本身就属于微利行业，叠加疫情因素后，运转步履维艰，养老服务行业的持续运营受到严重考验。

## 二、以基层为主导的嵌入式医养结合养老服务模式迎来新机遇

疫情发生以后，老年人无论是选择社区养老、居家养老抑或机构养老等，其对于健康、护理等的新需求都有不同程度的激增，疫情之下的“医养结合”也不可避免地面临出行、就医等方面的影响，但同时，也为以基层为主导的医养结合的发挥优势提供了一个新的机遇与广阔的市场空间，具体体现在如下方面。

### （一）基层是分级诊疗制度下医养结合的主战场

我国在政策上推行的分级诊疗，是基于疾病的轻重缓急和治疗的难易程度而进行的分级，强调不同级别的医疗卫生机构在不同疾病诊疗活动中的作用，发挥所长，逐步推进医疗过程的“全科—专业”一体化。分级诊疗制度是新时期深化医药卫生体制改革的重要措施之一，其目的在于扭转现有不合理的“倒三角”医疗资源配置格局，通过基层医疗卫生机构基础性和关键性的作用发挥，盘活医疗卫生资源，提高资源使用效率，促进医药卫生事业长远健康发展。分级诊疗制度“基层首诊、双向转诊、急慢分治、上下联动”的内涵，意味着需要实现慢性病、常见病、多发病的基层首诊和转诊。基层医疗卫生机构的功能定位在于常见病与多发病的诊疗、基本公共卫生服务的提供以及双向转诊等，尤其强调对于诊断明确、病情稳定的慢性病患者、康复期患者、老年病患者等的服务提供，因此，基层无疑是分级诊疗制度下医养结合的主战场。随着人口年龄的增高、老年人数量的增多以及疫情的影响，老年人慢性病管理、康复治疗需求凸显。对于这些老年患者而言，一方面，占用稀缺医疗资源并无益处，且住院医疗费用高；另一方面，住进养老机构床位难求，找到有专业化、系统化老年病医疗服务的养老机构更是难上加难。因此，基层医疗卫生服务机构、城市社区等在对应的“医疗+养老”服务提供层面有很大的发展空间。

### （二）基层在养老服务领域的一线作用更为突出

由于老年人健康状况的特殊性及其对家庭、社区等的依恋性，“不离乡土、不离亲情”的就地养老已成为未来养老服务的重要发展趋势。以基层为主导的嵌入式养老，意味着老年人在离家很近的地方就能获得连续性、综合性的养老服务，其表现出的较高的可获得性和服务便捷性能更好地满足老年人的需求。目前，我国以社区为基本单元的基层社会治理，在内容上强调服务资源的基层下沉和社区辐射，在目的上则突出解决老年人养老问题，同时助推老年人成为基层治理新主角。现行体制机制下，人在退休后往往面临“单位人—社会人—社区人”的“断崖式”改变，原来所依托的工作环境及所拥有的人际关系、社会地位、薪酬待遇等均会有较大的变化，退休老人的日常活动需要更多依托所在社区及周边完成，这种对于社区的依赖性随着年龄的增加而日趋增长，尤其是失能、半失能、孤寡老人等，在疾病诊疗、生活照护、康复护理等方面对基层社区提出了更多更高的要求。诸多研究数据表明，在必不可少的诊疗护理和生活照顾之外，越来越多有活力、思想开放的老年人在发挥自身价值、提升生活品质方面有了更高更新的需求，如娱乐、社交、再就业、民主参与、再教育等。而现行的基层社区，无论是医疗护理层面的供给还是娱乐社交方面的服务，都存在一定的片面化、单一化，很难全面满足老年群体日趋多元、不断变化的养老服务需求，因此，以基层为主导的多元服务与资源的嵌入，在对接养老服务供需双方，打通“最后一公里”中的作用日益凸显。

我国在医养结合的实践工作中，形成了多种基层“嵌入式”医养结合模式，不同的嵌入形式优势突出且各具特色，以需求为导向分层、灵活地为不同受众提供匹配的医疗和养老服务，不断满足老年人差异化的医养需求，有效推动我国医养结合工作的探索与发展。疫情不可避免地影响老年人的日常生活、健康状况、精神状态等，老年人对于“15 分钟养老服务圈+老年友好型社区建设”等诉求的增加，更是彻底激活以基层为主导的嵌入式医养结合服务。健康理念融入社区、家庭成为行业共识，基层在养老服务行业中的一线地位与作用更为突出和显著。

### （三）基层主导更加符合分阶段养老要求

WHO 将老年人按年龄进行划分，60~74 岁为年轻老年人、75~89 岁为老年人、≥90 岁则为长寿老年人，这个标准兼顾了人类平均寿命不断延长的趋势和人类健康水平日益提高的必然结果，为大多数国家认可并使用。[①] 年龄的分层多对应健康状况的差异，面对不同的健康状况，老年人对医疗及养老相关服务的需求具有明显的差异性，一般而言，老年人的养老服务需求可以分为四个阶段。

第一阶段：健康活力阶段。一般指的是从退休到生活不能完全自理需要他人协助之前的阶段，这一阶段老年人的主要需求多集中于老年教育、老年就业、文化娱乐、旅游休闲、防衰老和健康管理等方面。

第二阶段：生活协助阶段。这一阶段主要是指老年人从生活不能完全自理需要他人协助，到中度失能（吃饭、洗澡、如厕、穿衣、走路、上下床，有 3 项及以上不正常，更严格准确地评定按老年人综合评估规范去评估）的时期，这一阶段老年人的主要需求集中于生活照料、医疗护理、健康管理、辅具用品和科技助老等方面的产品及服务。

第三阶段：卧床照顾阶段。这一阶段的老年人由于健康状况较差，属于坐轮椅和卧床的重度失能阶段，此时的医养结合对应的服务内容则需要安排专业人员或专业机构来进行。

第四阶段：生命关怀阶段。这一阶段属于生命晚期，需要对老年人开展安宁疗护、临终关怀等所对应的服务，如做好身体安康、情绪和心理安康、人际安康、心灵安康等全方位服务。

以基层主导的嵌入式医养结合服务，由于基层医疗服务机构、社区、就近的养老服务机构、康复护理机构以及社会力量等的多元嵌入，其所具备的专业性以及与老年群体的紧密联系性和熟悉性，更便于其对老年人的健康状况进行科学评估，以此为基础，结合老年人意愿及经济情况等，帮助老年人及其家庭选择不同级别的养老模式，有针对性地结合老年人所处的不同阶段

① WHO2020 最新年龄划分标准，重新定义自己的年纪［EB/OL］. 大连养老网.

开展有效服务，更好地满足老年群体多层次、多样化的医疗与养老等的服务需求。

### （四）基层是老年长期照护保险制度推行的主战场

长期照护是指为失能患者（包括失动、失智、失禁、失盲和失聪等）提供不同程度的照护服务，使其具有自尊、自主及独立性地享受有品质的生活，而老年人则构成此类人群中的绝大多数。基于失能老人的特殊状态，长期照护不仅包括正规和长期的饮食起居、个人清洁等基本生活照料服务，还包括对患有各种疾病老年人的日常用药、康复治疗、急诊急救等。与其他服务不同，正规与专业性、时间长期性、服务连续性以及保健与生活照料的综合性等是长期照护最显著的特点。这是因为，处于此阶段的照护对象主要为长期处于残疾和失能状况的老人，他们日常生活状态的维持仅靠单一的、非专业的家庭照料是远远不够的。长期照护所能提供的延伸性、专业化的服务覆盖了包括日常生活、医疗保健在内的诸多服务，其具体内容主要包括医疗护理服务、个人卫生服务、营养服务、日常活动以及家务服务等多项连续性的服务，且服务要持续很长时间，甚至无限期。

如前所述，失能老人的特殊生活状态意味着他们有着较高的长期生活照料、医疗康复等需求，但由于收入来源途径单一、收入水平有限等原因，这些需求的满足受到一定的限制，因此，老年人有效需求释放缓慢成为中国老龄产业发展过程中的一个普遍问题。为进一步提高老年人的服务购买能力、不断满足老年人的多元养老需求，一些发达国家和地区着手长期护理保险制度的不断探索与实践，在为失能老人提供护理保障和经济补偿方面发挥了巨大的作用。因此，各个地方在探索医养结合服务模式的时候，都在不同程度地着手构建长期照护保险制度。在长期照护险推行的进程中，基层的“网格化”发挥着不可替代的优势。一方面，以基层为主导，可以有效深入群众，开展长期照护保险政策宣传，并手把手指导失能人员家属准备失能评估申请材料。通过“网格化”的社区单元管理，在有效提高居民长期护理险政策知晓率的基础上，推动政策的有效落地。另一方面，以基层为主导有利于整合镇（街道）、村（社区）等的工作力量，充分发挥“就近”优势，对区域内失能（失智）老年人开展定期或不定期的服务质量检查，关注老年人服务需求变化，并及时向经办机构及服务提供人员进行反馈，确保长期护理险制度推行的有效性、实用性和高效率。基层成为长期照护保险服务的主战场，可以实现满足服务更精准、照护流程更科学、失能人员更便捷的要求，真正打通群众办事“最后一公里”。

### （五）以基层为主导的嵌入式医养结合机构更能发挥其小规模、多功能优势

“小规模多功能养老”是国外一些国家积极倡导的养老服务类型，其特点表现为“小规模”“多功能”及“就近护理”。“小规模”是指服务设施的容纳量小，占地面积多为150~300平方米，能够接收的人员数量多在30人左右，如日本“小规模多功能型居宅护理”设施的利用者人数不超过25人。“多功能”的特点表现为服务提供内容的多样化，不仅包括日间照料，还包括上门服务、夜间短期住宿等特殊照料服务。“就近护理”则体现在设施的分布上，这类养老服务的供给一般分布在社区及其周边，在服务提供的过程中，可以充分发挥社区所具备的“就近”“关系紧密”等特点。虽然小规模多功能养老设施并不具备雄厚的专业护理实力，但是能使老人在做熟悉的社区内、熟识的邻里人际关系中，既获得原有生活状态的延续又享有24小时的个性化护理服务。以基层为主导的嵌入式医养结合机构所具备的本土化特征，充分体现了小规模、多功能的优势，这类机构主要围绕街道、社区等“老年人生活圈”开展对应的嵌入式服务，通过新建和资源整合，优化适老健康支持环境、适老生活服务环境、敬老社会文化环境。此类型的机构扎根基层，通过社区卫生服务中心（站）、乡镇卫生院、毗邻的医疗及养老机构、街道等更多社区功能的引入，形成医疗、看护、照料、康复等多种功能设施相互独立又互相联系的有机整体，其最大目的是尽可能帮助老年人恢复自立的日常生活，老人可以根据自身需求选择机构入住、日间照护以及上门居家护理等，实现在熟悉的社区及环境之下接受日常照料及机能康复训练等。

### （六）以基层为主导的嵌入式医养结合成为推动健康社区建设的重要途径

健康社区是指通过社区中的所有组织和个人共同促进社区达到整体健康

状态，主要包括社区健康政策、健康管理、健康环境和健康人群。健康社区概念最早被定义为通过各组织协作，能够有效提高居民个体健康水平的社区。此后，其内涵经历四个方面的拓展与延伸。一是健康理念多维化。现代健康概念的不断发展推动了健康社区的理念更新，“身体+心理+社会适应+道德”的四维健康理念赋予了健康社区更多的内涵。二是健康管理社区化。健康个人与健康社区密不可分，个人的健康能有效促进健康社区的建立与发展，而社区内的医疗与养老服务的供给能力则是个人健康的保障与基础，两者之间的共生共荣推动社会对于健康的关注逐渐从个人延伸到组织和社区。三是健康主体多样化。人群健康的维护是一个系统工程，其影响因素涵盖社会、经济、环境、个体等多个方面，因此，健康社区的建设是一个政府主导、社区内外协同、居民主动参与的多主体联合治理过程。四是健康风险应对主动化。后疫情时代所面临的多重考验，意味着健康社区的建设无论是规划设计还是建设实施，都应将平灾结合理念纳入其中，着力提升社区的风险防范和灾情应对能力。这一系列内涵的丰富与拓展意味着全社会力量、全员参与在系统解决社区的健康问题，维护和促进社区成员尤其是老年人的健康层面的作用。以基层为主导的嵌入式医养结合模式以整体治理理论为依据，通过搭建社会健康支持系统这一平台，倡导政府、医疗卫生机构、养老服务机构、社区、企业及社会团体等的共同参与和协同合作，有效促使包括老年人在内的社区居民真正参与健康服务与管理，打破医疗与养老服务的藩篱，日趋成为建设可持续发展的健康社区的重要路径。

### （七）依托基层的“互联网+”医养结合或将未来的发展主流

“互联网+”医养结合是信息化社会的一种新型医养结合模式，是居家养老与智慧养老的有机结合，与其他养老方式相比，它能及时传递老年人的服务需求和风险信号，并提供个性化服务，后疫情时代面临着更多医疗与养老层面的不确定性，基层在医养结合服务提供过程中具备鲜明突出的及时、便捷、经济等特点，“互联网+”在一定程度上还可以弥补传统养老方式下基层人力资源相对不足的缺陷，自下而上地延伸人工养老服务的能力。因此，以基层为主导的医养结合型养老服务能更为高效地发挥智慧医疗的作用。同时，

“互联网+”在提升基层医务工作者、护理人员等的服务能力与服务水平层面也发挥着更为有利的提升作用。通过互联网，基层医务工作者可以更为便捷地将老年病人的病例、检查、化验结果等，推送给上级医疗机构的专业人员，为老年病人寻求更好的治疗方案。从长远来看，在“互联网+”推动下，移动设备等的使用将单个个体的信息集合起来形成了大范围的信息资源库，有效实现了数据的全面共享。由此可见，依托基层的“互联网+”医养结合或将成为未来养老服务的发展主流。

（八）实现社会效益的最大化

社会效益指的是最大限度地利用有限的资源满足人们日益增长的物质文化需求。医养结合领域内的社会效益最大化强调在为老年群体提供医养结合服务的过程中，合理利用有限的医疗保健资源，优质、低耗、高效地提供服务和产品，最大限度地提高老年群体的整体健康水平和生命质量。生命只有一次，社会效益最大化必然应该成为所有组织、机构实施嵌入式医养结合模式的工作目标和行为归属。如前所述，良好的基层为主导的嵌入式医养结合具备就地养老的本土性、供给与需求的多元性、资源的整合性、服务的连续性与可及性等特征，其在提供融医疗、康复、保健、养生、养老等“医养一体化”服务的过程中，将现有的基层医疗、养老、社区等机构及其相关人员的功能进行有效结合，实现了社会资源的有效、充分利用，确保了社会效益的最大化。

此次疫情可以说是养老行业未来很好的投资和发展机遇。以基层为主导的医养结合行动步伐将加快，养老服务业线上线下融合发展将提速，特别是以基层为主导的嵌入式医养结合及其产业发展将迎来黄金期。

# 第四章　以基层为主导的嵌入式医养结合人才培养

治国经邦，人才为急。人才在医养结合养老发展中具有重要地位与意义，是政府和业界的共识，在政府发布的有关医养结合的诸多文件中，都会有专门章节论及人才队伍建设问题。《积极应对人口老龄化的研究报告（2020）》中提到，医养结合人才，即适应医养结合养老模式需求、从事医养结合养老服务的人才的统称，包括多个职业类别，主要涉及老年医学、健康管理、康复、护理、营养、心理及社会工作等。作为提供医养结合服务的核心，在一线从事面对面医疗、康复、养老等工作的基层医养结合人才在提升老年人照护质量和健康水平、积极应对老龄化等方面发挥着不可替代的作用。人才培养是长链条的工作，一个新领域人才的大量供应，非短期内可以实现，更需要尽可能早地构建规范、科学的医养结合人才的专业培养体系、职业标准体系和职业管理成长体系等。

# 第一节　医养结合人才的基本概念界定

## 一、医养结合人才基础概念

### （一）人力资源

1. 人力资源定义

人力资源，又称劳动力资源或劳动力，是指能够推动整个经济和社会发展、具有智力劳动能力和体力劳动能力的人们的总和。在诸多能够满足人类需要并可以为人类开发利用的资源如人力、物力、财力、信息、技术等资源中，人力资源往往被认为是最活跃、最宝贵、可以迅速转化为其他资源的第一资源。

2. 人力资源的特征

（1）主观能动性

人力资源的主观能动性，强调和突出人的主观意识和实践活动对于客观世界的能动作用。与其他资源相比，人力资源既能够积极主动地认识客观世界，也可以在意识的指导下有目的地对客观世界进行改造。在医养结合领域内，人力资源的主观能动性一方面表现为人们能够结合自身条件及意愿，有目的地选择适合自己的职业和工作岗位，主动实现为老年人提供健康服务的目标；另一方面还表现为可激发性，即在匹配的收入、良好的职业发展前景、对等的工作条件、适当开发与培训以及社会的认可与尊重等各种激励因素的综合作用下，人们的积极性与工作热忱可以被激发，从而更好地实现高质量医养结合服务的有效供给，推动社会和经济发展。因此，人力资源的主观能动性也被认为是区别于其他资源的最根本特征。

（2）时效性

人力资源的形成与开发、使用与退出都具有明显的时间制约性，具体而言，医养结合领域内人力资源的时效性表现为两个方面：其一，人在整个生命周期中经历着发育、成熟、渐衰和衰老四个不同时期，其间所能产生的社会价值显然不同，基于个体在医养结合相关工作领域及其对应岗位中的变化，人力资源的使用同样也要经历经验积累期、能力上升期、最佳使用期、能力下降期以及淘汰期等不同的时期，在这些不同时期，人力资源所表现出的可利用程度具有较大的差异，这也就意味着务必做好新老员工的更替及职业生涯规划管理，以避免医养结合相关人才的短缺与断层。其二，当今世界日新月异、瞬息万变，知识体系的迭代更新更是疾如旋踵，因此，人力资源的时效性也应表现在知识更新、终身学习之中。如我们所知，医养结合服务具有较强的实践性和需求变化性，这就意味着人力资源只有将其所具备的知识与技能不断应用于医养服务中，才能得以更新和强化，才能更好地满足时代与社会的需求。

（3）双重性

人力资源的双重性是指人力资源既具有生产性，又具有消费性。作为物质与精神财富的创造者，人力资源对组织的生存与发展具有至关重要的作用；同时作为消费者，人力资源为维持自身的生存与发展，必然需要消耗一定的物质财富。这也就意味着，要满足医养结合机构的有序长存及老年人群的多元养老服务需求，在充分利用医养结合相关从业人员提供服务的同时，满足其自身发展所需的物质及精神资源供给，必然是医养结合相关从业人员服务提供积极性的重要保证。

（4）再生性

人力资源对使用过程中所出现的消耗与磨损，能够进行及时的更新、补充与恢复，被称为人力资源的再生性。人力资源损耗一方面包含了生物学规律上的自然磨损，如个体由于疲劳、疾病、衰老等原因导致的工作效率降低；另一方面，则表现为社会发展和科技进步等原因所致的个人知识水平、技能经验等的相对落后。不管是自然损耗还是无形磨损，都在一定程度上导致人力资源劳动能力的下降。但与此同时，人力资源可以通过不同形式积极应对和延缓不同损耗的发生与发展，如通过积极锻炼、医疗保健等缓解疲劳、保持健康，以积极方式应对自然损耗；也可以通过不断学习充实自我，增加自身的人力资源价值，以抵消或避免无形损耗。医养结合服务领域内的人力资源同样具有再生性特征，这也就意味着，组织内的有效培训、及时医疗等也是应对医养结合人员短缺、能力不足等问题的有效策略与途径。

（5）社会性

人是社会人，人类活动是群体性行为，人力资源还表现为显著的社会性。人力资源的社会性体现在三个层面：其一，人力资源社会性的客观基础体现在社会分工体系之中，在宏观层面上表现为人力资源的规划、培训与使用等依赖于社会，在微观层面上则表现为个体参与具体社会活动中的不同劳动分工。其二，作为生活在社会与群体之中的个体，包括医养结合从业人员在内的人力资源，在其服务提供过程中，无可避免地要面临与服务利用方之间的沟通与协调。无论是服务提供方还是服务利用方，个体所具有的不同的价值观无疑会影响个体在社会活动中的行为表现，因此，如何有效实现供需双方在个人需求层面上的契合，必然成为影响医养结合服务质量的重要因素。其三，中国地大物博，各地区域经济、社会环境及人口特征等各不相同，所面临的主要养老问题各异，对于医养结合人力资源的需求也存在一定的区别。这一社会性特征的体现，表明培养与开发需要适合当地养老服务需求的医养结合人才队伍，是医养结合人力资源可持续发展的重要内容。

（6）有限性

当然，任何领域内的人力资源都存在质和量的区别与差异，它的开发和使用是有条件的，人们只能在自身的生理条件和社会环境所许可的范围内才能形成、发展和运用自身的体力与脑力资源，这也就意味着人力资源只能在一定的条件下形成，只能以一定的规模加以利用，这也就是人力资源的有限性。但同时人力资源又是可以被无限开发的资源，人力资源的有限性在一定程度上都来自人们的潜能开发程度与人力资源实际潜能的不匹配，因此，实现人力资源的有效开发与利用、充分发挥人力资源的潜能，是应对人力资源有限性的关键。

### （二）医养结合人力资源及医养结合人才

医养结合人力资源即适合养老模式需求、从事医养结合养老服务的人力资源的统称。人力资源中能力和素质较高的劳动者称为人才，他们是具有一定的专业知识或专门技能，进行创造性劳动并对社会做出贡献的人。目前，学者们在广泛研究的基础上，日趋形成对医养结合人才普遍一致的认知。现有医养结合人才的定义主要是基于服务提供内容的界定，一般认为，医养结合人才是“具有医疗护理知识与技能，同时可以对老年人提供身体保健护理、生活照料、康复护理、养生指导、营养指导、心理治疗与疏导等服务的专业人才”，是在医养结合机构从事医养服务的专业技术人才和管理人才的总称。

一般而言，医养结合人才有两个层次：一是普通服务人员，二是医养结合专业人才。医养结合专业人才中的“医”，并非单纯地针对当下以临床为指向的医生和护士，从技术水平上说，更多侧重于比现有专科医生的技术能力略低但知识结构更宽一些的专业技术人员；医养结合专业人才中的“养”，则强调其不仅仅掌握生活照料方面的技能，还应包括康复护理、健康管理、营养膳食等方面的知识和技能。广义上对于医养结合人才的外延拓展，则涉及从事医养结合养老管理、技术研发的人才以及医养产业的诸多利益相关者，如志愿者、家属、社区邻里的人员等。当前，国家虽然没有明文规定医养结合机构人才职业目录，但从相关医养结合机构设置标准对人员的要求中可以看出，医生（中西医）、护士、护理员、康复师、健康管理师、社会工作者、营养师、药师、技师等均是医养结合紧缺人才。

## 二、医养结合人才涉及的专业领域

按照目前对于医养结合专业人才的基本界定，该类人才至少涵盖如下专业范围。

### （一）医养结合型护理专业人才

护理学是以维护、促进和恢复人的健康为核心的一门重要的应用性学科，其领域内的专业技能人员更是健康中国目标实现的中坚力量。随着整体护理工作模式的提出及医养结合工作的不断推进，护理人员的工作范围不断扩大和延伸，社区与家庭也日趋成为护理服务的主战场。因此，多维度、广路径培养高质量护理人才，无疑成为医养结合养老服务高效推进的保障。同时，医养结合背景下，“护理+老年医学+康复+营养+心理+社会工作”的养老需求，更需要拓宽护理专业人才培养思路，改革人才培养模式，推进以需求为导向的“宽口径、应用型、复合型”高素质护理人才的培养。毋庸置疑，医养结合复合型护理人才的培养及其职业化是实现“老有所养”的重要路径，对中国迎接人口老龄化的挑战至关重要。

1. 医养结合型护理人才性质界定

医养结合型护理专业人才，既不同于主要承担住院病人护理工作的医疗机构老年病房护士，也不同于虽然具备一定护理技术和临床专业知识但职业能力有较大差异的养老机构的护理员，更不同于侧重生活护理、健康宣教等基础护理的养老机构中的社区护士。医养结合型护理专业人才需要具备更为综合和更为全面的护理专业素质，为老年人提供专业的医疗、照护等服务。

根据现代医学模式的要求，在医养结合服务模式下，专业护理人员所发挥的作用不仅体现于老年人的日常生活照顾中，还体现于老年人所关注的保健养生、疾病预防以及疾病的诊断治疗、康复护理等专业化的服务之中。老年人多元化、与日俱增的养老服务需求对医养结合型护理人员提出了更高、更复杂、更专业的职业要求。

2. 医养结合型护理专业人才培养目标及服务面向

医养结合型护理专业人才要掌握丰富的基础医学、预防保健、护理及人文生命关怀基本理论与知识，具备熟练的健康评估技巧，有准确的判断力、有效的沟通能力以及解决实际问题的能力，能够独立进行常见疾病的健康教育和卫生保健指导，具有规范开展突发事件、急危重症的应急救护能力；同时承担起医养结合服务评估者、护理计划的制订者与修订者、管理者、指导者、沟通协调者、服务效果评价者等的诸多角色。

医养结合型护理专业人才的培养主要面向为各级医疗卫生机构从事临床护理工作或是在社区养老机构、医养结合机构、医院及其他卫生机构中从事护理工作等。

### （二）医养结合老年医学专业人才

1. 老年医学专业的基本界定

随着现代医学科学的进步，人们对生命、健康的认识不断深入，人类平均寿命日益延长，人口老龄化成了世界性趋势，与之而来的老年人的医疗、保健问题也越来越突出。中国逐步进入老龄化社会以后，老年病患已经成为医院服务的主要对象，老年疾病在临床表现、诊断、治疗和预防保健上的典型特点，意味着其服务的专业性与针对性。随着对老年医养结合的重视，老年医学专业发展迅速，各级医院纷纷增设老年病科，再加上各类医养结合机构的不断增加，老年医学专业人员的需求越来越大。

老年医学既是老年学的一个分支，也是医学科学的一个重要组成部分。它是研究人类衰老的机制、人体老年性变化的规律、老年疾病的防治特点以及老年社会医学、老年心理学等的一个专业学科。老年医学研究范围广，包括老年基础医学、老年临床医学、老年流行病学、老年预防医学（含老年保健）及老年社会医学等。老年医学是以老年综合评估、多学科团队协作、中长期照护联网为特点的一门学科，它所能发挥的老年疾病预防与治疗、机体功能的维持与恢复等作用，在提高老年人生活品质层面无可替代。

2. 老年医学的发展现状

老年医学作为独立的新型学科，起源于20世纪初的美国，经过快速发展，目前已成为世界各国积极应对社会老龄化的有力工具。老年医学的服务特点是多学科联合工作，世界各国老年医学专业人员包括老年医学专科医护人员、全科医生，营养、康复、心理、社会工作者以及相关业务管理等方面的人才。虽然人才覆盖范围广泛，但关键的人才仍然是老年医学专科的医护人员，即医生、护士、养老护理员。目前我国老年医学专业人才的培养主要依托本专科及研究生教育，如本专科护理专业的老年护理方向、临床医学专业的老年医学方向、老年医学专业硕士研究生教育，也包含养老护理员等的培养与培训等。

3. 医养结合型老年医学专业人才培养目标及服务面向

不同层次的专业人才培养目标具有较大差异。职业院校及本科院校护理专业中的老年护理方向，在人才培养中侧重于对现代护理专业知识与技能、老年人生理与心理特征及护理需求等的掌握，专业学生需要具备护理操作技能、人际沟通能力、良好职业道德素质等，主要为各级各类医养结合养老机构的护理岗位培养能够从事老年健康与疾病照护等工作的高素质技术技能人才。临床医学（老年医学方向）本科人才培养的目标一般是培养其掌握基础医学、临床医学基础理论、基本知识和基本技能，具有较深厚的医学人文素养，使其具备初步临床能力和良好的职业素质，能够从事医疗卫生服务（尤其是老年医疗、保健、康复等）工作的高素质应用型医学人才。在老年医学硕士研究生的培养中，更侧重于对广泛医学专业基础知识与技能的要求，以及老年医学专业知识的熟练掌握与运用，当然，高层次人才培养还包含在对应研究方向下，独立的科学研究能力、独立承担专门技术工作的能力以及严谨的科学态度、实事求是的作风等的培养。

不管哪个层次的老年医学专业人才培养，在现有医养结合的背景下，都应在人才培养体系、模式以及课程设置等方面，加深对老年医学“全人管理、个体化诊疗”理念的认知。

### （三）医养结合型康复类专业人才

随着年龄增长，老年人不可避免地要面临随之而来的疾病及各个方面的功能障碍，以科学预防、功能训练、调节补偿等为主的康复，对老年人尤其是残疾老年人而言必不可少。因此，医养结合领域内康复类专业人才的培养与开发，对养老服务品质的提升必然发挥着重要作用。

1. 康复类相关专业的分类

在国外，康复医学专业所需要的人才多指康复治疗师，他们具备丰富的基础医学和临床医学知识的同时，还掌握康复治疗领域内的专业知识。在美国、日本等国家，各大综合院校多设立了康复相关的学科及专业，如言语听觉治疗、视力治疗、物理治疗及假肢矫形等，并构建全面的康复培训制度及标准，以确保康复服务的高质量和规范化；在康复医学教育层次上包含专科、本科、硕士和博士，以及继续教育培养等。

我国有关康复医学专业人才培养的院校主要力量为高职高专院校，其次是省属本科院校，中央部属本科院校以及“双一流”建设高校相对比较缺乏。在职业教育方面，康复治疗类专业包括康复治疗技术、康复辅助器具技术、言语听觉康复技术。康复治疗技术主要研究基础医学、康复医学、康复治疗学等方面的基本知识和技能，专业人才主要在医院康复医学科、康复中心、疗养院等从事康复治疗和康复管理等工作。康复辅助器具技术主要研究人体解剖学、人体运动学、辅助器具适配评估等方面的基本知识和技能，面向残疾人、老年人和伤病人进行辅助器具的评估适配与使用指导等。言语听觉康复技术主要研究听力检测与康复、语言障碍康复与治疗等方面的基本知识和技能，专业人才主要在康复机构、特殊教育学校、养老院、福利院等进行听力障碍和言语障碍的康复治疗等。在本科教育层面，康复类专业属于医学技术类，包括康复治疗学、康复物理治疗、康复作业治疗、听力与言语康复学等。

2. 医养结合型康复类相关专业的人才培养目标及服务面向

医养结合型康复类相关专业的人才培养目标，多侧重于培养融康复、医疗、预防、保健等能力为一体的，面向卫生和社会工作等行业的实用型、技能型专业人才。经过系统学习，毕业生在牢固掌握中西医康复治疗相关专业知识的基础上，具有良好职业素质、人际交往与沟通能力，能够从事临床康复、社区康复和健康保健等工作。专业人才的培养主要面向医院康复医学科、专科康复医院（中心）、工伤康复中心、疗养院、社区医疗机构康复部（社区康复站）等各级各类医疗、卫生、康复、保健及医养结合相关机构。

我国康复治疗相关专业人员数量严重不足，对标国际，目前我国康复医师人数比例仅为 0.4 医师/10 万人，远远低于发达国家 30~70 医师/10 万人的标准。① 因此，按照我国“医养结合”的发展实际，应根据区域需求，进一步加大康复类人才的多元化培养力度，构建符合老年人实际需求的康复类专业人才培养模式。

### （四）医养结合型老年服务与管理专业人才

老年服务与管理专业作为增加老年人健康与医疗服务内容、满足老年人医疗与养老多元需求的专业之一，是由长沙民政职业技术学院于 1999 年在全国率先创办的。长沙民政职业技术学院开设的该专业是国内同类专业中办学时间最早、规模最大、成果最多的专业，该学院也是全国养老服务类专业示

① 我国康复医疗行业发展背景及供需现状分析行业仍处于初级发展阶段［EB/OL］. 观研报告网，2022-11-10.

范点和教育部首批现代学徒制人才培养模式改革试点单位，被业内誉为“中国养老服务人才培养的黄埔军校”。老年服务与管理专业发展至今已有 20 余年的历程，现有 100 余所学校开设该专业，开设学校以职业院校为主。① 作为服务于“健康养老”战略的老年服务与管理专业，在满足医养结合人才培养需求、适应我国养老服务业升级转型上，发挥着非常重要和关键的支撑作用。

1. 医养结合型老年服务与管理专业的人才培养目标

在现有医养结合的理念下，老年服务与管理的专业定位及人才培养目标应为培养医学与养老知识和技术相融合的“善服务、懂管理”的高级技术应用型专门人才。因此，医养结合型老年服务与管理专业人才培养的重心在于构建全面体现医养结合理论与实践内容的教学体系。这就需要在课程设置上既能充分体现医、康、养、护等基础知识的重要性，又能体现实践能力的行业适用性和灵活性；在师资配备上应引进与培养并举，充分挖掘行业师资资源优势，在互补中形成合力；在教学模式上守正出奇，积极探索既符合校院及养老服务市场需求又体现特色和针对性的教学活动范式。通过医养结合理念的全面渗透，提升医养结合型老年服务与管理专业学生的岗位适应能力，更好地满足老年人的医养结合服务需求。

2. 医养结合型老年服务与管理的人才服务面向

医养结合型老年服务与管理的专业人才主要面向医养结合机构、社区居家养老服务机构、各级各类的养老服务行业等，培养“老年医学+管理学+健康管理”的复合型专业管理人才。不同服务面向对相关人才的知识、技能等要求略有不同，对社会办养老机构如老年护理院、老年公寓等而言，人才培养应侧重于老年人健康管理、生活照护、医疗康复护理等层面的职业技能和管理能力；面向医疗机构内老年护理、老年康复中心等，相关专业人员在老年人医疗、康复、心理等方面的照护服务技能是其培养重点；在社区居家养老服务机构如社区日间照料中心、社区服务中心等，医养结合型老年服务与管理人才需要在掌握老年人健康管理、生活照护、康复护理等技能的同时，还要拥有一定的老年社会工作能力；而对适老用品的生产、销售等机构而言，

① 杨根来，曹雅娟．养老专业人才紧缺困境如何破解［EB/OL］．中国教育新闻网，2020-04-07.

更多强调相关从业人员的管理、设计、生产、销售和服务等能力的培养；当然，面对各级各类养老服务行业及岗位，能够熟练掌握现代化信息技术，具备老龄产业及产品开发与管理能力、老年人文体娱乐活动的组织策划能力、医养结合相关人才的培训指导能力等，也是医养结合型老年服务与管理专业人才必备的职业素养与技能。

### （五）医养结合型老年社会工作者

作为社会工作形式之一的老年社会工作，是人口老龄化背景下应运而生的一种专业服务活动。一般而言，老年社会工作以社会工作的理论和方法为指导，其服务对象为由于各种原因暂时丧失社会功能的老年人，在服务内容上则包含健康促进、生活服务、心理疏导、社会救助、社会支持及其他老年群体遭遇或面临的实际问题，其目的在于帮助老年人解决实际困难，满足老年人需求，提高老年人生活质量。医养结合服务模式打破了养老服务系统和医疗服务系统各自孤立的现状，实现了养老机构、医疗机构、社区和家庭等多部门相关资源整合的效用最大化。医师、护工、社工等逐渐趋于形成一个跨领域的专业合作团队。在医疗、护理、康复方面，专业的医护工作者及技术人员发挥着巨大的优势。但老人需要的不仅仅是身体上的健康和舒适，更需要耐心陪伴、仔细倾听、心理抚慰等一系列精神上的需求，这势必对医养结合机构提出更高的要求。当医养结合机构并不能兼顾这些时，具有这些专业技能的社会工作者，无疑是具有独特的优势的。社会工作者通过对入住老年人的查房、与老年人面对面交流、对老年人嘘寒问暖，以及对他们的身体、心理健康情况的及时掌握，起到了对老年人健康守护、促进工作衔接的作用。社会工作专业人员在养老等方面，既可以为需要的老年人提供专业的服务，同时还可以为机构丰富服务方案，完善机构的养老服务内容。

老年社会工作专业作为社会学类的主要专业方向之一，立足于社会需求，旨在培养具备“以人为本、助人自助、公平正义”的专业价值观，具有扎实的理论基础，能熟练运用社会工作知识与方法，开展社会服务、社区服务与管理、社会评估与监督等工作的应用型人才，其在辅助实现医养结合相关机构的社会工作服务与社会福利管理等方面，起到了非常重要的补充和衔接作用。

在广泛意义的医养结合相关专业人才界定中，还包含健康服务与管理专业（老年服务与管理方向）、公共事业管理专业（老年医养方向）等。这些专业在为医养结合相关专业人才培养与供给层面，均发挥着重要的支撑与补充作用。

## 第二节　以基层为主导的嵌入式医养结合人才培养的必要性

医养结合有效推进的关键是人才，养老事业更是离不开医养专业人才。老龄化程度的日趋严重对医养结合人才数量与质量供给层面提出了更高要求，而基层本身所具有的特殊性更是加深了医养结合人才供需之间的矛盾，因此，以基层为主导的嵌入式医养结合服务对于医养结合人才的需求更是迫在眉睫。

### 一、人口老龄化迫切需要完善人才培养体制

《中华人民共和国2019年国民经济和社会发展统计公报》显示，目前全国大约有4400万失能、半失能老人需要专业的照护服务。① 失能、失智和高龄老人的养老问题给家庭和社会带来了巨大的压力。大量资料显示，很多80岁以上的老人，生活照料方面存在问题，对于医疗的需求尤其是慢性病管理尤为突出。虽然在现有的政策支持和理论指导之下，医养结合在实践层面取得一定成效，但整体而言，医与养分离的情况仍然普遍存在。部分养老机构虽配备了少数医护人员，但由于其数量不足、职称学历不高、服务能力有限等，在满足老年人日趋增长的多元服务需求上，仍显得力不从心，医养结合领域内专业化服务人员的供需鸿沟较为明显。

人才是社会进步、组织发展的核心，更是医养结合有效推进的中坚力量。相对于我国人口老龄化的快速发展，医养结合专业人才队伍的培养较为滞后，

① 朱延生．国家卫健委：聚焦精准识别、照顾好4400万的失能、半失能老年人刚需［EB/OL］．大众网，2019-05-08.

现有服务于养老事业的相关人才，服务范围多集中于日常生活照料，在应对老年人复杂的医疗、康复、精神慰藉、文体娱乐等需求时多表现得无能为力，普遍存在难以满足机构内老年人多层次、全方位服务的情况。原有医养结合相关人才培养途径自由化程度较高，缺乏市场需求针对性，使得人才培养在课程设置、教育教学模式、培养体系构建等诸多方面缺少系统性和规范化，对应人才培养的针对性和灵活性也不足。这在一定程度上会导致学生部分知识"学无所用"，不仅影响养老服务需求的满足和社会的发展，也不利于学生专业技能的应用与提升。对此，需要在不断的探索中，加强医养结合人才培养相关模式、规范标准、政策支持等方面的体系化建设，让老年人真正能够享受医养结合"一站式"的便捷服务。

## 二、医养结合人才在数量和质量上供需不平衡

### （一）医养结合服务队伍中专业人员匮乏，服务质量满意度不高

医养结合强调"医"与"养"的有机融合，"医"主要针对疾病的诊疗，涵盖有关检查、健康评估、诊断治疗、康复护理、重大疾病的早期干预等，为老年人身体机能的保持或恢复提供技术支撑；"养"则是为保证老年人的正常生活而提供的如助餐、助洁、助浴、助医等一系列生活照料服务。医养结合服务内容的界定对医养结合服务人才提出了明确的能力要求，这类既不同于一般医护人员又区别于传统服务人员的专业人才，在养老服务领域内一般定义为"在老年人的诊疗护理、康复保健、医学急救、精神慰藉等方面具有丰富的理论知识和一定技能水平的养老服务人员队伍"。受制于现有人才培养体系机制的不完善、行业领域内社会认可程度低等诸多不良因素，目前医养结合服务专业人才短缺、服务能力不足、人才流动性高等问题仍然较为突出。据初步估算，我国约需老年相关科室医师 100 万名，其中老年医学科医师至少 2 万名；注册护士至少 160 万名，其中老年医学科至少 3 万名；康复治疗师、护理员各需要近 400 万名以上。[①] 诸多研究结果表明，医、康、养、护等

① 张要茹，金真．我国医养结合人才队伍建设分析［J］．人口与计划生育，2018（12）．

相关人员的专业化程度偏低是导致老年人对相关服务满意度不高的核心要素，也是导致机构入住率低的重要原因之一。[①] 有资料表明，我国现有养老护理员以女性为主，多来自家庭妇女和下岗工人，年龄普遍集中于36~65岁，绝大多数文化程度为高中以下，这些人群普遍缺乏专业的、规范的职业技能培训，其专业知识匮乏，服务质量参差不齐，很难实现老年人对于医与养多方面、多层次、高质量的服务需求。因此，医养结合人才的专业化程度提升是推进医养结合机构高效运行、促进医养深度融合的重中之重，医养结合专业人才的规模化、职业化、规范化培养势在必行。

近年来，我国护士数量以每年几十万人的速度增加。截至2020年年底，全国注册护士数量达到470万，较十年前中国的护士数量增加了一倍以上。[②] 然而医护比、每千人口护理人数，在世界各国中近乎倒数。从功能定位而言，护士人员是全方位、全生命周期医疗服务的重要提供者，医护比例是一个国家或地区医疗保障水平的直接体现，不仅是影响人民群众健康福祉的重要指标，更能在很大程度上影响健康老龄化时代使命的顺利达成。早在十几年前，英国、德国、泰国、日本等国医护比例都已经超过了1∶4，芬兰、加拿大等国的医护比例甚至超过1∶6。而在中国，直到2014年开始，曾经长久以来医护数量倒置的局面才得以扭转。到了2020年年底，这一数字才达到1∶1.15，如图2所示。此外，从每千人拥有护士数来看，欧盟制定的基本标准为8人以上。而2018年世界经济合作组织统计数据显示，挪威每千人口注册护士的数量是17.74人，瑞士是17.19人，日本是11.76人，美国为9.80人，韩国是7.24人。[③] 相比之下，我国每千人口护士数虽然逐年上涨，但是2020年年底才达到3.35人。护理人员的数量及质量结构是影响人民群众生命安全和健康福祉的重要因素。在工资待遇丰厚、职业发展前景较好的医疗卫生机构中，护理人员的数量尚存在较大缺口，对于体制机制尚不完善、社会认可程度欠

① 钟兴明，何惊惊，陈梅，等. 医养结合模式下民办高职院校护理专业人才培养探究［J］. 中国市场，2021（25）：129-132.

② 全国注册护士总数470多万 全国每千人口注册护士数增加到3.35［EB/OL］. 中国青年网，2021-05-12.

③ 将医护比提升到1∶2！业内人士呼吁：进一步保障护士权益［EB/OL］. 健康界，2021-06-23.

佳的医养结合领域而言，吸引更多更高质量的集医、康、养、护为一体的专业人才更是难上加难。医养结合服务人才作为医养结合直接提供服务的主体，其人员的数量、质量和整体结构直接决定医养结合服务的质量和需求满足程度。因此，全方面、多角度确保医养结合服务人才培养计划的顺利实施，是解决医养结合专业人才供需矛盾和学科发展难题、促进医养结合产业发展、助力健康中国建设的重要措施之一。

**图2　我国近十年医护比情况图**

（数据来源：卫生健康事业发展统计公报健康界制图）

### （二）医养结合教育相对滞后，人才培养体系有待完善

在医养结合相关人才培养方面，较早进入老龄化社会的日本、美国、德国等均采取多元化、分级分层的人才培养模式。如在学历层次上，日本将老年护理专业人才培养机构分为介护学校、专科、本科、硕士等多个层次，并对相关从业人员进行分类分级，一类是相当于介护顾问的社会福祉士，一类是分为初级、中级和高级的介护福祉士，分别开展对应的有差异的养老服务工作；同时，通过对无资质人员、无照护经验者进行入门规范化培训，培训后帮助联系工作单位，促进潜在的照护福祉士转化为医养结合服务人才。另外，通过加大照护福祉士修学资金的贷款力度、增加相关人员的生活扶持及

薪酬待遇等多种途径，不断完善照护人员及相关管理人员的激励机制，提升社会认可程度，改善照护人员的执业环境，有效减少了医养结合服务人才的流失、提升了照护职业的吸引力。数据显示，日本医养照护人员自2009年之后收入日趋增加，截至2017年，月平均已在原有基础上提高了5万日元以上。[①] 在医养结合人才培训层面，美国则通过建立分级培训制度，以养老机构为依托，常规培训与基于互联网的线上培训相结合，强调理论结合实践，提升其专业技能，培养不同级别的人才以达到满足多种岗位需求的目的；同时通过老年学相关课程的不断融入，业已形成了学士、硕士、博士等多层次、高质量养老护理人才梯队。德国在老年护理及相关专业的人才培养层面，推行双轨制模式，即实践与理论的有机融合，在完成学校理论课程的同时，必须穿插完成相关养老机构内对应的实践课程，在满足了实习的时限要求以后才有获得养老护理员执业资格的可能。同时，为确保养老护理工作的与时俱进，通过线上线下相结合、学术研究与职业发展相统一的培训，实现工作技能和知识的更新与改进。

与发达国家相比，我国对于养老护理相关人才的培养、培训及资格认证起步较晚，管理规范程度不足，据不完全统计，2020年，全国具有护理员资格证的专业护理员仅30万人,[②] 其绝对数量不足可见一斑；同时，医养健康领域内的供需失衡还表现为专业人员技能的相对不足，受制于知识水平和服务能力，现有医养结合从业人员所提供的服务缺少专业化、规范化和多样性，一定程度上加剧了老年人健康服务需求与供给之间的差距。医养结合相关专业人才队伍中普遍存在“不愿做、留不住、素质不高”的现象，严重阻碍了医养结合的有效推进和高质量发展。为应对这一困境，许多中职、高职院校不断更新思路，积极探索，对现有专业进行优化与资源整合，陆续增设了健康服务与管理、老年护理、康复治疗等医养结合相关专业，陆续为我国医养

---

① 马慧芬，周伟．医养结合服务人才策略探析［J］．中华老年心脑血管病杂志，2020，22（4）：447-448.

② 李蓓．全国持证上岗仅30万人，缺口达1000万！上海启动养老护理员规范化培训［EB/OL］．劳动报，2020-07-23.

结合产业输送5万余名专业化、应用型人才，一定程度上弥补了缺口。[①] 但相对于我国现有的医养结合需求而言，医养结合高层次人才培养力度明显不足，且现有增设的医养结合相关专业普遍存在“招生困难、转专业人数多、对口就业率低”等问题，医养结合相关专业人才流失严重、专业履职率低等问题突出，一定程度上制约了相关学科的发展。而且，医养结合相关专业人才培养方面还存在课程体系设置不合理、理论与实践结合不充分、师资力量不充足等问题。如有的中高职院校在养老服务相关人才培养或专业设置中，仅在原有专业如护理专业、健康服务与管理专业等的基础上增设老年学、老年护理学等课程，缺乏系统、完备的课程体系，在培养模式及课程设置过程中缺乏充分的市场需求调研，未实现与医养结合相关机构的有效对接，导致毕业学生的职业能力及素养很难充分满足对应机构的要求。

### （三）医养结合人才技能培训缺乏规范化

培训，就是一种通过培养和训练使受训者掌握某种技能的方式，是提升个人能力、保持组织竞争力的重要途径。基于医养结合背景下养老服务人才队伍本身素质提升的整体要求，许多地区都在探索多途径、广覆盖的医养结合相关人员培训模式与思路。如湖北省通过“分级负责、逐级培训”的方式，每年对200名养老服务工作人员开展系统培训，以实现专业人才的技能提升；再如上海市以全方位、多途径的培训网络和机制构建为依托，全覆盖推进养老服务从业人员的培训，开展了诸如医养结合人才小高地科研能力提升培训班等，实现了医养结合相关人员综合素质的有效提升。再如江苏省通过“养老护理员培训工程”，积极推进养老护理员的培训工作和师资建设。尽管如此，我国目前仍然有相当多的区域，在医养结合相关人才培训上缺乏规范化，不仅培训机会较少、培训时间短、覆盖面小，而且大部分养老机构的养老护理员入职前只是接受几天的短期培训，其知识和能力远远不能满足老年照护的需求。医养结合人才技能培训的规范程度不足，整体成效有待进一步提升。

---

① 人社部：加大养老护理人才培养力度扩大养老服务创业就业［EB/OL］. 健康养生人才网，2019-04-17.

健康老龄化的需求以及健康中国的实现，都意味着不管是基于学校教学的人才培养还是针对既有医养结合人才的培训，都应与养老需求进行接轨，以培养方向和培养目标为基础，充分开展围绕教学、实践及培训等各个环节的积极探索与改革，使医养结合人才队伍所具备的知识、技能与素养等与现行养老模式及需求相匹配。

## 第三节 以基层为主导的嵌入式医养结合的人才培养的可行性

老龄群体的生活状态体现着一个国家的文明水平。老龄化社会的养老服务对医养结合提出了较高要求，也开启了一片新的市场“蓝海”。要使医养结合成为健康养老的强大支柱，将其服务扩展到亿万老人身边，帮助老年人能够舒适、安详、有尊严地度过老年期，提高民众尤其是老年群体的获得感、幸福感，将老年化社会的严峻压力转化为健康中国建设的新动能，培养和打造医养结合的专业人才队伍是关键。基于此，诸多学者专家开展了一系列学术研究，政府部门对医养结合产业及其人才供给给予了政策倾斜及扶持，各类相关院校围绕专业设置、人才培养模式等也在逐步进行改革，这些都为基层主导的嵌入式医养结合人才培养提供了政策、技术、组织等方面的保证与支持。

### 一、医养结合人才培养的丰硕研究成果为医养结合人才培养提供理论支撑

近年来，学术界关于养老服务的研究从未止步，医养结合的提出更是增加了学者对于人才培养的关注，这些丰富的研究成果为“老有所依”与“老有所医”的实现提供了强有力的理论支撑。

#### （一）医养结合人才培养的重要性研究

如前所述，目前学者们已形成了趋于一致的关于医养结合人才定义的看法，强调医养结合人才在预防与保健、诊断与治疗、康复与护理、营养与养

生、生活照料与心理疏导等多方面的要求。我国人口老龄化形势严峻，老年人口规模的不断扩大预示着养老服务需求的日趋攀升，伴随而来的更有对养老服务行业人员需求的与日俱增，进一步加剧了养老服务行业人才的供需不平衡。相关研究保守估计，目前我国从事养老服务行业的人员不足百万，仅养老护理人才的缺口即达1000万，而能够提供高质量医养结合服务的专业人才更是少之又少。① 诸多学者一致认为，我国的医养结合相关专业人才严重不足，也没有标准的培养模式和培养体系，必然对医养结合模式的推行产生影响。在医养结合养老服务管理推进过程中，要想实现老年人基本健康、自我效能及社会功能等服务能力和管理水平的同步提升，就需要以老年人需求为导向，以改革创新为动力，不断克服由于服务理念制约、人才供给不足、服务能力欠缺等引起的医疗服务仅关心临床诊治、养老服务缺乏心理照护等弊端，不断细化和完善配套政策，快速推进医养结合养老机构专业人才队伍的建设，真正发挥医养结合专业人才在医养深度融合中的核心作用。

### （二）医养结合人才供需矛盾的原因探析

专家学者的诸多研究均已表明，医养结合人才供给与需求之间矛盾突出，原因多样。在供给层面，一方面，由于各层次院校养老服务相关专业的设置较少、师资力量欠缺，医养结合人才供给表现出数量不足、质量不高的情况；另一方面，医养结合相关专业人才薪酬待遇不高，优质人才吸引不到，人才流动性较大，加剧了人才供给的不足；再者，职业上升渠道尚不明朗、职业的社会认同感不高等因素也成为制约人才供给的重要原因。在需求层面，一方面，人口老龄化程度不断加剧带来了医养结合养老需求的不断扩容；另一方面，老年人健康、经济等的差异所引起的服务内容及形式等的多元化进一步加剧了供需矛盾。目前，学术界普遍认为，我国在养老服务人才的培养上供给远远小于需求，专业的养老服务人才资源不足，已经严重制约了我国养老服务产业的发展，而医养结合相关人才培育周期长、投入大，因此加速培养、吸引和留住专业人才成为队伍发展的当务之急，医养结合相关人才培养

① 每日经济新闻．养老护理人才缺口超千万［EB/OL］．海峡人才报，2020-11-11.

在予以高度重视的同时，更应该未雨绸缪。

（三）推进我国医养结合人才队伍建设的可行策略

围绕如何推进我国医养结合人才队伍建设和可持续发展研究，很多学者都给出了自己的建议。

从宏观角度出发，更多学者倾向于基于福利多元化核心思想的思考，在突出政府顶层设计、经费投入、政府监督管理等方面的核心职能基础上，强调政府与行业、行业与机构、机构与从业人员等多方的协作，以医养结合机构相关专业人才存在的问题及原因为切入口，发挥政府核心职能，创新医养结合机构管理与服务模式，强化机构自身建设，协同各层人才培养与培训机构，共同提升医养结合专业人才职业化、专业化水平，稳定职业队伍，逐步解决养老服务人才短缺的状况。

在具体的运行机制上，医养结合人才的可持续发展主要着眼于完善的分级分层人才培养体系、规范的资格认证、全方位的职业培训、社会地位与薪酬待遇的提升等方面。首先，应强化职业管理规范，严格准入机制。一方面，国家及地方应建立医养结合行业领域内适用于不同执业层次的、规范的从业资格认证体系，确保我国医养结合从业人员持证上岗有制度可依、有制度必依；另一方面，从制度上规范岗前培训、严格资质审核、明确退出机制。对医养结合从业人员进行制度化、等级制管理，对不同层次和等级的从业人员开展针对性培训及考核，确保医养结合机构在人员管理层面的专业化和规范化。其次，在医养结合相关专业人才培养方面，应广泛而细致地开展分层培养。依靠全日制、专业化、系统性的科班教育实现高层次医养结合相关人才的培养，通过职业技能培训、从业指导等方式来培养一般层次的医养结合相关人才。通过鼓励专业培训机构与养老机构合作，开展相应的医养结合服务知识、技能等培训，鼓励一线从业人员结合自身岗位需求，广泛参加技能培训、职业练兵等，提升自身的职业素养、服务能力及专业化水平，缓解当前医养结合专业人员在质上不高与量上匮乏的问题。再次，马斯洛需要层次理论告诉我们，尊重与自我实现是人的高层次需求。为从根本上解决医养结合专业人员的紧缺问题，需要通过制定政策、宣传教育、提高激励等多元化途径，促进全社会形成对医养结合职业领域内从业人员的尊重，扭转医养结合相关职业就是“伺候人”的观念，减少职业歧视，提高医养结合专业人员的社会地位，形成职业吸引力。同时，应把医养结合专业人才队伍建设作为一项民生工程看待，落实培训补贴政策，完善薪酬激励、职称评审机制，畅通职业上升通道，构建有效的人才开发与培训、配备与使用、激励与考核等机制，确保医养结合相关专业人才“引得进、用得好、留得住”。同时，强化岗位胜任力，制定并完善医养结合相关岗位的职业资格及能力认定制度，并积极推进其在个人工资、职称职务晋升等激励制度中的运用。

医养结合人才培养的相关理论研究成果为后续科学化、规范化、可持续完善医养结合人才队伍提供了重要的理论支撑。我国目前医养结合相关专业人力资源匮乏、规范化程度较低、人员流动性强等一系列问题已经直接影响到养老服务的质量以及医养结合产业的未来发展，同时，医养结合专业人才培育周期长、投入大，因此更需要进一步加快医养结合专业人才的培养，在保证其充足数量供给的同时不断提升质量，使其在将老年化社会的严峻压力转化为健康中国建设的新动能过程中，充分发挥其核心作用，真正成为健康养老、积极养老的强大支柱。

**二、完善的政策法规体系为医养结合人才的供给提供了基础性保障**

在应对人口老龄化的进程中，为全力保障老年人的生活无忧，从中央到地方，从规划性政策到专项文件，基本上每一个相关政策文件都会聚焦人才培养，探索以高质量人才供给满足不断升级的养老服务需求的各项措施，助力医养结合相关人才的可持续发展。

我国 1996 年即颁布了《中华人民共和国老年人权益保障法》，此后经过了多次修订，为保障老年人合法权益，发展老龄事业提供了重要的政策支持。随后的诸多政策都一定程度地突出和强调了人才培养在老龄化应对中的核心作用。如 2015 年发布的《国民经济和社会发展第十三个五年规划纲要》、2016 年年底印发的《关于开展长期护理保险制度试点的指导意见》等，从强调建设从业人员队伍、强化对从业人员的培训、保障从业人员职业培训补贴、建立可持续性的培养培训机制等多个方面进行了政策推进。同年，国家卫生健康委等13个部门联合印发了《“十三五”健康老龄化规划》，这是我国首个国家级专项规划。规划中强调了“有爱心、懂技术、会管理”的老年人健康服务工作者的重要性，明确了“老年医学、康复、护理、营养、心理和社会工作等方面专业人才”的核心地位，并对养老护理从业人员的职业技能鉴定工作提出相应要求。在对养老护理员的培养培训和等级认定进行规定的基础上［《养老护理员国家职业技能标准（2019年版）》］，2019年国家卫生健康委发布了《关于加强医疗护理员培训和规范管理工作的通知》，明确了医疗护理员的定义、培训对象及条件、培训及管理规范，并就相关从业人员的评价机制、技能标准、等级认定等提出了对应要求。2019年9月，民政部印发《关于进一步扩大养老服务供给促进养老服务消费的实施意见》（民发〔2019〕88号），对养老服务人才培训提升行动的目标提出明确要求，同时就实施策略给出具体指导性计划与方法。该意见要求2022年年底前完成对医养结合相关人员如养老院院长、养老护理员以及专兼职老年社会工作者等的集中培养培训；鼓励各地将养老服务列为职业教育校企合作优先领域；要求加大培训资金支持，落实相关补贴政策等。如山东作为全国医养结合示范省，2019年全省医养结合示范创建推进会暨医养结合工作现场会中，将“在全省范围内组织开展医养健康相关职业培训工作”作为重要内容之一，全面加强老年医学、康复、护理、营养、心理、社会工作等专业本专科人才和技术技能人才的培养。着手定向培养1500名健康管理师，培训2万名医养照护员，探索建立职业教育、培训考核等一体化、全链条的人才管理机制。

从这些政策文件中可以看出，国家正大力支持医养结合人才队伍建设，为满足老年人日益增长的健康养老、个性化养老的美好生活需要，国家及地方积极探索、科学实践，不断推进政策的精细化与人性化。政策对于医养结合人才的基础性保障，一方面体现在人才的培养与发展层面，国家及各地政府多措并举，不断完善医养结合相关人员的多层次培养及高效率培训等制度，逐步深化尊重人才、保护人才权益的体制机制改革；另一方面则体现在对于人才的质量监管层面，通过对医养结合相关人员资格认证及准入制度的探索与完善，不断提升养老服务的规范化、精准化及综合监管能力，确保医养结合服务提供的高质量。

## 三、人才培养体系及规模为医养结合人才队伍建设提供了技术性保障

### （一）初步形成了医养结合人才分层培养体系

为保证充足的医养结合相关专业人才的供给，国家卫健委会同有关部门在加大医养结合人才队伍建设层面，提出鼓励和引导各类院校设置老年医学、康复、护理、健康管理、老年服务与管理等相关专业，扩大招生规模。目前，我国医养结合相关专业人才培养体系涵盖了职业教育、本科教育、研究生教育和在职培训在内的立体分层的人才培养体系。

职业院校教育主要在于培养某一领域的高素质技能型专业人才。目前医养结合人才的职业教育培养体系日趋完善。一方面，鼓励职业院校以现有教学资源和专业基础为依托，对服务相近、岗位相关的资源进行重组与整合，以促进医养结合相关专业的共建共享，为医养结合专业人才培养提供更为广阔的空间；同时鼓励职业院校在政策引领下，积极开设医养结合相关专业，如《职业教育专业目录（2021 年）》中新增的“医养照护与管理”高等职业教育本科专业等。另一方面，构建政府统筹管理、行业企业和院校深度融合的医养教融合培养模式，鼓励行业企业参与职业学校招生、教育教学、就业等全过程。再者，探索实施医养结合相关人员的技能认证制度。将医养结合相关的职业技能纳入“学历证书+若干职业技能等级证书”（1+X 制度）试点工作。全国 230 所试点院校参与老年照护“双证书”试点项目，参与学生近 4 万人。①

本科专业教育的人才培养更多将目标设定为培养具备多学科基本知识、掌握医与养相关服务与管理技能的高素质复合型专业人才。目前关于医养结合相关专业的本科教育主要集中于医疗、养老、护理、康复等专业。为满足健康产业和养老产业人才发展需要，教育部于 2015 年增设健康服务与管理本科专业（专业代码 120410t），新专业致力于培养能促进人群健康水平提升和服务健康大产业发展的高素质复合型专业人才。2015 年教育部首批健康服务

① 刘理晖，王伟进，顾天安．补齐短板，加快养老护理人才职教发展［EB/OL］．人民资讯．

与管理本科专业的院校包括广东药科大学、浙江中医药大学、成都医学院、滨州医学院、山东体育学院五所本科院校。之后，健康服务与管理专业人才培养进入快速发展阶段。截至2021年9月，国内共有123所院校获批设立了健康服务与管理本科专业。从健康管理专业进入职业教育专业目录，到教育部鼓励高校开设健康服务与管理专业，从2016年的5所到2021年的123所，这都意味着健康管理在专业学科领域内获得了教育部门及高校机构的认可，也凸显了健康管理人才培养及学科建设的重要性。① 本科人才培养专业设置的调整与新增，促进了医养结合专业人才在数量与质量上的稳步发展，在一定程度弥补了医养结合人才的需求短缺。

研究生教育则侧重于高素质复合型人才和研究型人才的培养。研究生教育肩负着高层次人才培养和创新创造的重要使命，但是目前我国针对医养结合人才培养的研究生教育更多侧重于医疗，在养老服务层面开展的研究生层次人才培养相对不足，医养结合发展的新要求为研究生教育开拓了新机遇，提出了新任务。

医养结合继续教育主要通过服务岗位能力培训、健康管理师培训等实现人才技能的提升。医养结合继续教育作为终身学习的重要组成部分，主要是对已脱离正规教育的医养结合专业技术人员开展的教育活动，重点围绕从业人员或有需要的成人进行知识的更新及技能的拓展，进而提升专业技术水平。随着医养结合服务相关制度、标准、规范的初步建立，“医+康+养+护”的综合服务模式要求必须不断加强医养结合机构内相关人员的能力建设，不管是医疗、护理等的专业技术人员，还是机构内管理及负责人员，抑或是社会服务人员等，无一例外都需要通过多元途径实现职业素养及服务水平的提升。因此，各地市均在一定程度上针对医养结合机构的医护及管理人员等开展了医养结合人才继续教育与培训项目，以促进相关人员更为充分地了解老年人就医需求及照顾、慢性病康复、老年安宁疗护等的相关知识与技能，更好地为老年人做好医疗、康复、养老、护理等综合服务，进一步加强健康中国的内涵建设。

---

① 123所高校开设健康管理专业健康管理人才培养及学科建设如何做［EB/OL］. 健康传播站，2022-03-07.

### (二) 基层卫生人力培养力度的加强保证了医养结合人才的供给

医养结合中的医和养，是你中有我、我中有你的深度融合。基层医疗是医养结合深度融合的主战场，基层医疗机构人才队伍建设在实现人人享有基本医疗卫生服务方面发挥着决定性作用。而对于需要专业教育与职业培训双管齐下的医养结合人才培养，基层医疗卫生机构专业人才数量、专业知识水平、服务能力等的不断提升，无疑为医养结合人才队伍的专业化、职业化打下了坚实的基础。

2010 年 6 月，国家发改委、卫生部（现国家卫健委）、教育部、财政部、人力资源和社会保障部联合印发《关于印发开展农村订单定向医学生免费培养工作实施意见的通知》，该政策旨在通过“政府出资、学校培养、学生定向就业”的三方协议方式为基层培养全科医师，引导和鼓励学生从事基层医疗卫生事业，创新基层医疗卫生人才队伍的机制，逐步解决基层医疗卫生队伍数量不足、素质不高和不稳定的问题，促进基层医疗卫生事业发展和满足人民医疗卫生服务需求。2015 年，教育部与国家发展改革委、卫生计生委（现国家卫健委）等 5 个部门联合印发《关于进一步做好农村订单定向医学生免费培养工作的意见》，明确提出订单定向医学生应初步解决提升农村常见病、多发病、传染病和地方病等的基本诊疗能力和相关公共卫生服务能力的问题。10 年来，已累计投入 16 亿元，为西部 22 个省份 3 万个乡镇卫生院培养了 5.7 万余名定向医学生，从规模上实现了为中西部地区每个乡镇卫生院培养 1 名本科医学生的全覆盖，有效缓解了基层卫生人才短缺的问题。[①] 订单定向医学生免费培养在提高基层医疗卫生人才队伍的整体素质、促进城乡医疗卫生事业均衡发展、改善基层医疗卫生机构的人才结构等方面发挥着巨大作用。

在国家政策的指导下，地方陆续出台免费医学生培养的相关政策。比如在延续订单定向生和医学教育创新发展的相关政策精神，为基层提供人才保障的基础上，2021 年 9 月，山东省卫健委发布《山东省医学生公费教育实施办法》，将医学生公费教育适用人群拓展为本专科医学专业人才，公费医学生

---

① 中华人民共和国教育部．对十三届全国人大三次会议第 7595 号建议的答复，教高建议〔2020〕101 号．2020 年 9 月 10 日．

培养所面向的专业不仅包括临床医学、预防医学、中医学，还涵盖针灸推拿（学）和中西医临床医学等，在培养学制上分为5年制（本科）和3年制（专科）。该政策一方面解决了大部分医学人才的后顾之忧，同时也为当地医养结合相关服务提供了充足的医疗相关人才供给。

医养结合服务的重点在于医护服务与养老服务的有机融合，基于当前基层医疗卫生服务政策的需求和目标，依托现有免费医学生的培养政策，加强基层医护服务资源供给及医护服务能力，发挥全科医生在医养结合服务中的骨干功能，必然会为优质医护资源融入基层养老服务创造必要的条件。

## 第四节　以基层为主导的嵌入式医养结合的人才培养模式

人才培养模式是在一定的现代教育理论、教育思想指导下，按照特定的培养目标和人才规格，以相对稳定的教学内容和课程体系、管理制度和评估方式、实施人才教育的过程的总和。以基层为主导的嵌入式医养结合人才培养模式的构建是实现医养结合人才培养目标、提升医养结合人才培养质量以及满足养老服务市场对于人才需求的核心环节和重要途径。

### 一、以基层为主导的医养结合人才培养策略

随着老年人的医疗卫生服务需求和生活照料需求叠加趋势的明朗化，为老年人提供医疗与养老相结合的服务逐渐成为最为迫切的需要。作为医养结合发展中重要的一环，人才队伍若成为短板，必然影响医养结合事业的发展。为了加强医养结合人才队伍建设，需要从人才培养体系构建、人才培养模式改革、师资建设等方面构建医养结合服务人才发展的政策支持体系。

#### （一）进一步完善分层培养体系，加大人才培养模式改革

1. 适应市场需求，完善医养结合人才学历、学位层次

一方面，医养结合人才培养体系的建立有助于医养结合专业人才的培养和专业的发展，为养老产业发展提供重要的人才保障。因此，要适应医养结

合专业人才的市场需求，大力发展中、高职医养结合相关专业；同时，根据各级医养结合专业人才的培养目标，以老年人需求为导向，建立分级分类的医养结合专业人才培养模式，培养中专、大专、本科及研究生层次医养结合专业人才，明确各级医养结合专业人才的资质标准，着力构建系统化和专业化的人才教育培训体系。

另一方面，通过“扩大职业院校相关专业招生规模，鼓励毕业生进入养老服务业”和“鼓励市场剩余劳动力通过培训达到医养结合相关专业人员上岗的条件，进入医养结合领域和行业”这两种方式，增加医养结合专业人才的数量，提升人才质量。多途径培养在个别地市已初具规模、初见成效。如上海市民政局等部门 2017 年出台了《关于加快推进本市养老护理人员队伍建设的实施意见》，鼓励支持符合条件的职业院校开设养老护理相关专业，完善教学标准和课程体系，开展养老护理类示范专业点建设；重庆市卫生高级技工学校开设了养老护理专业，该专业还被列为市级重点实训基地建设项目，通过与多个公立医院合作，建立了学生就业实习基地，并与普通高校对接，实现产教融合、校企融合，以培养更多医养结合型护理专业人才。

2. 培养与培训相结合，多途径创新医养结合服务人才培养模式。

培养医养结合人才，需要专业教育和职业培训双管齐下、齐头并进。在鼓励普通高校特别是高等职业技术学校设置医养结合相关专业的同时，也应重视在职人员的业务培训，通过加强基层社区和养老机构的服务与管理人员以及志愿者的系统培训力度，提高他们的专业知识水平和医养融合的服务技能，为养老服务及管理队伍的职业化、专业化打好坚实的基础。最终形成以学校为基础、以科研机构为纽带，集学校、教师、学生、家庭和社会“五位一体”的医养结合人才培养模式。

3. 加强医养结合专业师资建设，实现专业的可持续发展

教师是人才的直接培养者和主体，教师的质量决定了教育的质量，也决定了人才的质量。目前，医养结合专业教师队伍存在着质与量的明显失衡，一方面医养结合专业教师数量不足，“双师型”教师和教学团队尤为短缺，另一方面，现有师资力量能力欠缺，整体素质亟待加强，这些问题的存在制约了我国医养结合教育的发展。目前，开展医养结合相关专业教育的主要为医

学、护理学、康复治疗、健康管理等的专业教师，往往缺乏针对老年人这一特定人群的对应实践经验，高层次的医养结合专业教师相当缺乏。因此，需要打造医养结合相关专业教师核心素养培育的校内外培训平台，鼓励医养结合相关专业教师积极参加对应的实践活动，提高实践能力，结合长效的师资能力评估考评机制，提升医养结合相关专业教师的综合素质与能力。同时，应该积极推进师资的国际交流与合作，开展教学观摩活动，拓展教师视野，更新教学理念，完善教学方法，提高和丰富教师知识水平，提高医养结合师资队伍的教育教学能力，提升医养结合相关专业的人才培养质量。

（二）订单定向培养，充分发挥政策带动作用

目前，订单定向医学生的培养主要针对基层医疗卫生机构，订单定向生是基层医疗人才队伍的重要补充力量，是现阶段为基层培养引进高质量全科医生的重大举措，在健全基层医疗卫生服务体系、提高基层医疗卫生队伍的整体素质和服务水平、提高全民健康水平方面发挥着重大作用。然而，基层医疗卫生队伍所面临的数量严重不足与素质不高、社会认同度低与职业发展路径不清晰、缺乏有效的激励约束机制和绩效考评制度等问题，在医养结合领域内都一定程度地存在。

时移世易，养老已从过去的“生活必需型”向“参与型、发展型、享乐型”转变，新时代，新养老，新形势之下的医养结合对于“医”加“养”无缝对接、完美融合的要求，核心与关键在于人才。在医养结合人才严重短缺的今天，加大农村与城市基层医养结合机构的服务及管理专业人员的系统培养与培训力度，提高他们的专业知识水平和医养融合的服务技能，势必成为医养结合服务与管理队伍职业化、专业化的基础与关键。虽然目前基本形成了医养结合人才分层次、多专业的培养体系，但在整体数量与质量的供给层面，仍存在较大缺口，再加上职业认可程度较低，对应专业的招生存在一定的困难，订单定向生的培养无疑是突破这一瓶颈的有效途径之一。参照免费培养医学生的政策，制定医养结合相关专业订单定向生培养政策，同时通过定向生的安置、待遇保障、违约处罚等配套政策与明确规定，免费培养老年医学、健康服务与管理、老年护理、老年康复等医养结合相关专业的学生，

实行“定点订单式”招生的措施，将难度较大的“招工”变为积极主动的“招生”，这些措施在解决基层医养结合相关机构的人才短缺、稳定性差、职业遭冷遇等问题上，将发挥积极作用。

（三）校企合作，探索产学研一体化的医养结合人才培养策略

顾名思义，校企合作亦即学校与企业之间的一种合作模式，其本质属性是教育理念的创新。这种模式在于充分利用学校与企业的各自优势，侧重校企双方资源的共建共享，强调在校理论学习与企业实践实操的有机结合，最终实现人才培养和教育质量的提升。该模式下，企业的实践优势结合校园的教育资源，使社会有利资源弥补学校教育的不足，让学生将书本知识运用到实训基地，有利于学生专业实践能力的增强与自我提升。

2014年6月，国务院印发《关于加快发展现代职业教育的决定》明确提出，目前国内职业教育已经不能完全满足社会发展的需求，要秉承以立德树人为信念，坚持以促进就业为导向，保持以服务发展为宗旨，协调发挥市场和政府的功效，形成校企合作、产教融合的强有力局势。这为我国医养结合相关专业人才培养绘制了思想蓝图，指明了前进方向。随着我国经济的飞速发展，国民生活水平的显著提升，医养结合政策更是成了社会领域内备受关注的焦点，医养结合所要求的专业医疗技术与常规饮食、康复训练、日常学习、生活养老等领域的融合，以养伴医、医养结合的多元诉求，则势必需要一支技术过硬的医养结合专业人才团队。而我国传统的教学模式中重理论轻实践的弊端又使学生难以达到社会需求，此种情况下，学校的人才培养必须以社会需求为指导方向，改变学生在学习中理论与实践相脱节的现状。《国家中长期教育改革和发展规划纲要（2010—2020年）》和《国务院关于加快发展现代职业教育的决定》中明确指出，要打造学校、行业、企业三方共同参与的人才共育机制，推进“校企共进、互惠双赢”的培养形势，大力支持并形成企业学校共育的良好局面。校企合作将产业经济和教育有机融合，是培养解决社会养老问题的创新型、复合型、应用型人才的有力渠道，是促进学校教育走向社会、走向大众的高效途径。

医养结合校企合作常见的模式主要包括四种：（1）学校引进企业模式，

这种模式广泛适用于企业内实训场地不够、学校内实训设备不足的情况，其合作形式表现为企业的一部分生产线建在校园内，学生在校内同时完成“理论学习”和“实习实训”的目标。该模式可以有效促进校企资源共享、推动“产学研”深度融合，实现多方共赢。(2) 工学交替模式，这种模式可以通过工读轮换制进行，其合作形式表现为分批分项开展理论与实践，如同专业同年级的学生按学期轮换进行校内理论学习和企业实践实训，或者在学生系统学习基础知识以后，全日在企业实训，实训之余完成对于实训内容的理论融合与检验，即“全日劳动+工余上课”。这些学习方式可以有效保证学生专业技术与技能学习时间的充分性，提升学生的工作能力和就业竞争力，也有利于实现企业技术人才的教学相长。(3) 校企互动模式，与前两种不同，该模式的合作形式表现为企业相关人员在教学计划制定、专业课堂教学层面的高度参与，强调校企双方教师的相互学习，体现师资力量的有机融合。一般而言，在实训方面，需要由企业提供实习基地、设备等，在理论授课方面，则需要企业指派专业人员全程参与专业教学及其管理过程，以校企双方互聘的形式，开展对应的教学及人才培养。这种方式，既有助于解决实训材料费紧缺的矛盾，又能练就学生过硬的本领，有效实现“企业得到人才，学生得到技能，学校得到发展”的共赢局面，实现学校与企业“优势互补、资源共享、互惠互利、共同发展”的双赢结果。(4)“订单式”合作模式，如前所述，订单式培养其含义等同于“人才定制”，该模式下校企合作的形式表现为企业与学校共同完成学生的教育教学，其中专业技能、实习实训、职业培训、考试考核等则由企业按需开展，学生毕业后通过相关技能考核或获取领域内职业资格认证即可按合同就业。“订单式”合作模式具有较强的职业针对性，“入学就有工作、毕业即能就业”的培养目的对学生的职业素养和专业技能要求相对较高，需要企业在人才培养过程中发挥重要的职业引导作用。“订单式”合作模式下培养的学生更具就业竞争力和社会适应性，能有效解决现有医养结合机构内职业群体整体素质偏低的问题。

尽管国家已制定了相关政策来支持校企合作，但是目前，一些地方合作办学的内在动力仍然不足，校企合作停留在口头上的情况依旧存在。经费保障、劳动准入制度执行、对应的法律保障措施等都成了推进校企合作高效发展的可能制度障碍；现有的旧的人才观念制约着技能人才尤其是高级技能人才的社会地位及认可程度；再加上学校教育改革措施的不配套、体制的不完善等，均在一定程度上制约着校企合作的良性发展。

随着人口老龄化进程的加剧，市场迫切需要医养结合专业技能人才，传统教育的革新、校企合作模式的推进，符合教育发展的内在规律及人才培养的市场需求，更符合学生职业生涯发展的需要。学校人才的培养需要对接时代与市场的需求，紧跟社会与企业发展的步伐，企业的发展与成长更是离不开学校培养的高质量人才。因此，建立校企合作的新机制，要以校企双方“共赢”为目标，一方面，需要完善制度与措施，让企业充分发挥其在产教融合中的主体作用，积极参与教育管理活动，在医养结合相关岗位目标和职业要求的引导下开展教育教学的改革与创新。另一方面，学校也应结合自身的办学资源、师资力量等优势，积极发挥教学管理活动中的先导作用，及时关注医养结合领域内市场、行业以及企业等的变化，适时调整人才培养模式、课程体系设置等。在多方努力、共同推动之下，真正实现教育培养的人才适合社会之需，学校、企业、学生三方共赢。

不管是什么样的医养结合相关专业人才培养战略与策略，都需要辅以符合市场需求的医养结合专业人员发展宏观规划、科学合理的职业资格认证标准、提高职业认同的职业发展和晋升路径以及完善的薪酬福利待遇体系等，这些在保证医养结合相关专业人才的数量、质量和整体结构中起着至关重要的作用。

## 二、基于岗位胜任力的医养结合专业人才培养模式

### （一）岗位胜任力

胜任力的应用起源于20世纪50年代，著名的心理学家麦戴维·麦克利兰博士（David·C·McClelland）是国际上公认的胜任力概念和方法的创始人。他通过大量深入研究，从第一手材料入手，直接发掘那些能真正影响工作业绩的个人条件和行为特征，为提高组织效率和促进个人事业成功做出实质性的贡献。1973年，他在《美国心理学家》杂志上发表文章《测量胜任素

质而非智力》，标志着胜任力运动的开始。所谓胜任力，即一个人所具备的与其他人区别显著的个人特性，如所具备的知识与技能、自我意识、态度或价值取向、目标等，这些特性可用于工作中优秀人才和普通人的区分与鉴别。岗位胜任力则指区分个人在整体组织环境中，特定工作岗位的绩效水平的胜任力。胜任力、岗位胜任力的概念一经提出，便预示了其在人才培养和人力资源管理中的作用。

（二）岗位胜任力模型

美国著名心理学家麦克利兰设计的胜任力指标体系构成了胜任力模型研究的基础。胜任力模型，或称胜任力结构，其本质即为胜任力因素的总和，是个体承担或完成一项具体任务的时候，需要具备的与工作任务有关的素质集群。岗位胜任力模型被引入医养结合领域中，必然成为能够监测和提高医养结合相关专业人员服务质量的有效手段。较为常见的胜任力模型包括冰山素质模型和素质洋葱模型两种。

1. 冰山模型。该模型是由麦克利兰于 1973 年提出的，所谓“冰山模型”，就是根据个人素质的表现不同分为“冰山上方”和“冰山下方”两部分（如图 3）。

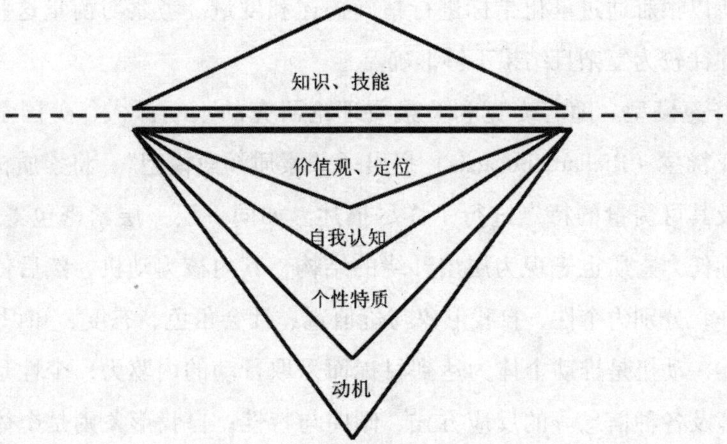


**图 3　冰山素质模型**

“冰山上方”包括知识和技能，这些是易于理解和衡量的，并且更容易经过培训对其改变和提升。在医养结合领域中，知识指一个人对医养结合这一领域的了解，包含医学知识、护理知识、健康管理知识等。技能则是突出一个人能完成医养结合相关服务和任务所具备的能力，包括表达能力、组织能力、决策能力、学习能力等。知识与技能的表现较为直观，往往与工作要求有着直接的、密切的关联，更具有外在性和可测量性，如可以通过考试或考核、资质证书考察、面访等较为具体的形式进行衡量。同时，这类素质也具有可塑性，可以通过培训、教育、锻炼等形式予以提升。

“冰山下方”包括角色定位、价值观，自我认知，个性特质和动机，处于内部，往往难以衡量，难以改变，但起决定性作用。角色定位指的是一个人对医养结合对应职业的预期，即一个人想要做些什么事情，如健康管理师、医生、营养师、护理师等。价值观则强调一个人对事物是非、重要性、必要性等的价值取向。自我认知主要涉及一个人对自己的认识和看法，自信心、乐观精神等是常见的衡量标准。品质则是突出一个人持续而稳定的行为特性，如正直、诚实、责任心等。动机指的是在一个人内在的自然而持续的想法和偏好下驱动、引导和决定个人行动，如人际交往需求、自我实现需求等。冰山下方的内容往往由于其与工作内容缺乏直接联系，具有较强的主观性和隐蔽性，所以很难通过量化指标进行精确描述和度量。考察与衡量这些方面的东西，往往较为复杂且结果不够准确。

2. 洋葱模型。随着麦克利兰素质理论研究的不断深入，美国学者理查德·博亚特兹（Richard Boyatzis）提出了“素质洋葱模型”，将素质构成的核心要素及其可衡量的特点进行了详尽描述。如同一层一层紧密包裹的洋葱，个人的胜任力素质也表现为层层环绕的结构，其内核为动机，然后依次向外逐层展开，分别为个性、自我形象与价值观、社会角色、态度、知识、技能。如前所述，动机是推动个体为达到目标而采取行动的内驱力；个性是个体对外部环境及各种信息等的反应方式、倾向与特性；自我形象则是个体对其自身的看法与评价；社会角色指的是个体对所属社会群体或组织接受并认为其恰当的一套行为准则的认识；态度是个体的自我形象、价值观以及社会角色综合作用外化的结果；知识是个体在某一特定领域所拥有的事实型与经验型信息；技能是个体结构化地运用知识完成某项具体工作的能力。该模型越向外层，越易于培养和评价；越向内层，越难以评价和习得（见图 4）。

一般认为，洋葱模型与冰山模型本质是一样的，都强调核心素质或基本素质。“洋葱”由外到内所代表的素质类型基本对应于“冰上”由上到下所涵盖的素质内容。“冰山”水上部分的知识与技能对应于“洋葱”的最外层；“冰山”水下浅层的自我认知、定位等则相当于“洋葱”的中间层；“冰山”水下深层的个性与动机也正是“洋葱”的内核。虽然在基本素质内容的表述上，洋葱模型与冰山模型具有对应性和相当性，但就其作用体现而言，洋葱模型更侧重于对不同素质间的层次及关联度的阐释。

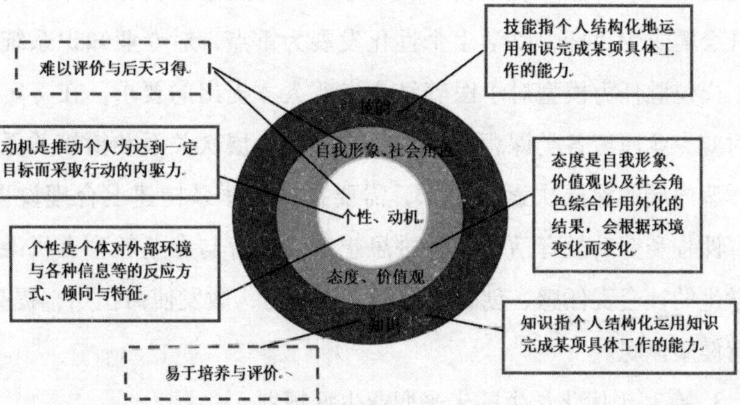


**图 4　洋葱胜任力模型**

（三）岗位胜任力研究的重要意义

通过对常见岗位胜任力模型的解析，不难看出，基于医养结合岗位胜任力构建对应专业的课程体系及培养模式，无疑可以为医养结合相关专业人才的培养定位、课程设置优化、教育教学质量提升等提供参考。

1. 有助于明确医养结合相关专业定位

目前现有的医养结合相关专业的人才培养，主要围绕医养结合型护理人才、医养结合型老年医学人才、医养结合型康复类人才、医养结合型健康服务与管理专业人才等。医养结合相关专业人才对于医、康、养、护一体化以及岗位胜任力的要求，意味着其专业定位在于培养服务于医养结合机构、养老机构、社区老年康养机构、老年照护机构等的应用型人才；培养的人员应该既要具有专业的医疗、护理、康复等医学知识与技能，又要能够为老年人提供日常保健、健康促进、心理慰藉等健康养老服务；同时需要通过多种形式的思政教育帮助专业学生树立科学的世界观、人生观、价值观，树立关爱生命、尊敬老人的人道主义精神以及慎独修养、严谨求实的工作态度等。

2. 有助于优化课程体系

课程体系是基于专业培养目标的不同课程类别的综合，也是培养目标的具化和载体，在保证教学质量、促进学生全面发展方面具有关键作用。要确保完善学生的专业知识结构、提升学生的专业素养，课程体系的构建就需要以社会需求为目标，以学生个性化发展为重点，对专业知识系统进行有机整合。岗位胜任力模型对于医养结合专业人才提出的要求，在一定程度上有助于对应专业厘清各类课程之间的主次关系、层次关系和衔接关系。冰山下抑或洋葱内层的深层次素质要求，需要在课程体系构建上合理设置体育课程、美育课程和劳动教育活动，促进思想政治教育与专业教育有机融合，着力培养学生的社会责任感、创新精神和实践能力，激发使命担当，提高专业技能，拥有健康体魄。

3. 有利于优化学生的未来职业生涯规划

老年人口数量的变化、老年人需求的多元，决定了从事医养结合的专业人员在身份上，已经由单纯的疾病诊疗或养老服务提供者转变为健康照顾与促进者、教育与咨询者、协调与合作者、组织与管理者、研究与应用者等多种角色的综合体。岗位胜任力明确提出了人才培养中对于专业学生的岗位素质要求，也明确了学生专业、职业发展努力的方向和途径；同时通过对学生特质的了解，可以明确与个人能力、素质匹配的对应岗位与职业，合理制定职业规划，指导学生的成长进步，提高学生的就业竞争力。

### （四）基于岗位胜任力的医养结合型健康服务与管理专业人才培养模式

岗位胜任力对于人才培养所发挥的作用多样，接下来，将以医养结合型健康服务与管理专业为例，系统分析并构建基于岗位胜任力的人才培养模式。

1. 医养结合型健康服务与管理专业培养目标

总体目标：健康服务与管理专业以国家“大健康”发展为导向、以推进我国健康产业发展为目标、以现代健康理念为核心、以大数据处理技术为手段，全面培养适应我国卫生健康事业发展需要，德智体美劳全面发展，具有现代健康管理理念、良好职业素养和创新精神，掌握管理学、社会学、医学、心理学、运动学等相关的基础理论、基本知识和基本技能，具备健康管理、健康服务和预防保健的能力，能够开展政府和社会的宏观健康促进与健康管理，从事医养健康产业发展研究，开展医养结合对应服务，能在各级各类医养结合相关机构和养老服务机构、健康管理咨询公司等从事健康管理与服务、预防保健等相关工作的应用型专业人才。

情感目标：树立科学的世界观、人生观、价值观；关爱生命，尊敬老人，具有人道主义精神；具有科学精神、慎独修养、严谨求实的工作态度。

知识目标：掌握健康管理基础知识；掌握与老年健康服务与管理的自然科学、人文社会科学的基础知识；熟悉老年人的基本心理需要及常见临床心理问题的评估和干预方法；熟悉老年人卫生保健的知识。

技能目标：具有为服务对象提供基本健康服务、进行健康管理的能力；具有健康风险评估、健康问题识别、健康教育和初步健康干预的能力；具有有效沟通、组织协调、团队合作等实际的工作能力；具有健康照护与临终关怀能力。

2. 医养结合型健康服务与管理专业岗位胜任力

医养结合型健康服务与管理专业具有鲜明的跨学科特性，岗位胜任力和专业特点要求学生将相关学科的知识融会贯通，具有投身健康产业的豪情壮志、立足健康产业的学识功底、建设健康产业的作为能力、奉献健康产业的学子精神，医养结合专业人才是我国健康产业发展的新生力量，遍布国家医养结合健康产业发展的各个领域，推动中国医养结合的发展进程，具体体现在以下四方面。

（1）具有充足的医学和管理学的知识储备

掌握管理学、医学、预防医学、健康管理等学科相关的基本理论和基础知识，熟悉医学及管理学领域的研究方法及前沿进展，能利用医学和管理学的理论支撑，指导医养结合领域健康服务与管理的社会实践。

（2）拥有健康管理相关技能

其一，具备健康服务管理的能力。具有为服务对象提供基本健康服务、进行健康管理的能力，能为服务对象有效开展健康风险评估、健康教育及健康干预，可以针对不同人群提供健康管理方案与指导，能够有效解决不同人群的生理及心理健康问题。

其二，具备疾病防控的应对能力。在基本理论知识掌握的基础上，能结合服务对象的身体素质进行综合评估，并开展疾病风险应对；具备维护和调适其身体健康的基本能力，能够发现、分析和解决身体健康出现的实际问题。

其三，具备使用大数据分析问题的能力。能熟练运用现代信息技术，进行有关健康服务与管理方面的文献检索、数据分析、整理归纳，具备掌握运用一手资料的能力，实现大数据指导医养结合服务的优势。

其四，具备善于沟通与交流的能力。针对健康服务与管理领域，不仅要具有全面的适应能力、沟通能力和组织能力，而且还要具有一定国际视野，具备跨文化的交流、竞争与合作能力。

（3）有明确的社会角色定位

有团队协作精神，能够在多学科背景下的团队中适时找到自己的角色，并承担对应的责任与义务；同时具备自主学习的意识，以及终身热爱学习的美德与习惯，具有适应社会发展、不断提高自我的跟进能力；具备福祉服务理念和现代健康理念，能够应用辩证唯物主义和历史唯物主义的基本原理、基本观点认识、分析和解决问题。

（4）具备符合职业要求的自我形象与价值体系

具有高度的法治意识、公共精神，关爱社会，关心民众，崇尚劳动，勇于担当，甘于奉献，有为人民健康服务与管理事业发展而奋斗终生的职业责任感。严格遵守职业道德，用过硬的心理素质实现思想道德品质的升华；自觉维护社会公德，有较强的法律意识遵守社会秩序，捍卫并坚守健康服务与管理领域内职业体系的行为准则。

3. 医养结合型健康服务与管理专业课程体系设置

（1）医养结合型健康服务与管理专业课程模块

结合专业特色和课程性质，医养结合型健康服务与管理专业课程分为通识教育课、学科平台课、专业教育课、专业集中实践以及第二课堂五大模块（见表1）。

通识教育课是非专业、非职业性的课程，是对所有学生开设的教育课程。主要包括对所有专业全覆盖的思政课程、公共外语课程、计算机课程、体育课程、劳动课程、大学生职业发展课程等。

学科平台课是根据一级学科特点，按照加强学科基础知识、拓宽专业面的原则，为同类专业方向设置的共同的基础性课程。主要包括数学类课程、基础医学类课程、管理学基础课程。

专业教育课是依据培养目标，体现专业基本理论、知识与技能的课程。主要包括老年医学类课程、预防医学类课程、卫生管理类课程、健康管理类课程、经济类课程、社会保障类课程等。

专业集中实践是验证专业理论学习成果的重要环节，主要包括专业综合实践、专业见习、毕业实习与毕业论文（设计）。

第二课堂是在第一课堂外的时间进行的与第一课堂相关的教学活动，主要包含社会实践类（社会调查、生产劳动、志愿服务、公益活动等）、学术讲座类、竞赛比赛类、技能考核类、科研训练类、论文成果类、创业实践类等。

**表1　医养结合型健康服务与管理专业课程模块**

| 课程类别 | 课程性质 |
|---|---|
| 通识教育课 | 通识教育必修课 |
| | 通识教育选修课 |
| 学科平台课 | 学科平台必修课 |
| 专业教育课 | 专业必修课 |
| | 专业选修课 |
| | 专业方向课 |
| 专业集中实践 | 毕业实习与毕业论文（设计） |
| | 专业综合实践 |
| | 专业见习 |
| 第二课堂 | 第二课堂 |

(2) 基于能力提升的实践性教学环节

实践教学，是巩固理论知识、加深理论认识的有效途径，是培养具有创新意识的高素质医养结合型健康服务与管理专业人员的重要环节，是理论联系实际、培养专业学生掌握科学方法和提高技能的重要平台。医养结合型健康服务与管理专业主要实践性教学环节包括：实验（实践）课程与课内实验(实践)，分为通识教育课、学科平台课实验（实践）课程及通识教育课、学科平台课、专业教育课课内实验（实践）；专业实践，分为专业综合实践、专业见习、毕业实习与毕业论文（设计）；军训和第二课堂等。

(3) 基于岗位胜任力的医养结合型健康服务与管理专业课程群

围绕基于医养结合型健康服务与管理岗位胜任力所解析出的培养目标，医养结合型健康服务与管理专业岗位胜任力及其相对应的主要学习课程，详见下表。

**表2 医养结合型健康服务与管理专业岗位胜任力及对应课程表**

| | 岗位胜任力 | 主要课程 |
|---|---|---|
| 医学+管理学知识与技能 | 健康管理能力 | 健康服务与管理导论、健康管理学、健康评估、健康体检与慢性病健康管理、健康服务与管理技能、健康教育与健康促进、医院管理学、卫生事业管理学 |
| | 疾病防控的应对能力 | 基础医学、中医学、预防医学、运动保健学 |
| | 人际交往与沟通能力 | 管理学、组织行为学、人际沟通与交流、老年心理学、健康心理学 |
| | 大数据分析能力 | 计算机基础、卫生统计学、健康信息管理 |
| 价值体系及角色定位 | 评判性思维与科研能力 | 社会调查研究方法、卫生管理科研方法 |
| | 人文素养能力 | 思想政治实践、体育、劳动技能、大学生职业发展、形势与政策、思想道德修养与法律基础、中国近现代史纲要、马克思主义基本原理、毛泽东思想和中国特色社会主义理论体系概论 |

**附件1.**

## 医养结合型健康服务与管理专业培养方案

一、培养目标

培养适应我国卫生健康事业发展需要，德智体美劳全面发展，知识、能力、素质协调发展，具有社会责任感，基础扎实、创新精神和实践能力强，具有现代健康管理理念，掌握医学、管理学为基础的健康服务与管理理论、知识和技能，具备健康监测、健康风险评估、健康行为干预的能力，毕业后能在卫生行政部门、医疗卫生机构、健康管理机构、预防保健和疾病防控机构、社区、企事业单位从事健康管理与服务等工作的高素质应用型人才。

二、培养要求

（一）思想道德与职业素质要求

1. 热爱祖国，遵纪守法，诚实守信，能够应用辩证唯物主义和历史唯物主义的基本原理、基本观点认识、分析和解决问题；具有正确的世界观、人生观、价值观，具有良好的思想道德修养和崇高的社会责任感。

2. 掌握体育锻炼的基本要领和技能，达到国家大学生体育锻炼和军事训练合格标准，体魄强健，心理健康、人格健全，有正确的自我意识和良好的人际关系，具有较好的社会适应能力。

3. 具有高度的法治意识、公共精神，关爱社会，关心民众，崇尚劳动，勇于担当，甘于奉献，有为人民健康服务与管理事业发展而奋斗终生的职业责任感。

4. 具有良好的人文素养和科学素养，在管理事务的社交活动中能进行有效的沟通。

5. 具有实事求是的科学态度和优良作风，富有开拓创新精神，崇尚科学，坚持真理，勤奋踏实。

6. 树立自主学习和终身学习意识，重视对新知识、新技能的学习和探索，不断提高自我，追求卓越。

（二）知识要求

1. 掌握管理学相关的基本理论、基础知识和研究方法。

2. 熟悉医学相关的基本理论、基础知识和研究方法。

3. 掌握预防保健、健康服务所需的基本理论、基础知识及前沿进展。

4. 掌握健康管理所需的基本理论、基础知识及前沿进展。

5. 掌握社区健康服务与管理相关的基本理论、基础知识及前沿进展。

6. 掌握人文素养相关的基础理论和基本知识。

（三）技能要求

1. 具有为服务对象提供基本健康服务、进行健康管理的能力。

2. 具有健康风险评估、健康问题识别、健康教育和初步健康干预的能力。

3. 具有从事初步疾病预防保健工作的能力。

4. 具有较强的文字表达、组织协调、人际沟通等实际工作能力。

5. 具有初步的科研思维，具备基本的科研设计、调查研究、论文写作的能力。

6. 具备熟练利用计算机、外语等工具进行文献检索、资料收集和数据处理，并运用信息技术进行专业实践的能力。

7. 掌握一门外语（英语），达到相当于国家大学英语考试四级水平，能够阅读基本的专业外文资料。

8. 具有较强的实践创新、自主学习和终身学习能力。

**表3　医养结合型健康服务与管理专业指导性教学计划进程安排**

| 课程类别 | 课程名称 | 课程性质 | 开设学期 | 学分 | 学时 | 学时分配 | |
|---|---|---|---|---|---|---|---|
| | | | | | | 理论 | 实践 |
| 通识教育课 | 思想道德修养与法律基础 | 必修 | 1 | 1.5 | 24 | 24 | |
| | 中国近现代史纲要 | 必修 | 2 | 1 | 16 | 16 | |
| | 马克思主义基本原理概论 | 必修 | 3 | 1.5 | 24 | 24 | |
| | 毛泽东思想和中国特色社会主义理论体系概论 | 必修 | 4 | 3 | 48 | 48 | |
| | 形势与政策 | 必修 | | 1 | 18 | 18 | |
| | 思想政治实践课Ⅰ | 必修 | 2 | 2 | +2 | | +2 |
| | 思想政治实践课Ⅱ | 必修 | 4 | 2 | +2 | | +2 |
| | 大学生心理健康 | 必修 | 1 | 1 | 16 | 16 | |

续表

| 课程类别 | 课程名称 | 课程性质 | 开设学期 | 学分 | 学时 | 学时分配 | |
|---|---|---|---|---|---|---|---|
| | | | | | | 理论 | 实践 |
| 通识教育课 | 体育Ⅰ | 必修 | 1 | 1 | 30 | 2 | 28 |
| | 体育Ⅱ | 必修 | 2 | 1 | 32 | | 32 |
| | 体育Ⅲ | 必修 | 3 | 1 | 32 | | 32 |
| | 体育Ⅳ | 必修 | 4 | 1 | 32 | | 32 |
| | 体能测试 | 必修 | | 0.5 | +0.5 | | +0.5 |
| | 计算机文化基础 | 必修 | 2 | 2 | 30 | 30 | |
| | 计算机文化基础上机 | 必修 | 2 | 1 | 30 | | 30 |
| | 军事技能训练 | 必修 | 1 | 1 | +2 | | +2 |
| | 军事理论 | 必修 | 1 | 1 | 16 | 16 | |
| | 大学英语Ⅰ | 必修 | 1 | 3 | 60 | 30 | 30 |
| | 大学英语Ⅱ | 必修 | 2 | 3 | 64 | 32 | 32 |
| 通识教育课 | 大学英语Ⅲ | 必修 | 3 | 3 | 64 | 32 | 32 |
| | 大学英语Ⅳ（四级） | 必修 | 4 | 3 | 64 | 32 | 32 |
| | 小计 | | | 34.5 | 600+6.5 | 320 | 280+6.5 |
| | 创新创业类 | 选修 | | 2 | | | |
| | 艺术鉴赏类 | 选修 | | 2 | | | |
| | 文化沟通类 | 选修 | | 2 | | | |
| | 自然科学类 | 选修 | | 4 | | | |
| | 人文社科类 | 选修 | | 2 | | | |
| | 应选小计 | | | 12 | | | |
| 学科平台课 | 高等数学 | 必修 | 1 | 5.5 | 90 | 90 | |
| | 管理学 | 必修 | 1 | 3.5 | 60 | 54 | 6 |
| | 概率论与数理统计 | 必修 | 2 | 4 | 64 | 64 | |
| | 系统解剖学 | 必修 | 2 | 2.5 | 48 | 36 | 12 |
| | 生理学 | 必修 | 3 | 4 | 72 | 48 | 24 |
| | 生物化学 | 必修 | 3 | 3 | 48 | 48 | |
| | 生物化学实验 | 必修 | 3 | 1 | 32 | | 32 |
| | 病理学 | 必修 | 4 | 3.5 | 64 | 48 | 16 |
| | 小计 | | | 27 | 478 | 388 | 90 |

续表

| 课程类别 | | 课程名称 | 课程性质 | 开设学期 | 学分 | 学时 | 学时分配 | |
|---|---|---|---|---|---|---|---|---|
| | | | | | | | 理论 | 实践 |
| 专业教育课 | 专业必修课 | 人际沟通与交流 | 必修 | 1 | 1 | 16 | 12 | 4 |
| | | 医学伦理学 | 必修 | 2 | 1.5 | 24 | 24 | |
| | | 公共管理学 | 必修 | 3 | 3 | 48 | 42 | 6 |
| | | 中医基础理论 B | 必修 | 3 | 3.5 | 56 | 52 | 4 |
| | | 运动保健学 | 必修 | 3 | 1 | 16 | 14 | 2 |
| | | 中医康复技术 | 必修 | 4 | 1.5 | 32 | 16 | 16 |
| | | 社会调查研究方法 | 必修 | 4 | 2 | 32 | 28 | 4 |
| | | 卫生统计学 | 必修 | 4 | 4 | 80 | 48 | 32 |
| | | 全科医学概论 | 必修 | 5 | 1.5 | 24 | 24 | |
| | | 流行病学 | 必修 | 5 | 2 | 32 | 26 | 6 |
| | | 健康评估 | 必修 | 5 | 4 | 64 | 32 | 32 |
| | | 卫生事业管理学 | 必修 | 5 | 4 | 64 | 58 | 6 |
| | | 老年常见病预防与照护 | 必修 | 5 | 4 | 64 | 60 | 4 |
| | | 妇幼保健学 | 必修 | 5 | 2 | 32 | 24 | 8 |
| | | 预防医学 | 必修 | 6 | 3.5 | 54 | 36 | 18 |
| | | 健康教育学 | 必修 | 6 | 2 | 32 | 28 | 4 |
| | | 健康管理学 | 必修 | 6 | 4 | 64 | 56 | 8 |
| | | 健康心理学 | 必修 | 6 | 2 | 32 | 26 | 6 |
| | | 健康体检与慢病健康管理 | 必修 | 6 | 1 | 16 | 12 | 4 |
| | | 卫生法规与监督学 | 必修 | 6 | 1 | 16 | 16 | |
| | | 养老机构管理与运营实务 | 必修 | 7 | 1.5 | 24 | 18 | 6 |
| | | 小计 | | | 50 | 822 | 652 | 170 |
| | 专业方向课 | 组织行为学 | 选修 | 2 | 3 | 48 | 42 | 6 |
| | | 养生康复学 | 选修 | 4 | 1 | 16 | 16 | |
| | | 社会医学 | 选修 | 5 | 3 | 48 | 44 | 4 |
| | | 卫生经济学 | 选修 | 6 | 4 | 64 | 58 | 6 |
| | | 循证医学 | 选修 | 6 | 1 | 16 | 16 | |
| | | 老年医学 | 选修 | 6 | 1 | 16 | 16 | |
| | | 健康保险学 | 选修 | 7 | 2 | 32 | 32 | 0 |
| | | 应选小计 | | | 15 | | | |

续表

| 课程类别 | | 课程名称 | 课程性质 | 开设学期 | 学分 | 学时 | 学时分配 | |
|---|---|---|---|---|---|---|---|---|
| | | | | | | | 理论 | 实践 |
| | 专业选修课 | 卫生信息管理基础 | 选修 | 6 | 2 | 36 | 26 | 10 |
| | | 社会保障概论 | 选修 | 6 | 2 | 32 | 28 | 4 |
| | | 老年营养与膳食保健 | 选修 | 6 | 2 | 32 | 28 | 4 |
| | | 临床药理学 | 选修 | 7 | 1 | 16 | 16 | |
| | | 天然活性物质与抗衰老 | 选修 | 7 | 1 | 16 | 12 | 4 |
| | 应选小计（说明：共计 8 学时，选够 5 学时即可） | | | | 5 | | | |
| | 专业集中实践 | 专业综合实践 I | 必修 | 2 | 1 | +1 | | +1 |
| | | 专业综合实践 Ⅱ | 必修 | 3 | 1 | +1 | | +1 |
| | | 专业综合实践 Ⅲ | 必修 | 4 | 1 | +1 | | +1 |
| | | 专业综合实践 IV | 必修 | 5 | 1 | +1 | | +1 |
| | | 专业综合实践 V | 必修 | 6 | 1 | +1 | | +1 |
| | | 预防保健机构实习+毕业论文设计 | 必修 | 7 | 5 | +5 | | +5 |
| | | 健康管理机构实习 | 必修 | 8 | 8 | +8 | | +8 |
| | | 社区卫生及养老服务机构实习 | 必修 | 8 | 4 | +4 | | +4 |
| | | 选科实习（妇幼保健/健康保险/劳动保障/疾控） | 选修 | 8 | 2 | +2 | | +2 |
| | | 毕业论文撰写 | 必修 | 8 | 2 | +2 | | +2 |
| | | 小计 | | | 26 | +26 | | +26 |

# 第二篇　实践篇　以基层为主导的嵌入式医养结合

医养结合是老龄事业的必然产物，是新时代的新需求，也是保障和改善民生的重点。但作为新生事物，在其发展运行中也不可避免地面临诸多障碍与困难，因此，在探索中前进，在曲折中发展，通过试点逐步推进和运行医养结合是必然之路。

2016年6月，国家卫生计生委办公厅（国家卫生健康委办公厅）、民政部办公厅下发了《关于确定第一批国家级医养结合试点单位的通知》，在各省（区、市）卫生计生部门和民政部门推荐的基础上，确定北京市东城区等50个市（区）作为第一批国家级医养结合试点单位。要求各省（区、市）要积极探索地方医养结合的不同模式，并积极协调解决存在的困难和问题，2016年年底前每省份至少启动1个省级试点，积累经验、逐步推开。同年9月，两部门又公布了第二批国家级医养结合试点单位，确定了北京市朝阳区等40个市（区）作为第二批国家级医养结合试点单位。同时将国家级医养结合试点单位的工作目标明确为“构建起覆盖城乡、规模适宜、功能合理、综合连续的医养结合服务网络，探索建立符合国情的医养结合体制机制，出台一批可持续、可复制的体制机制和创新成果，创新医养结合管理机制和服务模式，为全国医养结合工作提供示范经验”。要求各试点单位结合实际，统筹各方资源，全面落实医养结合工作重点任务，要在各省级卫生计生和民政部门的指导下，制订年度工作计划，建立部门协作、经费保障和人员保障机制，加强管理，确保试点取得积极进展，收到良好社会效果。试点工作的推进为医养结合多模式的探索提供了丰富的空间与发展机遇。

本书在前期理论分析的基础上，接下来将对以基层为主导的嵌入式医养结合实践进行总结与梳理，凝练实践成果。

# 第一章　全国以基层为主导的嵌入式医养结合典型案例

为总结推广医养结合工作经验做法，进一步加强合作交流，2019 年，国家卫生健康委与世界卫生组织共同开展了合作项目“医养结合在中国的最佳实践”。经各地申报、专家评审、实地考察和官网公示等程序，国家卫生健康委确定 199 个案例为“全国医养结合典型经验”。随后各个省份陆续开展一系列医养结合示范基地建设及典型案例评选活动，因地制宜地探索、提炼、创新医养结合模式。本书以国家及各省市所公布和凝练的典型案例为基础，选取北京市、天津市、上海市、浙江省、吉林省为代表，重点阐述以基层为主导的嵌入式医养结合的有效服务模式。

## 第一节　北京市以基层为主导的嵌入式医养结合典型案例

### 一、北京市人口老龄化情况

第七次人口普查数据显示，北京市人口老龄化程度在逐步加深。截至 2020 年年底，北京全市 60 岁及以上常住人口达到 429. 9 万人，占全市人口的 19. 6%，比 2010 年增加 183. 9 万人，年均增长 5. 7%，占全市常住人口比重上升了 7. 1 个百分点，老年人口的增长速度已经快于常住人口；全市老年人口中，60~69 岁的低龄老年人是主体，有 258. 1 万人，占比 60%，比 2010 年提高了 8.5 个百分点。同时，老年人口的学历层面的数据显示，北京市 60 岁及以上老年人口中，大学专科及以上文化程度的有 88.7 万人，占比 20.6%，与 2010 年相比提高了 1.8 个百分点。①

对北京市而言，人口老龄化程度的加深无疑增加了家庭养老负担和基本医疗卫生、公共卫生服务、养老服务等的供给压力；同时，老年人增长所带来的消费潜力的增加，也促进了老年产业的发展，对老年产品和对应服务领域提出了更高的要求。如何抓住机遇，积极应对，是应对北京市或将长期存在的老龄化的积极思路。

## 二、北京市医养结合开展情况

针对北京市老年人的康养需求，北京市卫生健康委员会构建了以健康促进、预防保健、疾病诊治、康复护理、长期照护、安宁疗护为主要内容的老年健康支撑体系。截至 2021 年年底，北京市医养结合机构总数为 200 家，医养结合床位数 6.15 万张，养老机构实现医疗服务全覆盖，医疗与养老的有机融合得到进一步深化。②

### （一）老年人健康管理服务全面开展

在做好老年人预防保健方面，北京市重点开展老年健康知识宣传教育、老年健康管理、居家上门医疗服务等活动。目前，全市共有 2536 所医疗机构登记了巡诊、家庭病床服务方式，可开展居家医疗护理服务；免费为 16 个区老年人开展脑健康体检服务，共完成 27.86 万人，对 3.67 万名认知损害高风险老年人开展健康管理与干预服务。同时，北京市积极开展“百岁老人健康服务”项目，持续为年满 100 周岁的北京户籍老人提供价值 3000 元的居家健康服务。2021 年将服务项目从 42 项扩展到 130 项，更好地适应了高龄老人的

① 北京市老龄办，北京市老龄协会. 北京市老龄事业发展报告（2020）［R/OL］. 北京市卫生健康委员会，2021-10-14.

② 贾湧强. 北京医养结合机构总数达 200 家养老机构实现医疗服务全覆盖［EB/OL］. 闪电新闻，2022-01-14.

个性化健康服务需求，已累计完成服务 13000 余人次。①

## （二）医疗机构老年健康规范化建设有效推进

为解决老年人看病就医问题，北京市积极推进综合医院的老年医学科建设，二级以上综合医院老年病科达到 49%，超过全国平均水平 21 个百分点；同时，在全国率先开展老年友善医疗机构建设和社区卫生服务机构老年健康规范化建设，其中老年友善医疗机构累计建成 471 家，社区卫生服务机构老年健康规范化建设已完成 275 家；通过为老年人开设挂号、就医等绿色通道，提供电话、网络、现场预约等多种预约挂号方式，切实方便老年人看病就医。②

## （三）涉老机构服务内容覆盖全生命周期

北京市在涉老医疗机构建设过程中，不断完善内容与形式，基本实现了生命周期的全覆盖。在康复机构方面，全市现有 18 家康复医院、248 家医疗机构设置了康复医学科，康复床位 8432 张。在护理机构方面，全市共登记设置护理院 8 所、护理站 20 所，床位 520 张。在安宁疗护服务方面，全市开展安宁疗护服务的医疗机构已有 74 家，开放安宁疗护床位 901 张，较 2019 年年底的 647 张增加了 39.3%。③

## （四）“互联网+”助力智慧助老

在推进“智慧助老行动”方面，北京市建立了完善的多部门齐抓共管的“智慧助老”常态化工作机制，通过细化落实配套措施，切实解决老年人运用智能技术困难的问题。如制作《用爱跨越鸿沟，点亮数字生活》系列公益视频，开发“我教老人用手机”微信小程序和简明教材，开展“百千万智慧助

---

① 人民科技官方账号. 北京 29 个社区被命名为全国示范性老年友好型［EB/OL］. 人民资讯，2022-01-14.

② 北京近半二级以上综合医院开设老年科，养老机构医疗服务全覆盖［EB/OL］. 京报网，2022-01-09.

③ 贾湧强. 北京医养结合机构总数达 200 家养老机构实现医疗服务全覆盖［EB/OL］. 北京时间客户端，2022-01-14.

老”公益行动并举办100场线下活动，培育1000人规模的智慧助老志愿者队伍等，系列措施惠及10万名以上老年人。

### （五）老年友好型社会建设实现示范引领

推进老年友好型社会建设是实施积极应对人口老龄化国家战略的必然要求。2021年10月，北京市印发被称为“友好九条”的《北京市推进老年友好型社会建设行动方案（2021—2023年）》，主要从居家生活、家庭关系、社区（村）环境、健康支持、智能应用、交通出行、社会参与、公共服务、人文环境等九个方面营造老年友好环境，推动北京市老年友好型社会建设的制度化、规范化、长效化。借助政策引领，北京市东城区朝阳门街道新鲜社区等29个社区被命名为全国示范性老年友好型社区。同时，为构建既可通行无阻又易于接近的理想环境，北京市推进老旧小区综合整治适老化和无障碍环境建设方案示例项目，选取海淀区双清路14号院作为典型示例，形成了项目设计方案和效果施工图成果材料，以此为基础推动设计方案示例项目的高效落地，更好地满足了特殊人群的需求。①

## 三、典型案例之北京市丰台区颐康养老照护中心：依托区域医养联合体和大健康服务的社区医养模式②

### （一）基本情况

北京市丰台区颐康养老照护中心，是一家公建民营的医养结合机构，由照护中心、社区卫生服务站、社工事务所等组成。该机构最初是由发起人施颖秀、刘冰于2004年组建的，原为北京市丰台区东铁营街道南方庄社区卫生服务站。该社区卫生服务站在10余年的基层社区卫生医疗服务中，面对周边众多老年病患者和慢性病患者，逐渐发现老年人由于高龄、独居、空巢、机体衰老、慢性病合并并发症、脑血管病后遗症、骨折、心脑血管突发疾病等

① 孙乐琪．北京29个社区被命名为全国示范性老年友好型社区［EB/OL］．北京日报客户端，2022-01-14.

② 北京丰台区能为失能老人提供康复护理的养老院［EB/OL］．医呗养，2022-02-22.

多种因素，造成生活不能自理或半自理，子女不在身边或家庭照顾困难等各方面的原因，存在社区养老、居家养老以及各种医疗照护、康复治疗等多种需求。

根据《国务院关于加快发展养老服务业的若干意见》文件精神，结合国家对于养老服务业的高度重视，从充分利用自身社区卫生服务的医疗优势及多元化整合社会资源的角度出发，社区卫生服务站的发起人，租用该小区3号楼一家合同到期的健身中心为场地，采取与南方庄社区卫生服务站“联姻”的医养结合模式，并与北京市丰台区蓟翔社工事务所的专业化社会工作服务团队三方共同整合，秉承“养老、医疗、康复、护理、老年社会工作”五位一体的服务理念，在2012年年底，创建了最初36张床位的南方庄康复护理托养院，主要为失能、半失能、长期卧床、康复治疗、临终关怀以及有医疗需求和家庭照顾困难的老人提供日间照料及长短期托养。

2014年6月，为了完善居家养老和社区养老的服务功能，配合《2014年街、乡（镇）养老照料中心》的建设，在原南方庄康复护理托养院的基础上增加面积600平方米，改扩建为“北京市丰台区颐养康复养老照护中心”。中心总营业面积1350平方米，设床位85张及十大功能区：助餐、助浴、助医、助洁、文体娱乐、康复护理、心理疏导、信息管理与培训服务、社工服务、日间照料及长短期托养。中心拥有五大团队的专业支持：专业医生团队、专业护士团队、养老护理员团队、家政服务员团队、专业社工团队。由全方位、多角度、多专业的服务团队的支撑，中心能够满足不同老人的养老需求。通过医养结合的模式，有效解决了老人养老过程中的医疗问题，小病在养老院就可以治疗和康复，最大限度地实现了节约社会资源、减轻老人子女负担、提高老人晚年生活质量的目标。

### （二）医养结合服务内容

北京市丰台区颐康养老照护中心坚持以“为老人服务，为繁忙儿女分忧，做奉献的使者”为服务宗旨，建立“医养结合、健康养老”模式运营机制，为自理、半自理、全护理、病愈康复、瘫痪等的老年人提供养老康复服务。北京颐康养老服务中心推崇“医养结合”的养老新观念，以“医疗、托养一体化”的经营方式使老年人治病、养老达到无缝对接。

1. 助老服务

利用专业社工和家政服务员的团队，为周边社区居民提供家政、清洁、助浴、上门采买、温馨问候、代缴水电费等居家养老常态化的服务，并链接周边的服务商，整合社区现有资源，采用电话预约制，让老人可以不出社区，就能得到需要的服务，体现了社区居家养老的便捷功能。

2. 助医服务

依托南方庄社区卫生服务站，为长期卧床、行动不便的老年人及空巢老人提供家庭医生式上门服务，为符合条件的病人建立家庭病床，每周定期上门查床 1~2 次，免费上门送医送药，陪同孤寡老人到医院就医。开展 24 小时远程心电监护、24 小时动态血压、24 小时动态心电图，并开设绿色通道，与北京市各大医院双向转诊，保障在院老人及居家养老的老人的基本医疗需求，为家属和社会减轻负担。同时与周边两家养老院签订医疗托管服务协议（彩虹城托老所、颐海园养老院），为两家养老院在院 100 余名老人每周上门查床两次，免费送医送药。

3. 文体娱乐服务

依托专业社工和志愿者团队为老人提供慰问或组织适合老人的各种社区活动或小组活动，丰富老人的晚年生活。文体娱乐服务形式及内容丰富多样，如链接社会爱心人士和志愿者为老人定期组织各种形式的志愿者活动；定期举办节日庆祝会和老人生日会、老人家属座谈会等，给予老人更专业的老年社会工作服务；根据老年人的需求开展文体娱乐服务项目如养生操、八段锦、舞蹈队、书法比赛、乒乓球比赛等。这些活动，一方面增强了老年人的体质；另一方面，活动的参与，增强了老年人的社区参与感，促进了社区融合。

4. 精神慰藉等服务

主要依托专业心理咨询师开展精神慰藉与心理预防干预等服务。精神慰藉服务以发展性、预防性服务为主，主要有两种服务形式：一种是把老人“请出来”，即动员那些能自理的、身体比较好的老年人尽量从家里走出来，到社区来参加一些社区组织的活动；另一种是身体不能自理、走不出门的那些老人，社工主动提供上门服务，使老人的需求在家里也能得到满足。精神慰藉服务由专业社工和医护人员通过上门服务或定期组织小组活动的形式进行，其内容包括上门聊天、定期探访、温馨问候、远程聊天、生日聚会等。

### （三）医养结合服务特色

#### 1. 区域医养联合体

北京市丰台区颐康养老照护中心拥有齐备的医疗机构，由主任医师定期查房，每日检测血压、心率、血氧、体温、呼吸，询问观察老人的各项情况，全天候医护值班，家属也可远程监控。同时北京市丰台区颐康养老照护中心与南方庄社区卫生服务站、北京市丰台区蓟翔社工事务所等形成区域医养联合体，且与友谊医院、铁营医院、北京市中医院、同仁医院等医疗机构建有绿色通道。依托专业化服务团队及多方共同整合，医院提供全面医疗卫生服务，为机构内老年人提供医疗临床服务的同时，接纳符合医院出院标准，在家康复、护理有困难的老年病患者，并为周边社区的老人和居民提供特色诊疗和康复服务。再者，北京市丰台区颐康养老照护中心还建立了“中医+养老”、养生、调养等社区医养结合健康养老服务新模式，充分满足了社区老年人多样化的健康养老需求。

#### 2. 重症养老

有着医疗背景的北京市丰台区颐康养老照护中心，是一家“重症养老”机构，除了可以收住老年病、慢性病患者，还可以对心脑血管疾病后遗症、骨折等重症患者进行照护。中心目前收住的老人绝大多数是完全失能的家庭照顾困难的高龄老人，其中，80~96 岁高龄的老人占 70%以上，患有阿尔茨海默病或退行性脑病的老人占 50%，长期卧床生活不能自理的占 40%，需要康复治疗的老人占 30%，插胃管、插尿管、心衰、呼衰、气管切开等长期需要医疗照护的占 20%。中心 24 小时有医护人员值班，按照护理级别每天定期查房、巡视和记录相应的电子病历及纸质病历，电子病历可以通过手机和电脑网络实时调取和更新，使家属可以随时了解老人的身体状况。护士按照医院化的模式管理，并根据老人情况执行医生的长期医嘱和临时医嘱，每日坚持测量三次生命体征，定期抽血体检。重症老人有 24 小时远程心电监护仪，可以通过网络远程记录和报警，实时监控重症老人的生命体征，并可将数据转输给医院作为病情参考。中心同时安装有 24 小时远程录像设备和远程视频设备，老人可以通过电脑和手机随时和家属进行亲情沟通，家属也可以不出家门就能够了解老人在院的身体情况和生活情况。中心还通过信息化的管理，将远程病历系统、远程心电监护系统、远程监控视频系统进行充分整合和统一管理，在发生紧急情况时，协助老人家属将老人进行双向转诊，与上级医院的医生无缝对接，通过有效的医疗信息的互通和交流，使老人的疾病得到最快速度的诊治，提高治愈率，减少误诊，减轻家属负担，减轻老人的痛苦。

## 第二节　天津市以基层为主导的嵌入式医养结合典型案例[①]

### 一、天津市基本情况

第七次全国人口普查数据显示，天津市 60 岁及以上老年人口为 300.3 万人，占全市总人口的 21.66%，其中，65 岁及以上人口为 204.6 万人，老龄化率为 14.75%，高于全国平均水平，已经进入深度老龄化社会。[②] 预测到 2030 年，天津市失能老人数量将超过 20 万。面对当前这种老年人服务需求快速增长的发展态势，天津市需要建立行之有效的医养结合养老服务体系以应对这一严峻的挑战。

### 二、天津市医养结合服务的政策演进

天津市早在 2008 年即开始了医养结合养老服务模式的探索，属于国内最先开始试点的城市，天津市河西区和南开区作为先后选定的试点区，在不断探索的过程中逐步推进医养结合服务的发展。随后，天津市陆续出台了《关于加快我市养老服务业发展的意见》《养老机构管理条例》《关于进一步发展我市居家养老服务的意见》等一系列文件，对“医养结合”的运行主体、基本模式、产业路径和优惠政策等进行了明确。2015 年天津市被列为国家医养

① 赵然．天津市医养结合养老服的实践困境与对策研究［D］．天津：天津工业大学，2020.
② 天津市人口数据［EB/OL］．红黑数据库，2022-12-06.

结合养老服务试点城市，随后该市不断发布多项政策以促进医疗卫生和养老服务结合发展，围绕着机构和社区居家层面全面开展医养结合服务。

2016 年 11 月，天津市人民政府办公厅下发《关于推进我市医疗卫生与养老服务相结合实施意见（试行）的通知》，要求重点推进居家层面医养结合，着力促进社区层面医养结合，全面提升机构层面医养结合养老服务。2017 年 11 月下发的《天津市“十三五”老龄事业发展和养老体系建设规划的通知》，将“推进医疗机构与养老机构加强合作，支持养老机构开展医疗服务，发展老年医疗与康复护理服务”等作为“十三五”期间养老服务体系的主要任务。2018 年 9 月，天津市人社局下发《关于支持医养结合发展有关问题的通知》，进一步明确开设家庭病床服务的条件，并要求按照家庭病床的设立条件，积极推进医疗机构内设养老床位、养老机构内设医疗机构以及其他医养机构，申请建立家庭病床。2019 年 10 月，天津市人民政府连续下发了《关于加快养老服务发展的实施意见》《天津市促进养老服务发展三年行动方案》等系列文件，明确要求加快完善以居家为基础、以社区为依托、机构补充、医养结合的养老服务体系；推动医疗卫生服务和养老服务资源的整合和分工合作，建立和完善长期护理保险制度。随后，天津市医疗保障局下发《关于完善支持符合条件的养老机构内设医疗机构纳入医保定点工作的通知》，支持并开展养老机构内设医疗机构纳入医保定点工作。

2022 年 2 月，《天津市民政事业发展“十四五”规划》对养老服务体系建设提出明确目标，要求大力发展嵌入式养老，到 2022 年，100%的街道、40%的乡（镇）建有区域型嵌入式机构；到 2025 年，区域型嵌入式机构（具备综合功能的养老服务机构）在街道（乡镇）覆盖率达到 100%。开展城乡居家社区养老服务设施建设三年行动，2022 年，城市地区日间照料机构覆盖率达到 90%；到 2025 年，城市地区日间照料机构覆盖率达到 100%，农村地区日间照料机构（含农村互助幸福院）覆盖率达到 70%，“一刻钟”居家养老服务圈逐步完善。

## 三、天津市医养结合养老服务供给情况

养老服务设施是满足老年人养老服务需求的重要基础，是养老服务业发

展的重要载体。《天津市民政事业发展“十四五”规划》指出，截至2020年年底，天津市共有养老机构387家、各类养老床位7.6万张、照料中心（站）1257个，社会建养老机构占全市养老机构总数比重达到85%。[①] 规划中要求按照每年不少于5000张床位的建设进度，到2025年，全市养老机构床位将达到10万张，养老机构护理型床位占比不低于60%。

近年来，天津市全面提升机构层面医养结合养老服务、着力推进社区居家医养结合工作，目前已形成整合照料、联合运行和支持辐射三种服务形式。其中，机构医养结合养老服务的实践主要采取整合照料和联合运行的形式，社区居家医养结合养老服务的实践则采取支持辐射的形式。

### （一）整合照料模式

整合照料模式是指由同一机构兼顾医疗和养老服务，为老年人同时提供养老和医疗服务的模式。天津市对整合照料模式的实践，是以整合机构服务的形式，通过“以养设医”和“以医设养”实现，在保证管理规范的基础上，为老年人提供便捷、高效的服务。其一，“以养设医”服务，如天同医养院，是通过养老机构开展医疗服务的形式开展，包括养老院内设护理院、康复院或保健院，并纳入医保定点范围，在提供养老服务的基础上，全面提升医疗服务水平。其二，“以医设养”服务，如河东中医医院，是通过医疗机构开展养老服务的形式推进医养结合，具体包括：医疗机构建养老院或内设集预防、治疗、护理和保健为一体的护理之家；三级医疗机构开展老年病科；二级及以下医疗机构充分利用闲置资源转型成护理院或康复院。这种模式在利用闲置资源的基础上，为老年人提供照护服务。

### （二）联合运行模式

联合运行模式，如鹤童老人院、和平区长寿老人院等，是通过养老机构与医疗机构的分工协作，简化老年人就医流程，在协调双方利益的基础上，养老机构主要为老年人提供日常所需的全部照料服务，医疗机构则为老年人

① 天津市民政事业发展“十四五”规划［EB/OL］. 天津市民政局，2022-02-07.

提供医疗护理服务，实行双向转诊机制，医疗机构派科室大夫、护士等到养老机构开展医疗服务，老人突发紧急情况可直接送往医疗机构，增加居住在机构中的老年人对医疗服务的可及性。养老机构和医疗机构间相互协作、各司其职，通过这种方式，养老机构节省了开设医疗服务项目的费用，同时医疗机构在减少“社会性住院”的基础上，提高了医疗服务的可及性和利用率。

### （三）支持辐射模式

支持辐射模式是指日间照料中心或社区居家养老服务中心与基层医疗机构或社区卫生服务中心合作，通过医疗机构下派医生或家庭医生的签约服务等，为社区居家老年人提供健康巡诊、定期体检、健康讲座、疾病诊断与治疗、护理康复等上门服务。采取这类模式的主要有河西区马场街、西青区李七庄、南开区学府街、南开区嘉陵道社区等，还有宝坻区康复医院、蓟州区上仓医院等。

## 三、典型案例之天津市津南区天同医养院：“居家—社区—机构”无缝衔接医养结合服务①

天津市津南区位于天津市东南部，第七次人口普查显示津南区常住人口为92.8万人，60岁以上人口占比15.90%，65岁以上人口占比10.28%。② 与2010年第六次全国人口普查相比，人口增长较为明显。面对已进入人口老龄化社会且老龄化日趋加剧的情形，近年来，津南区不断着手探索多元医养结合模式。经过多年的探索与发展，天津市津南区正在运营的养老机构共12家，这12家养老机构均通过内设医疗机构、购买医疗服务或与属地卫生院签订服务协议等形式，为在院老人提供医疗服务，实现了养老机构医疗服务全覆盖。同时，津南区鼓励养老机构内设医疗机构，提高医疗服务质量，并将“医养结合”工作推广延伸到居家养老服务。目前，已有39家社区日间照料中心与属地卫生院签订服务协议，让老人们享受到了便捷高效的医疗服务。

---

① 天津津南区医养结合养老院哪家好——天津市津南区天同医养院［EB/OL］. 养老天地，2020-03-26.

② 2020天津各区县人口排行天津第七次全国人口普查［EB/OL］. 三农创业网，2023-02-21.

开创“居家—社区—机构”无缝衔接医养结合服务模式的天津市津南区天同医养院，属于“以养设医”的典型运行模式，始建于2009年，属于公建民营的形式，坐落在天津市津南区小站镇，占地70亩，建筑面积3.3万平方米，目前床位1000余张，入住率达到98%，基本实现了供需平衡，目前运转良好。天同医养院把“尊老、爱老、敬老”文化作为生存与发展的核心，突出医养结合特色，重点为失能老人开展医疗护理、生活照料等服务，以“康复一人，幸福全家”为使命。医养院通过建立养老院和天同医院（一级医保定点医院），紧密围绕自理、介助和介护老年人的医、食、住、行、乐五大模块开展工作，强调天同“五化”——基地化、产业化、品牌化、市场化和智能化，突出“小综合大康复”的服务特色。

服务形式：天同医养院于2015年开始探索养老服务的延伸拓展，进一步放大机构养老服务功能，避免因养老机构入住率低而导致资源浪费，完善社区、居家、机构三位一体的医养结合服务建设。天同社区养老采取与各街道社区合作的形式进行，已与南开、津南、滨海新区等12个社区合作建立了日间照料中心，通过社区提供日间照料场所，派医护人员、管理人员、护理人员等，满足老年人服务需求。同时以“一平台、多站点”作为服务支撑，通过居家呼叫总平台，在辐射街区设立居家服务站的形式，为老年人提供医生巡诊、家庭照护、旅游、精神慰藉、配餐等服务。至今，平台已辐射包括天津城区、滨海新区、津南区等地的近6万老年人。

服务内容：天同医养院集医疗、预防、保健、康复等功能为一体，在提供普通医院基本医疗服务的基础上，围绕老年人身体需求，开展有针对性的服务。天同医养院设置老年病康复中心、长期照料养护中心和重症护理中心，医疗服务方面主要设有门诊内科、外科、中医科、康复科等，辅助科室包括检验科、影像科等，辅以先进的诊疗设备，提供健康评估、健康管理，实行就医、体检一站式服务；天同医养院凭借专家医生的精湛医术和院内营养师、心理咨询师、护士、社工、护理员等的全力配合，对院内老人开展专业的康复训练，促使老年人的病情得到好转；对于自理老人，医养院重点开展疾病预防、中医养生、运动保健等服务；对于失能老人，重点开展急性医疗、慢性病管理、康复训练、专业护理等服务。持续性、多层次、多样化、全生命周期的医疗服务，提升了老人们的获得感和满意度。

同时，养老院设置休闲娱乐功能服务区，为老人提供开展丰富多彩文化生活的场所，满足老年人文化娱乐、精神慰藉层面的需求。服务区有上下两层。一层为运动区，可以为老年人提供网球、乒乓球、羽毛球、室内台球、门球等各种球类运动。另外，还设有多功能影像厅，可供老人们舞蹈训练、形体训练、瑜伽健身所用，这里还能定期开展养生及各类培训讲座，定期放映电影节目，还可自编、自导、自演一些娱乐节目等。二层为国学堂，是为满足有琴、棋、书、画等需求的老人专门设置准备的，设有练琴房、棋牌室、书画室、阅览室、网吧、茶吧、手工作坊等。手工作坊是该院休闲娱乐的一大亮点，它包括了陶艺、剪纸、制画、编织等项目。

津南区天同医养院的有益尝试，仅仅是津南区积极推进养老机构医养结合的一个缩影。目前，全区养老机构已基本建立起医、养、护一体的养老新模式，让更多老人拥有了老有所医、老有所享、老有所乐的美好生活。同时，津南区还不断完善以居家为基础、社区为依托、机构为补充、医养相结合的养老服务体系，扩大医养结合覆盖面，提高老年人生活质量。

## 第三节　辽宁省以基层为主导的嵌入式医养结合典型案例

### 一、辽宁省人口基本情况

第七次人口普查数据显示，辽宁省全省人口中，60 岁及以上人口为 1095.4 万人，占全省总人口的 25.72%，其中 65 岁及以上人口为 741.7 万人，占总人口的 17.42%，同 2010 年第六次全国人口普查相比，比重分别上升 10.29 个百分点和 7.11 个百分点，辽宁省老龄化程度位居全国第一。[①]

辽宁省老年人口数量多、增长速度快的老龄化问题，已经成为辽宁省的一个重要省情，这势必会对辽宁省的就业、养老、医疗保障工作产生十分重

① 辽宁老龄化程度位居全国首位现行举措有效满足养老需求［EB/OL］. 中国新闻网，2021-06-22.

大的影响。广泛开展适合省情和地域特色的医养结合，是辽宁省应对人口老龄化的一项长久之计。因此，大力发展养老业特别是社区养老服务业、制定完善医养结合政策、扩大长期护理保险制度试点、建立具有养老功能的照护型医院等，实现医养结合、康养一体、慢性病照护、床边门诊、医养无缝对接式的全面养老保障，关系辽宁省未来的永续发展。

## 二、辽宁省医养结合开展情况

### （一）辽宁省医养结合政策推进

为促进辽宁省养老服务的均衡发展，加快形成政府主导、覆盖城乡、可持续的养老服务体系，提高养老服务供给水平，缩小城乡养老服务差距，2016 年，辽宁省人民政府办公厅下发《关于推进医疗卫生与养老服务结合发展的实施意见》，明确将积极支持养老机构开展医疗服务、推动医疗卫生服务延伸至社区、家庭等作为未来工作的主要任务。随后连续 5 年开展居家和社区养老服务改革试点工作，辽宁省沈阳、大连、鞍山、抚顺、丹东、锦州、营口、辽阳、盘锦 9 个市先后获批成为中央财政支持开展居家和社区养老服务改革试点地区，形成了一系列可复制、可推广的经验模式。

2020 年 1 月，辽宁省《政府工作报告》将“开展居家和社区养老服务改革试点，建设 100 个示范型居家和社区养老服务中心”列为十项民生实事之一。随后，在辽宁省 30 个县（市、区）建设 120 个示范型居家和社区养老服务中心，试点单位通过政府扶持、社会力量运营、市场化运作等形式，在优化社区养老服务供给、推动智慧养老、医养结合等方面进行培养和探索，推动了辽宁居家和社区养老服务发展水平的整体提升。同年 11 月，辽宁省首部医养结合地方标准《医养结合基本服务规范》正式实施，厘清了医养结合的重要概念，明晰了服务内容，解决了医养结合服务的对象、服务的场景、基本内容和提供者 4 个关键问题。2021 年 12 月，下发《辽宁省人民政府办公厅关于推进养老服务发展的实施意见》，明确提出要加快推进医养康养相结合的养老服务体系建设。

在一系列政策及实践推动下，目前辽宁省城乡社区养老服务设施覆盖率分别达到100%和61.66%，居家和社区养老服务床位4.77万张，有效满足了辽宁省广大老年人的服务需求。[①] 全省医疗机构普遍开通了为老年人提供挂号、就医等便利服务的绿色通道，养老机构能够以不同形式为入住老年人提供医疗卫生服务，老年人健康养老服务需求逐步得到有效满足。目前，全省医养结合机构共有214家，医疗机构与养老机构签约已有2000余对。[②]

### （二）安宁疗护在医养结合推进中的意义

在辽宁省医养结合推进过程中，安宁疗护是其重点关注并不断探索的重要内容之一。

1. 安宁疗护的内涵

安宁疗护，是指为疾病终末期或老年患者在临终前提供身体、心理、精神等方面的照料和人文关怀等服务，控制痛苦和不适症状，提高生命质量。安宁疗护、临终关怀、舒缓医疗、姑息疗法等内涵具有相似之处，我国将临终关怀、舒缓医疗、姑息治疗等统称为安宁疗护。

1988年，天津医学院临终关怀研究中心的成立代表着我国安宁疗护发展的开始。安宁疗护是一种组织化的医护方案，其成员是一群接受过专业训练的医生、护士、志愿者、社工、理疗师及心理师等的多学科团队。安宁疗护的主要服务对象是自愿接受安宁疗护的无法治愈的疾病终末期患者，如肿瘤及各种处于急慢性疾病终末期的患者。其意义和作用在于为重症患者及家属提供症状缓解、情绪支持、人性照顾与其他综合资源，使患者在有限的时间内，仍可以享有较高的生活质量，有尊严地走完人生最后一段旅程。安宁疗护所强调的是为患者在疾病终末期、临终前，提供身体、心理、精神等方面的照料和人文关怀服务。主要意义和作用是提高生命质量，帮助患者舒适、安详、有尊严地离世。安宁疗护不会加速死亡，也不会推迟死亡，但可以协助和支持患者，让其最后的一段时间可以安心地度过。

---

① 辽宁老龄化程度位居全国首位现行举措有效满足养老需求［EB/OL］. 中国新闻网，2021-06-22.

② 胡婷婷. 辽宁医养结合机构总数达214家［EB/OL］. 东北新闻网，2021-03-01.

2. 安宁疗护对于医养结合推进的意义

人口老龄化是恶性肿瘤发病率持续升高的主要原因。2019 年我国癌症中心发布的最新一期的全国癌症统计数据显示，恶性肿瘤死亡占居民全部死因的 23.91%，《辽宁省 2019 年卫生与人群健康状况报告》也显示，辽宁省死亡人口主要源于心脏病、脑血管疾病、肿瘤、慢性下呼吸道疾病和糖尿病这 5 种慢性病，辽宁省农村居民得 5 种主要慢性病的人数均呈上升趋势。[①] 城市居民恶性肿瘤发病率上升明显，粗发病率为 415.02/10 万，2012 至 2019 年间，男性恶性肿瘤发病率年均上升 3.87%，女性年均上升 4.19%，由此可见，以心脑血管疾病和恶性肿瘤为代表的慢性病仍是威胁辽宁省居民健康的主要疾病，而且这些疾病的粗发病率随年龄的增长而升高。因此处于疾病终末期尤其是晚期癌症患者的生存质量亟待关注。

现行的医疗卫生服务体系以疾病治愈为主导，诊疗措施多以延长生命为目的，在患者的心理与生存质量上所给予的关注相对较少。但对于很多处于生命末期的患者而言，往往需要依赖生命支持技术维持生命、推迟死亡的时间，而临床上所使用的手术、化疗、插管等治疗手段，无疑会给临终老人带来明显的身心痛苦。缺乏心理及生存质量的专业支持，导致临终老人生活质量下降，甚至无法与亲人交流，最后孤独离去。因此，安宁疗护在老人终末期治疗时的作用表现得更为突出。

当然，安宁疗护的开展需取得临终老人及家属的充分知情同意，但是一般而言，独立的医疗机构、医护人员由于临床工作繁忙，较难实现与临终老人及家属充分、详细的交流沟通，从而在一定程度上限制了安宁疗护的开展；独立的养老机构在提供专业的安宁疗护层面缺乏对应的技术和人员支撑，实施效果较难保证。医养结合机构由于其“医疗+养老”的特殊形式，老人大多对机构具有较强的归属感，家属对机构有一定的信任感，医护人员由于其所具备的专业性和相对时间充裕性，能与老人及家属开展充分的沟通，进而消除老人及家属的顾虑，取得支持与认可。因此，医养结合下开展安宁疗护更易取得老人及家属的支持，通过设置温馨的家庭病房，成立由专业的医护、

① 小雨．白皮书来了！辽宁人这些病种发病率高［EB/OL］．大观新闻，2021-04-14.

社工等成员组成的安宁疗护团队，为生命终末期老人及家庭提供身体及心灵的安宁疗护服务。

安宁疗护是我国卫生与健康事业的重要组成部分，不仅关系临终病人安详、有尊严地结束生命旅程，而且关系整个医疗体系的调整与资源的合理分配，完善安宁疗护服务模式，对于医养结合全生命周期服务具有重要现实意义。

### （三）辽宁省安宁疗护的基本情况

近年来，全省各地均在积极探索和推动安宁疗护的发展。2017 年，辽宁省将安宁疗护服务写入医养结合工作。2018 年，辽宁省开展了省级安宁疗护试点机构的申报、评审工作，确立了 17 家安宁疗护试点机构和中国医科大学附属盛京医院省级安宁疗护培训基地，同年在培训基地开展了缓和医疗专科护士的培训和认证。2020 年，辽宁省地方标准《安宁疗护基本服务规范》出台，为安宁疗护服务的开展提供了充分的依据和指导。

2019 年沈阳市被确定为第二批国家级安宁疗护试点城市，全面开展试点调查，不断加强队伍建设，探索构建价格体系、药品配备、资金支出和社会力量参与的制度保障，逐步推动安宁疗护体系建设，打造安宁疗护“盛京模式”，即三级医院与社区医院上下联动的同质化服务“样板间”。① 目前沈阳市现有中国医科大学附属盛京医院（指导中心）、沈阳市和平区北市社区卫生服务中心、沈阳市安宁医院等 13 家安宁疗护试点机构，其中包括 9 家二级以上医院、4 家基层医院。大连市成立全省首家市级安宁疗护中心，全市现有安宁疗护机构 16 家、床位 270 张，在全省率先实行安宁疗护医保统筹基金按床日费用结算，确保癌症晚期患者得到连续、适宜的照护医疗服务。② 抚顺、本溪、丹东、锦州、阜新、辽阳、朝阳、盘锦、葫芦岛等市多家综合医院也在逐步探索开展符合本地实际的安宁疗护服务模式。

2022 年，辽宁省将组织开展第二批省级安宁疗护试点工作，推动有条件

---

① 徐佳婷，张文魁．沈阳专家解读安宁疗护：这 13 家医疗机构陪伴生命舒适走完最后一程［EB/OL］．World 辽，2021-03-24.

② 我市 16 家医疗机构开展安宁疗护服务［EB/OL］．大连晚报，2022-03-01.

的地区探索建立机构、社区和居家安宁疗护相结合的工作机制，鼓励医疗机构根据功能和定位在老年医学科、肿瘤科等开设安宁疗护病区或床位，并进一步加强生命教育和人才队伍培养。

## 三、典型案例之辽宁省沈阳市和平区北市社区卫生服务中心：社区卫生服务中心开展安宁疗护的经验分享

2019年，在国家卫健委公布的“全国医养结合典型经验”名单中，“辽宁省沈阳市和平区北市社区卫生服务中心：社区卫生服务中心开展安宁疗护的经验分享”被作为典型经验，向全国推广。基层嵌入的安宁模式，从临终老人的心理及生命质量需求出发，提供针对性和弹性化照顾服务，跨越社区、机构、医院和社服的界限，为老年人提供全生命周期的照护服务。

### （一）北市社区卫生服务中心开展安宁疗护的基本情况

辽宁省沈阳市和平区北市社区卫生服务中心于2017年4月开始推进安宁疗护服务，2018年9月，中心成为辽宁省首批安宁疗护试点医院。北市社区卫生服务中心开展安宁疗护的初衷是让终末期患者有尊严、有质量地走完最后的人生历程，让家庭医生在居民整个生命周期的不同阶段都能进行管理、提供帮助，不留死角。经过多年的探索与完善，目前已形成了一套较为完整的机制。

该中心现以老年病房为依托，设置26张床位，专门收治因各种疾病发展导致生命走向终末期的患者，其中又以肿瘤晚期患者居多，为他们提供包括症状控制、舒适护理、心理支持和人文关怀等在内的多种服务。北市社区卫生服务中心组建了包括5名医生、10名护士和1名心理咨询师在内的安宁疗护团队。[①] 其中心理咨询师作为志愿者，每周三下午到病区为患者和家属们提供无偿的心理咨询等服务，平均一位患者要花费2~3个小时的时间。2018年9月，该中心还成立了由3名护士和2名医生组成的灵性照护小组，灵性照护小组充分发挥护士便于与患者进行有效沟通、拉近患者和医护人员距离的作

---

① 许英菡．安宁疗护在社区的“打开方式”有何不同？［EB/OL］．搜狐网，2020-10-15.

用，让患者在唠家常的亲切环境中体验服务，从而赢得患者和家属的信任。

考虑到社区医疗机构多学科协作能力有限，专业划分不如三级医院精细，一旦患者突发急症很难进行有效紧急处理，为此，北市社区卫生服务中心于2019年4月与盛京医院宁养病房形成了医联体，一方面，建立了上下转诊机制，另一方面，盛京医院的专家也能到北市来查房、指导，为患者提供同质化的安宁疗护服务。

北市社区卫生服务中心未来将尽快着手建立由三级、二级及基层医疗机构组成的同质化的安宁疗护联合体，打造“安宁疗护联合体样板间”，为全国安宁疗护工作提供可复制、可推广的沈阳经验。

（二）北市社区卫生服务中心开展安宁疗护的服务内容

北市社区卫生服务中心开展的安宁疗护服务主要包括症状控制、舒适护理、心理支持及人文关怀、对患者家属的哀伤辅导四项内容。

1. 症状控制是安宁疗护要达成的第一目标。症状控制是指给予必要的治疗及营养支持，积极控制患者疼痛、呕吐、水肿等不适的躯体症状，让患者感觉舒适，提高生命质量。只有患者的症状控制好了，患者才会信任服务人员，才能进行有效的沟通。

2. 舒适护理是指以患者为中心提供个人卫生、防褥疮、翻身叩背、大小便等日常护理照料及输液穿刺、胃管尿管更换等全方位的更加细致的贴心服务，最大限度地减轻患者的痛苦。

3. 心理支持及人文关怀是通过邀请专业的心理咨询师、志愿者、灵性照顾师等加入整个安宁疗护团队，予以患者全人、全队、全家、全程的“四全”照顾，帮助他们学会道歉、道谢、道爱、道别的“四道”人生。当然，从症状控制到心理支持和人文关怀，往往需要一个过程。

4. 对患者家属的哀伤辅导。也就是在患者即将离世或者离世以后，帮助患者家属进行情绪调整，以及解决患者及家属在住院期间的各种困惑，如家里的各种矛盾或纠纷等。这类服务在一般的医院很少企及，但是安宁疗护要求从患者身、心、社、灵的全身心角度提供照护，所以不仅要关注患者的疾病，还要关注他的整个家庭。只有他的家庭关系理顺了，才能明确如何去帮助这个家庭在安宁疗护期间渡过难关。

（三）北市社区卫生服务中心安宁疗护案例①

案例一：

61 岁的班女士因脑胶质瘤入院，入院时情绪低落，郁郁寡欢，且拒绝手术，唯一的愿望就是减轻头痛。北市社区卫生服务中心予以间断性的甘露醇、激素等对症治疗，不仅其头痛得到明显缓解，还能下地走路，食欲也得到明显改善。

虽然经过 8 个月的悉心治疗和照顾，班女士还是安静地离开了。临终前她曾说："刚诊断出恶性肿瘤的时候，医生说我即使手术也活不过半年，而 20 年前和我患同种病的姐姐，是手术后卧床 6 个月离世的，如今我已经活了 8 个月，而且很有生活质量，我非常知足了。"

案例二：

54 岁的赵先生在常规体检时发现肺部病变，经过辗转多家大医院诊断为小细胞肺癌，因为已经发生骨转移和脑转移，医生建议保守治疗。

刚刚进入北市社区卫生服务中心时，赵先生身体极度虚弱，说话声音很小，医护人员通过沟通发现他是个非常乐观的人，对自己的疾病也有一定认识。赵先生说："医生说我最多能活一个月，我心里有准备，但我姑娘还有两个月就生产了，我真希望能活到那一天。"了解到赵先生的心愿后，北市社区卫生服务中心医护人员决定一定要尽最大的努力，延长他的生命，帮他实现愿望。

为此，中心医护人员组织了病例讨论，着重解决患者的主要矛盾。患者由于疼痛在家口服止痛药效果不佳，食欲下降，体力逐渐透支。入院后，中心医护人员逐渐调整吗啡止痛药剂量，并予以营养支持治疗。一周后赵先生疼痛已经完全缓解，进食明显增加，说话声音也变得洪亮了。一个月后，赵先生出现了嗜睡症状，并且说话吐字不清，间断呕吐，考虑他脑转移出现了颅高压的表现，予以甘露醇对症维持。三天后神志转清，说话也流利了。

---

① 徐佳婷，张文魁．沈阳专家解读安宁疗护：这 13 家医疗机构陪伴生命舒适走完最后一程［EB/OL］. World 辽，2021-03-24.

入院两个月后，当听到外孙出生的消息后，赵先生高兴得一天都合不拢嘴。而后，赵先生又有了想见小外孙一面的愿望。就这样，中心医护人员尽全科室医护人员的最大努力，精心调整治疗方案，直到小外孙满月，姑娘带着孩子来看他，了却了赵先生最后的心愿。4 天后，赵先生不留遗憾地离开了人世。

以上所选取的案例充分体现了北市社区卫生服务中心安宁疗护的成效。

基层嵌入式医养结合模式下的安宁疗护，作为一种为终末期老年人提供全方位照护的模式，可以在充分发挥基层优势的基础上，有效实现对于临终老人尊严和体面的保全，目前已逐渐成为医养结合服务中的关键一环和重要内容，为医养结合的全方位推进提供了新的思路。

## 第四节　上海市以基层为主导的嵌入式医养结合典型案例

### 一、上海市人口老龄化情况

上海市是全国最早进入老龄化社会的超大城市。2000 年和 2010 年上海市 60 岁及以上人口比重分别比全国高 4.5 个百分点和 1.8 个百分点。第七次人口普查的结果显示，上海市 60 岁及以上人口为 581.55 万人，占总人口的 23.4%，比 2010 年增加 8.3 个百分点，其中，65 岁及以上人口为 404.9 万人，占总人口的 16.3%，比 2010 年提高 6.2 个百分点。上海老龄人口比重比全国高 4.7 个百分点。①

为了实现城乡老年人老有所医、老有所养，上海市近年来不断优化资源配置，创新工作机制，积极推进医养结合实现高质量发展。在“十四五”规划中，上海市明确提出了“积极应对人口老龄化”的重点举措，将着力持续提升老年人生活品质和生命质量，建设老年友好型社会，积极开发老龄人力资源，推进老有所为。

---

① 从 2010 年至 2020 年人口变化，看上海未来发展［EB/OL］．启爱家悦，2022-05-21.

## 二、上海市医养结合开展情况

老年人民生问题关乎家庭和谐幸福。上海市在推进医养结合、满足老年人健康服务需求的同时坚持资源协同，提升基层老年人健康服务能力。以需求为导向，拓宽医养结合服务对象范围，提高服务质量是上海市医养结合的实践特色之一。

### （一）上海市医养结合政策发展历程

上海市医养结合政策发展起于 2014 年，在医养结合服务的试点推广中，逐步确立了服务框架。2014 年 4 月，上海市卫计委（现卫健委）下发《2014 年上海市基层卫生工作要点》的通知，明确将加快推进老年护理服务体系建设、推动医养结合列为工作重点内容之一，要求加强养老机构的医疗支撑。支持养老机构内设医疗机构发展，制定实施养老院内设医疗机构的设置标准和服务规范，加强人员培训，提高服务能力；支持养老机构与所在地医疗机构建立合作机制，建立服务绿色通道；在建立激励补偿机制的基础上，鼓励社区卫生服务中心为区域内养老机构住养老年人上门提供适宜的基本医疗服务，以基层为主导的嵌入式医养结合初见雏形。2015 年，颁布的《关于进一步推进本市卫生计生系统医养结合工作的通知》进一步明确了医养结合的实践路径和服务范畴。2017 年 4 月，《上海市老年医疗护理服务体系发展“十三五”规划》下发，明确指出社区卫生服务中心要发挥作用，为老年人提供全面、连续的医疗卫生服务，建立社区卫生服务中心与邻近养老机构的签约服务机制，打造以托养、居家护理家庭病床为业务内容的医养结合服务体系，全面实施老年人照护统一需求评估。

在相关政策的逐步完善下，通过推广长期护理保险、制订高龄老人的医疗护理计划、贯彻落实社区卫生服务中心和养老机构的签约服务等，大力发展特色医养结合服务，上海市逐步实现了医疗资源和养老服务护理在需求层面的相互配合。2018 年的《上海市基层卫生工作要点》指出，上海市应当总结并推广国家医养结合试点地区的工作经验，根据国家和有关部门的要求，在本市建立医养结合服务示范单位。随后下发的《上海市卫生和计划生育委员会关于做好本市养老机构内部设置医疗机构备案工作的通知》明确，养老服务机构应根据自己的业务范畴和实际情况建立嵌入式医疗服务机构，并从建立流程、建立标准和资质审批等方面确立规范，推动上海市医养结合服务的发展。

2020 年 10 月，上海市卫生健康委员会发布《关于深入推进本市医养结合发展的实施意见》，将健全医疗卫生机构与养老服务机构签约合作机制、做强社区卫生服务中心医养结合平台等作为医养结合发展的重点内容。要求养老机构（社区托养机构）与周边的医疗卫生机构开展多种形式的签约合作，发挥社区卫生服务中心平台整合各类资源的功能，面向居家社区机构老年人提供全面、连续、有针对性的服务。探索将符合条件的社会办综合门诊部、全科诊所、护理中心、康复医学中心等纳入医养结合范畴，加大医疗康复护理服务供给。同时，根据不同机构住养老年人的类型与健康需求特点，结合社区基本服务项目，制订分层分类服务包，进一步优化服务。

经过数年的实践，上海市拓展了医养结合的理论概念与实践范畴，打造了有特色的医养结合示范区域，形成了医疗机构签约、内设医疗机构、养老服务机构与医疗机构并存、临近设置等若干医养结合服务模式。医养结合服务在应对当地人口老龄化过程中发挥了重要的作用。

### （二）上海市医养结合取得的成效①

2019 年年底，在国家卫生健康委老龄健康司公布的“全国医养结合典型经验名单”中，上海有 10 余例典型经验入选，大部分来自基层主导的经验总结。上海市将医养结合作为上海社区卫生五大平台功能之一，当前全市有 246 家社区卫生服务中心、745 个社区卫生服务站、1179 家村卫生室，有 9953 名全科医生、3164 名乡村医生，形成了广覆盖的基层服务网络，全方位为老年居民提供基本健康服务。上海市同时推进老年人家庭医生签约服务，全市家庭医生“1+1+1”（居民可自愿选择一名社区卫生服务中心家庭医生、一家区级医院、一家市级医院签约）签约的 60 岁以上老年人已超过 400 万人。近

① 甘贝贝．聚焦上海医养结合：沪上的幸福养老经［EB/OL］．光明网，2020-09-27.

6000个家庭医生团队或工作室，为签约老年人提供针对性的健康管理、长处方、延伸处方、优先预约转诊等健康服务。

在加强对老年人居家医疗服务方面，上海市在全国率先出台《上海市家庭病床服务规范》这一地方性标准，之后又出台《上海市家庭病床服务办法》等，全面推进家庭病床服务并显见成效。按照户籍人口5‰（城区）、2‰（郊区）配置标准，上海市家庭病床数超过7万张，每年上门服务超过70万人次，95%的服务对象为60岁及以上老年患者。同时，作为全国最早开展安宁疗护的试点地区之一，上海市全面构建机构、社区与居家相结合的安宁疗护服务体系，实施基于需求、上下联动、分工协作的安宁疗护服务机制，现已基本形成主体多元、功能健全、模式多样、服务规范的安宁疗护服务体系。目前，200余家医疗机构获得开展安宁疗护服务的许可，现有900余张机构床位和700余张居家床位，累计服务临终患者2.87万人次，所有社区均实现了安宁疗护服务的有效开展。

近年来，上海一直探索智慧健康养老新模式。2019年，上海市80家首批标准化智慧健康小屋建设列入上海市政府实事项目。2021年，上海基本实现了每个街镇至少有一家标准化智慧健康小屋，逐步从居住社区延伸至学校、企事业单位、楼宇等功能社区，并通过智慧健康设备延伸至民众家。

### 三、典型案例之上海市静安区共和新路社区卫生服务中心：推进“1+25+X”健康管理，构建社区智慧养老模式[①]

上海市静安区共和新路街道社区卫生服务中心是静安区共和新路街道社区志愿服务中心领导下的志愿团体，成立于2017年5月。2020年，辖区内60岁及以上老年人3万余人，占户籍人口的40.16%，老龄化程度较高。为应对老龄化，更好地为老年人提供安全、便捷、舒适的服务，上海市静安区共和新路社区卫生服务中心探索并形成了“1+25+X”健康管理及社区智慧养老模式。

“1+25+X”是指，该中心通过1个健康驿站、对应25个居委康健苑，链

① 上海市静安区人民政府，共和新路街道医养结合，智慧养老“服务到家”［EB/OL］．新民晚报，2020-10-20.

接X家社区单位（家庭），线上线下无缝提供健康服务。截至目前，健康驿站已建立有效健康档案3400余份，为老年人服务约11.75万人次。

### （一）1个健康驿站

智慧健康养老是近年来上海市大力推进的医养服务之一，其中，智慧健康小屋/驿站是2019年上海市政府开展的为民办实事项目之一。在静安区共和新路街道社区卫生服务中心搭建的智慧健康驿站，拥有多种智慧化设备体检设备，居民无须挂号付费，只需要拿出身份证或社保卡，放在机器上，即可人脸识别。验证通过后，根据语音提示，开展相关健康指标的测量。在这里不仅可以免费体检，还能获得健康咨询师的专业建议、免费的健康评估和健康讲座等服务。

智慧健康驿站分健康检测区、健康指导区、远程宣教区、身心舒缓区4个区域，健康检测内容包括身高、体重、血压、血氧、心率、心电图、人体成分、骨密度、动脉硬化、肺功能、眼底摄影、人脸识别健康系统、中医体质辨别等；体能测试内容包括握力测试、反应时测试、闭眼单脚站立测试、俯卧撑测试、坐位体前屈测试、一分钟仰卧起坐测试、纵跳测试、台阶试验测试等。

智慧健康小屋设立的目的就是希望老百姓将健康的金钥匙牢牢握在自己手里，未病先防，既病防变，愈后防复。在街道、居委会的宣传引导下，鼓励老年人定期到健康驿站开展健康自测，方便社区居民进行健康自我管理，也方便家庭医生开展健康管理，帮助老年人建立健康档案。便捷的服务大大提高了居民的利用率。

### （二）25个居委康健苑

康健苑是街道康健驿站的延伸平台，位于25个居民区内，方便老人就近进行健康管理。通过居委康健苑，形成如高血压、经脉拍打、糖尿病干预等诸多健康管理或慢性病干预小组，小组中老年人在康健驿站老师的带领下每天坚持广泛开展健康管理，通过微信群等，建立相互监督机制，科学检测、科学管理，促进老年人养成合理、健康的饮食及行为习惯。

依托康健驿站延伸建立的康健苑，借助信息化，形成一站多点的健康自检体系，老年人可以通过微信号“七彩健康云”将检测结果“秒传”至手机，依托动态更新的健康档案、健康检测指标，大数据平台将帮助老年人发现身体异常并及时发出预警信息，做好守护老年人健康的好管家。街道通过合作平台“春雨医生”等，提供7×24小时远程实时问诊，让老年人可与近万名医生在线一对一交流互动，为老年人建立方便快捷的看病、问诊一站式服务。

同时，共和新路街道社区卫生服务中心还与华东医院、岳阳医院、第十人民医院各医联体合作单位达成合作意向，为辖区老年人开辟绿色就诊通道，为特殊情况的老人提供院后干预和随访服务，形成院前、院中、院后健康管理闭环，做好老年人身边贴心的“医护管家”。如街道与上海市第十人民医院合作，依托上海市科委重大项目，目前已初步形成早期认知障碍筛查的工作流程。利用“1+25+X”平台，在社区老年人中开展认知障碍筛查，并进行早期干预；依托复旦大学附属华东医院—静安区康复医疗联合体，上海市第四康复医院的康复技师直接入驻该中心，指导开展社区康复服务，加强老年人全程社区康复管理；依托“1+25+X”平台，与第三方公司合作，推广居家康复服务，形成“康复专科医院—社区卫生康复—居家康复”的全程闭环康复服务的新模式。

### （三）线上线下相结合

信息技术的快速发展和智能化服务的广泛应用，为老年人出行、就医、消费等日常生活提供了便利。上海市静安区共和新路社区卫生服务中心构建智慧养老服务模式着力推进线上线下相结合的养老服务模式。线上服务以健康信息管理系统为平台，以居民健康档案的实务应用为导向，实现便捷的健康信息获取、家庭医生预约等。线下服务则通过“走进去”和“走出来”相结合的形式，由居委会、社区卫生服务中心及社工多方联动，共同为辖区内老年人开展健康相关服务。同时，微信服务号“智慧健康云”可以实现对老年人健康的全程关注和线上与线下的有机结合。

## 第五节 浙江省以基层为主导的嵌入式医养结合典型案例

### 一、浙江省人口老龄化情况

第七次人口普查数据显示，浙江省全省常住人口，60 岁及以上人口为 1207.3 万，占 18.70%，其中 65 岁及以上人口为 856.6 万，占 13.27%。[①] 与 2010 年第六次全国人口普查相比，60 岁及以上人口比重上升 4.81 个百分点，65 岁及以上人口比重上升 3.93 个百分点。自 2010 年以来，浙江省老年人口净增人数和增长率（均与上年同期相比）大多在 38 万和 4%以上。2019 年，全省净增老年人口 30.89 万人，增长 2.75%，均为 10 年来最低。老年人口增速的下降是浙江省老年人口从快速增长到急速增长的一个间隙期。同时，全省各地市“变老”趋势出现差异，杭州等城市人口老龄化率增速放缓，原来杭州市户籍老年人口占比一直高于全省平均水平，2019 年这一态势发生逆转，当年杭州市老年人口占比 22.55%，首次低于全省平均水平（22.87%），2020 年，杭州市这一比例为 23.13%，继续低于全省平均水平。据分析，这一转变与杭州市近年来大量年轻人口流入密不可分。但山区、海岛老龄化形势越来越严峻。2020 年，衢州市户籍老年人口占总人口比例达到 23.48%，首次高于全省平均水平。舟山市户籍老年人口 29.11 万人，占总人口的比例达到 30.26%，成为全省首个老年人口占比突破 30%的地市。

根据《浙江省老龄事业发展“十四五”规划》，“十四五”时期浙江省老年人口将进入急速增长阶段，预计到 2025 年，60 岁及以上户籍老年人口总数将达到 1500 万，占比 28%左右，人口老龄化压力依然较大。

### 二、浙江省医养结合开展情况

近几年，浙江省经过各机构的不断探索，逐渐形成了“养中有医”“医中

① 浙江省第七次人口普查系列分析之一：总量与分布［EB/OL］. 浙江省统计局，2022-07-22.

增养”“医养协作”等多种医养结合服务模式。目前该省共有医养结合机构345家、床位13万张。多形式开展、基层嵌入、数字赋能是其典型的特征。①

### （一）形成多种医养结合模式

目前，浙江省开展的医养结合服务可以总结归纳为如下五种主要形式。

1. 医疗卫生服务延伸至社区、家庭。主要以高标准医疗服务下沉的形式开展。如作为综合医院代表的绍兴文理学院附属医院，通过每月收取几元至几十元的床位费的形式，为长期有需求但病情不符合住院条件的患者提供便利配药、化验检查等服务，并纳入医保报销。社区卫生服务中心则为所在辖区的居民提供了“医养护一体化”服务。除了为所在辖区的老人提供建立健康档案等基本公共卫生服务外，还提供居家康复、居家护理、居家营养、居家药事和出院准备计划、急性中后期照护5类36项为主的上门服务。

2. 医疗卫生机构转型开展养老服务。主要通过医疗机构整合现有医疗资源，转型为老年康复医院、老年护理院、临终关怀院等，或根据服务需求设置老年床位。典型实例如原杭州市拱墅区中医院转型为浙江老年关怀医院。

3. 医疗机构与养老机构协议合作。由医疗机构和养老机构以签约、托管、对口支援、合作共建等形式建立业务合作关系，互利共赢，开展一体化服务。如浙江医院利用其老年医疗服务的特色资源，与杭州市社会福利中心、西湖区社会福利中心等多家养老机构合作，签署合作协议，为老人开通绿色通道，提供优先就医、预约就诊、健康体检、保健咨询、医疗巡诊、急诊急救等服务。

4. 民营医疗机构和养老院结合的方式。与养老院毗邻而居或同属一个民营机构管理的民营医院，通过与养老院结合的方式，为老年人提供医养服务。如杭州萧山康达中医医院与康达老年护理中心同址设立，实行“两块牌子、一套班子”的统一管理的方式，机构功能上分为医疗床位和养老床位，不仅可收治患病老人，还可为处于病后康复功能恢复期的患者提供生活照料、康复护理等服务。

---

① 浙江目标到2025年建成1000个康养联合体［EB/OL］. 新浪网，2021-09-30.

5. 养老机构增设医疗资质。支持有条件的养老机构，按相关规定申请开办老年病医院、康复医院、护理院、中医医院、安宁疗护机构等，或内设医务室（护理站），提供基本医疗服务。如杭州金秋钱塘老年公寓引进了以老年病为特色的综合性医院——杭州怡养医院进入园区，方便老人日常就医。

### （二）基层嵌入，拓展社区医养工作

为加强医养结合机构和设施建设，浙江省通过实施社区医养结合能力提升工程，推进乡镇、村医疗卫生与养老服务设施统一规划、毗邻建设，进一步整合资源，明确城区新建社区卫生服务机构可在内部建设社区医养结合服务设施。在社区医养服务工作推进层面，浙江省在 21 个乡镇卫生院（社区卫生服务中心）开展提升医养结合服务能力试点项目，并加强老人家庭医生签约服务，着力推进居家上门服务，目前浙江有家庭医生团队 1.3 万余个，提供上门服务的医疗服务机构 3200 个。[①]

### （三）数字赋能养老服务，有效让智能服务便利化

目前，浙江省正大力推进养老服务数字化建设。如通过浙江省“浙里养”平台，对浙江省养老服务工作进行大数据管理，将养老服务列入数字社会建设的重要内容，配套“养老云”数据库，推进养老服务与医疗保障、社会保险、社会救助等的数据互通。与此同时，浙江省指定了 37 个地方试点“一床一码”、康养联合体、智慧养老院、智慧养老社区、家庭养老床位、养老人才培育、养老服务智慧监管七大应用场景。在推广智能技术方面，该省正在推进高科技养老产品应用，支持多场景家庭智能照护设备应用，打造智慧养老服务新模式。智能服务的便利化程度，尤其需要重视养老服务智能系统的简单化、便捷化开发应用，同时也需要开展老年人数字应用培训，以解决老年人智能技术运用困难的难题。

“十四五”期间，浙江省计划构建包括健康教育、预防保健、疾病诊治、康复护理、长期照护、安宁疗护在内的综合连续、覆盖城乡的老年健康服务

① 张煜欢，魏嫣然．浙江目标到2025年建成1000个康养联合体形成康养服务网［EB/OL］．中国新闻网，2021-09-30.

体系，提出了各类机构建设的数量比例。在谋划老年健康服务体系上，浙江省计划2025年建立省、市两级老年医疗中心，新增老年医院和护理医院、康复医院等医疗机构100家以上，20%以上的乡镇卫生院（社区卫生服务中心）开展安宁疗护服务。在谋划康养体系建设上，争取到2025年建成1000个康养联合体，形成覆盖全省的康养服务网络。

## 三、浙江省医养结合典型案例

### （一）典型案例之宁波市鄞州区钱湖医院：以医院转型为抓手的基层医疗保健医养服务模式

1. 宁波市医养结合整体情况

宁波目前已迈入超老龄化社会。与2010年第六次全国人口普查相比，第七次人口普查宁波市常住人口中，60岁及以上、65岁及以上人口的比重分别上升4.84个百分点和3.98个百分点，分别达到18.1%和12.59%。① 截至2020年6月底，全市80岁以上高龄老人22万，占老年人总数的14.1%，较2010年初增长47%。2010-2019年10年间，宁波市低龄老年人口、中龄老年人口和高龄老年人口占总人口的比重分别从3.68%、5.32%、2.61%上升到14.61%、7.41%、3.61%左右。为应对伴随高龄化、空巢化而来的养老与医疗服务需求的日益增长，从2012年开始，宁波市先后出台多项政策，陆续开展各层级的医康养护试点工作，为医养结合的有效推进积累了丰富的实践经验。截至2018年年底，宁波市共有医疗机构（不含村卫生室、诊所）1057家，其中康复医院、护理院、安宁疗护机构18家，80%的二级以上综合医院开设了老年病科，65周岁及以上老年人健康管理率达到67%。在运营的266家养老机构中，提供医疗卫生服务的有251家，养老机构医疗卫生服务覆盖率达到94%；约95%的居家养老服务中心（站）与医疗卫生机构建立了合作关系；全市有护理型床位18075张，每万名老年人拥有护理型床位1.25张，其中养老机构护理型床位13522张、医疗机构护理型床位4553张。②

---

① 宁波市第七次全国人口普查主要数据公报［EB/OL］. 宁波市人民政府，2021-05-17.

② 陈敏. 我市医养结合服务模式趋于多样化［EB/OL］. 宁波日报，2019-10-10.

宁波市坚持标准建设与制度建立相结合，在全国率先推出了一系列医养结合促进政策与实践，如民办营利性养老机构建设补助制度、民办非营利性养老机构建设补助标准、养老护理员特殊岗位津贴制度、独立成立“宁波老年照护与管理学院”等，为老年人提供多层次、多元化的服务助力。

2. 宁波市鄞州区钱湖医院：以医院转型为抓手的基层医疗保健医养服务模式

宁波市钱湖医院抓住我国基层医疗体制改革的契机，明确工作思路，调整医院定位，充分发挥基层嵌入式医养结合的优势，形成了以医院转型为抓手的基层医疗保健医养服务模式，实现了规模不断扩大、效益快速增长的良性发展，成为宁波市唯一一家被国家卫健委评为“全国医养结合先进典型”的医疗机构。

（1）宁波市鄞州区钱湖医院基本情况

钱湖医院（东钱湖镇社区卫生服务中心）是一所公立二级乙等综合性医院，地处浙江省宁波市东钱湖畔。经历了 90 多年的发展历程，是东钱湖区内唯一的红十字医院、宁波老年医学专家临床指导基地和宁波市九三学社社会服务基地。医院自然环境优美，设施设备先进，学科体系完整，技术力量雄厚，是国家新一轮医疗体制改革后成功转型发展的区域基本医疗服务龙头。

医院建筑面积 22000 平方米，住院部床位 200 张。现有职工 300 余人，其中中高级卫技人员 70 名。① 经过多年快速发展，医院拥有一支以优秀临床医生为骨干的专业队伍。皮肤科、疼痛科等专科门诊在市内外享有盛名；内科、外科、妇产科、儿科等传统科室人才辈出，医疗综合服务能力不断增强；引进中医科、骨伤科、呼吸内科、神经内科、心血管科、内分泌科、肿瘤外科、神经外科等知名专家开设专科门诊，医院的影响力日益扩大；钱湖国医馆、李惠利医院钱湖康复中心、老卫协临床指导基地等成为钱湖医院新的亮丽名片，赢得了同行的认可和社会的信赖。

（2）以医院转型为抓手的基层医疗保健医养服务的开展情况②

随着区域规划的调整和城乡差别的不断缩小，钱湖医院持续面临就诊率下降、床位大量闲置、医疗服务质量不高、群众满意度较低的巨大压力，发

---

① 宁波市鄞州区钱湖医院，医疗人才网．https：//www.job120.com/companyvip/822424.

② 陈敏．医养结合，让晚年生活更美好［EB/OL］．宁波市卫生健康委员会，2019-11-26.

展遭遇前所未有的难题与困境。

国家基层医疗体制改革的逐步深入为钱湖医院的发展带来了契机，在探索并推进医养结合的过程中，钱湖医院走出了经营困境，医养结合成为钱湖医院这一基层公立医院转型发展的一个突破口。结合基层医院的服务对象和功能定位，钱湖医院在上级卫生行政部门的指导下，整合盘活现有各类资源，适时调整并确立了“以医联体双向转诊为纽带，以社区卫生服务为平台，以老年病、慢性病及康复期病人为主要服务对象”的发展新战略。通过强化“接续性医疗”学科布局，把为区域内“大医院不想要”“养老院与乡镇卫生院要不了”的各类失能与半失能老年病人提供“医、养、康、护、管”五位一体的医养结合服务作为自身工作的重心。

浙江省首家医养融合院——东钱湖医养融合院，成立于2015年1月，是在钱湖医院闲置的80张住院床位基础上建立的一家独立法人的民办非企业机构，主要服务面向为众多需要照护的罹患慢性病的老年人。为打破医疗与养老服务转化与结合的困境，东钱湖医养融合院以“家庭病床”的形式面向老年病人开展医养结合服务，在老年病人由于疾病加重需要转化或增加医疗服务时，不需要调换床位即可就地转化为普通住院病床，实现了医养结合体制和机制上的突破。

同时，原有专业化的医疗资源为医养融合院的服务创新提供了良好的技术支撑。近年来，钱湖医院以老年病医疗市场需求为导向，多途径开创医养结合服务供给新思路。一方面，组建医养结合服务小分队。由专业医护人员形成的医养结合小分队，以签约的形式深入机构和家庭，为辖区内各养老机构、居家养老中心及重点家庭签约病人提供所需的医疗服务。另一方面，打造慢性病“俱乐部”。结合当地老年人慢性病和老年病的发病情况，将专科医生纳入签约团队，为“高血压、糖尿病、慢性阻塞性肺疾病、脑卒中、骨质疏松”病人提供有针对性的、专业的健康管理服务。再者，形成域内医养结合闭环服务链。对有着不同医养服务需求的老年病人，东钱湖医养融合院以“双向转诊”的形式实现全周期的医养结合闭环服务，即对需要在医院内养护的老年病人“中转”至医养结合专业病区，而对超出本院医疗能力范围的急重老年病人则通过医联体“上转”至上级医疗机构。东钱湖医养融合院在不断的探索过程中形成了“强基层”的新路子，在推进医养结合与医院服务能力协同提升方面具有了重要的参考价值。

经过多年的努力，医院面貌发生了根本性变化。从东钱湖医养融合院成立至今，医院的门诊量、住院量与总业务量成倍增长，住院病床增加数连年突破，使用率常年保持在95%以上，住院床位由核定的120张开放至200张，职工收入与群众满意度均大幅提高。围绕医养结合服务工作建设的心肺康复、慢性阻塞性肺疾病及骨质疏松三个专业成为市级以上专病中心，康复科与呼吸科被评为宁波市基层名科。医院的改革发展经验成为全国基层医疗机构发展医养结合的样板和标杆。

目前，钱湖医院是中国中医研究促进会医养结合分会常务理事单位、浙江省医养结合试点单位、宁波市首批长期护理保险试点单位、浙江省医养结合试点单位与国家卫生健康委医养结合先进典型案例。另外，钱湖医院还作为牵头单位成立了县域内的慢性病医养融合专科联盟，将技术与品牌向其他基层医院推广复制。

### （二）典型案例之温州市泰顺中佳廊桥康养中心：嵌入式医养结合让老年人“养中有医”①

#### 1. 温州市泰顺县人口老龄化情况

温州市泰顺县常住人口中60岁及以上人口占22.4%，65岁及以上人口占16.4%，老龄化程度位列温州市第二。近年来，泰顺县立足山区实际，将养老服务体系建设作为推动养老领域共同富裕的突破口，通过构建“一圈一图一体系”线上线下相结合的立体养老模式，着力推动山区传统养老服务业向现代养老服务业的转型升级。

#### 2. 温州市泰顺县医养结合开展情况

泰顺县在医养结合服务开展中，一方面，优化机构布局，延伸服务触角。通过出台创建统分结合养老服务新模式的实施意见，推动“1+3+5+X”养老设施建设，即“县城区1家中高端康护中心+3家200张以上的公办护理型养

① 泰顺：构建“一圈一图一体系”立体养老模式，山区养老服务转型升级．［EB/OL］．浙江新闻，2021-11-01.

老机构+5家乡镇敬老院向区域性养老院改造升级+X家民办养老机构作为补充”的“一域一院多点”养老布点，实现了公办养老机构与民办养老机构的相互补充。采取“改造升级一批，盘活扩建一批，整合资源一批，泰商捐建一批”等方式，在群众家门口建设农村（社区）居家养老服务照料中心。目前，已建成乡镇养老服务中心20家，农村（社区）居家养老服务照料中心213家，实现了乡镇全覆盖，初步形成20分钟农村居家养老服务圈。另一方面，结合老人个性化需求，开展居家适老改造，创新“两室康养”。目前，通过实施“一户一策一方案”，已列入改造的350户困难老年人家庭适老改造完成率达100%；辖区养老院与乡镇卫生院建立医养合作20家，推出“移动医疗室”17个，围绕老年人康复养老需求，整合资源为老年人提供康复护理、康复训练、生活照护等多样化康养服务，推动医疗资源向养老服务中心、农村（社区）居家养老服务照料中心全方位延伸，组建全专业融合家庭医生签约党员服务队92支，惠及山区群众10.6万余人次。再者，通过一网服务“集成化”、一屏掌控“智能化”、一键补助“便捷化”等，融合AI智慧技术，探索智慧服务机制，构建数字养老线上全景图。目前，依托智慧养老服务平台，可实现为群众提供周边养老设施VR全景查询、智能养老顾问及点单式预约服务等功能；已建立群体测温、测流量、视频监控的区域性养老院6家、乡镇养老服务中心20家，推行可视化、数字化动态监管，形成全过程、全链条、全闭环的养老跟踪服务；同时整合户籍、医疗、社保、救助等信息资源，开展惠老服务，累计发放高龄津贴88.8万元，惠及23192人次。

同时，在加快健全老年医疗服务体系建设，为老年人提供专业规范、方便可及、综合连续的健康养老服务进程中，温州市泰顺县卫健局聚焦老年患者需求，探索并形成全新的医养结合模式——嵌入式医养结合。

3. 温州市泰顺中佳廊桥康养中心介绍①

温州市泰顺中佳廊桥康养中心，成立于2020年10月，由县人民政府投入建设，通过向社会购买服务引进专业第三方运行机构的方式管理运行，属于民办非企业单位，共建设床位200张，目前已经投入试运行床位数60张，

---

① 泰顺县医保局：创新“医养结合”模式 助力打造全链条闭环式医疗健康服务［EB/OL］. 信息新报，2022-01-06.

其中入住的困难人群有 29 人。机构的经营范围主要包括日间照料、咨询培训、老年用品及智能化产品提供、老年人能力评估、医疗服务、食堂配送等，同时承接政府职能转移和购买服务。

(1) 泰顺中佳廊桥康养中心嵌入式医养结合形式

如前所述，在加快健全老年医疗服务体系建设的探索中，温州市泰顺县卫健局以老年患者需求为导向，以“嵌入式医养结合”为思路，着力构建全新的医养结合模式。目前该县首个“嵌入式医养结合”试点已正式在泗溪镇落地并投入使用。

这里所谓的“嵌入式医养结合”机构，是指由其他医疗卫生机构提供嵌入式医疗卫生服务的养老机构，通过“医”“养”有效结合，为老人提供专业便捷的医疗卫生服务。按照“老人在哪里，家庭医生团队服务就在哪里”的要求，泗溪镇中心卫生院与泗溪镇中佳廊桥康养养老机构签订了医养结合服务协议，在养老机构内设立医务室，为这里的老人提供实时医疗服务。这种方式可以有效实现“养中有医”，养老的同时就能提供医疗服务。此外，通过医生的检查，有需要联系上级医院的老人，可以通过绿色通道快速办理上级转诊，有效实现了一体化服务的提供与有效管理。

同时，为更好落实该机构居养老人享受便捷的就医绿色通道，县医保局进一步深化各项改革措施，充分落实国家分级诊疗制度，为泗溪镇中佳廊桥康养养老机构的居养老人提供“健康养老—医疗诊治—医保报销结算—健康跟踪”全方位链条式的闭环医疗健康服务。康养机构居养老人将获得县公立医疗机构的医疗卫生服务保障，由乡镇中心卫生院组建家庭医生服务团队，定期（每周一日）派驻医护人员到点为居养老人提供常见病、多发病等日常诊疗服务，并建立健康档案，免费为居养老人提供健康评估、心理和生活自理能力评估、居养老人心理关爱、慢性病健康管理等基本公共卫生服务；同时，县医保局强化国家基本药物制度的落实，居养老人在养老机构产生的符合要求的医疗护理费用纳入本县医保范围，也可在医务室直接刷卡取药，并利用“互联网+医疗”及时提供居养老人所需的远程医疗服务。如果居养老人患病需要住院治疗，可利用医院的 120 急救车和社区医疗巡回服务车等设施资源，提供 24 小时快速办理上级转诊的绿色通道，更好地满足居养老人综合连续的医疗、养老、护理、体检等多元化的服务需求。

（2）泰顺中佳廊桥康养中心医养结合的成效

“嵌入式”医养结合项目启动后，住在中佳廊桥康养养老机构内的 50 多名老人可以随时享受泗溪镇卫生院提供的免费医疗服务，如一些常见的疾病、慢性病治疗，以及开处方配药等，如果老人有需要，还可以联系卫生院，卫生院根据情况提供视频远程服务，或者下派医务人员提供现场服务。医务室开诊后，泗溪镇中佳廊桥康养养老机构的老年患者获得了与公立医院一样便捷同质的医疗卫生服务保障。泗溪镇中心卫生院组建的家庭医生服务团队，可为老年患者提供常见病、多发病等日常诊疗服务及基本公共卫生服务。同时，养老机构由泗溪镇卫生院纳入紧密型管理服务，实施国家基本药物制度，开通医保实时结算。合作试运行 2 个月医保提供便捷服务人次即达 258 人次，减轻居养老人医疗负担 1580 元，减少康养机构送医负担 5000 元。预计 2022 年度可提供便捷服务达 1600 多人次，减轻居养老人医疗负担 35000 元，减少康养机构送医负担 80000 元。

老年人健康是千家万户之福，也是社会文明的标志，医务室的投入运营是泰顺县应对人口老龄化和加快老年医疗服务体系的又一新举措。它的设立为养老机构的老年人提供看病、买药、医保报销、绿色通道转诊等“一站式”便利服务，打通了从“养”到“医”、由“医”到“养”的渠道，真正实现了医养一体，让老年人老有所医、老有所养、老有所乐。

## 第六节　山西省以基层为主导的嵌入式医养结合典型案例

### 一、山西省人口老龄化情况

新中国成立以来，山西省人口年龄构成经历了由年轻型到年老型的转变。2003 年山西省 65 岁及以上老年人口比重达到了 7%，自此，山西省跨入老龄化社会门槛，时间比全国晚了 3 年。① 第七次人口普查结果显示，山西省人口老龄化具备如下特点，其一，轻度老龄化。截至 2020 年年底，山西省 60 岁及以上人口的比重达 18.92%，其中 65 岁及以上人口比重达 12.90%，按照国际上对于老龄化社会的衡量标准，山西省仍处于轻度老龄化阶段，但接近中度老龄化。② 其二，山西省老龄化程度略高于全国。第七次人口普查数据显示，山西省 60 岁及以上人口为 660.70 万人，占常住人口的比重达到 18.92%，比全国 18.70%高 0.22 个百分点。其三，山西省低龄老年人口比重高于全国平均水平。低龄老年人口大多在知识、经验、技能等方面具备一定的优势，在身体健康的情况下，可以充分发挥余热和潜能。这些特点意味着，从趋势上看，山西省老龄化程度将会进一步加深，未来一段时期山西省将持续面临人口长期均衡发展的压力。

## 二、山西省医养结合开展情况

### （一）山西省医养结合政策演进

在山西省人口老龄化程度不断加深的推动之下，2014 年 10 月，山西省卫计委（现卫健委）、省民政厅联合全省下发《关于推进医疗机构与养老服务融合发展的指导意见》，为医疗卫生与养老服务结合发展提供了较早的政策支撑。随后，医养结合以及养老服务体系建设相关政策、文件及标准逐步进入深入推进阶段。

2016 年 7 月，山西省卫计委（现卫健委）、省民政厅等多部门联合下发了《关于推进医疗卫生与养老服务相结合的实施意见》，将政府引导、市场驱动、整合资源、创新机制、试点先行、突出示范作为基本原则，以推进医疗养老联合体建设、推动医疗卫生机构开展养老服务、优先发展养老机构设置医疗机构等为重点任务，着力全面加强养老机构医疗服务能力建设，大力拓

① 高瑞．山西人口老龄化发展趋势及对策研究［J］山西农业大学学报（社会科学版），2012，11（7）：684-689，699.

② 第七次全国人口普查数据表明山西进入“轻度老龄化”阶段［EB/OL］．人民资讯，2021-05-27.

展医疗卫生机构养老服务功能，以实现医疗资源与养老服务的无缝对接。

自2018年5月开始实施的山西省地方标准《医疗养老结合基本服务规范》，分别规定了养老机构增加医疗服务功能、医疗机构增加养老服务功能、社区居家养老与医疗机构合作三种医养结合服务模式的服务内容及服务要求等。2019年，山西省市场监管局批准发布包括《养老机构医养结合服务质量要求》等在内的25项养老机构地方标准，对养老机构医养结合服务、医养结合型养老服务机构中养老服务等的基本要求、服务内容、质量要求以及评价与改进等内容进行了明确规定，也进一步制定了养老机构志愿者服务、养老机构执业者健康安全管理、养老机构设施设备等方面的具体标准，确保行业管理和监督的有效开展，形成了养老服务行业系列地方标准，为山西省养老服务行业标准化体系建设提供了有力支撑。

2020年12月，山西省公布的《关于深化医养结合促进健康养老发展的意见》明确提出，要合理规划设置医养结合服务机构：一是新建社区卫生服务机构时，应将医养结合服务设施纳入建设内容，农村地区的乡镇卫生院、村卫生室应结合实际分别与敬老院、农村幸福院统筹规划，毗邻建设；二是有条件的基层医疗卫生机构可设置养老床位，因地制宜开展家庭病床服务；三是鼓励养老机构与周边医疗卫生机构按照方便就近、互惠互利的原则开展多种形式的签约合作。同时，还提出将符合条件的医养结合机构中的医疗机构纳入基本医疗保险定点范围，逐步增加纳入基本医疗保险支付范围的医疗康复项目。该政策为嵌入式医养结合的开展提供了明确政策支持。

随后，山西省各市相继出台对应政策及实施标准，如2021年11月，太原市政府发布《安宁疗护机构服务规范》《居家安宁疗护服务规范》《机构医养结合服务规范》《居家医养结合服务规范》4项太原市地方标准，为全市、全省乃至全国的医养结合和安宁疗护工作提供了可供遵循的规范，极大地推进了太原市医养结合和安宁疗护工作的科学化、规范化、专业化、精细化发展，也为医养结合机构的服务开展奠定了基础，提供了模板。“十四五”期间，山西省将全面贯彻落实党中央国务院《关于加强新时代老龄工作的意见》和国务院办公厅《关于促进养老托育服务健康发展的意见》以及山西省《关于促进养老托育服务健康发展的实施方案》精神，全方位推进养老服务高质量发展。

## （二）山西省医养结合模式探索

近年来，山西省以政策标准为支撑，以试点示范为带动，牵引医养结合的探索与发展。截至2020年年底，山西省各类养老服务机构1001个，城市社区养老服务中心1026个，已建成农村老年人日间照料中心6678个，农村老年人日间照料中心已成为广大农村老年人的精神家园和生活家园。[①] 在为失能老年人健康评估与健康服务试点项目开展层面，共为53161名老人开展失能评估，为41428名失能老人提供基本医疗服务；在全省40个社区对常住65岁及以上老人开展老年人心理关爱项目，为19319名老年人进行心理健康状况评估，开展了形式多样的健康教育和心理干预活动，提升了老年群体的心理健康程度。[②] 经过不断的探索，山西省逐步形成的医养结合的模式主要有以下四种。

第一种是“医中有养”模式。这类模式的主要做法为利用医疗机构中的闲置资源开设养老服务机构，开展专业化养老医护服务。“医中有养”是对医疗资源的整合与再利用，在畅通医养融合渠道、提升医院效益层面作用显著。如阳泉市城区老年护理中心是由城区人民医院利用闲置资源改造而成的护理型养老机构，实现了医养结合的无缝对接。

第二种是“养中有医”模式。这种模式主要以养老机构内增设医疗机构的形式开展。山西省鼓励200张床位以上的养老机构，独立开办康复医院、老年病医院、康复中心等医疗机构，对于部分乡镇敬老院、村级日间照料中心等，则鼓励其与乡镇卫生院、村级卫生室进行合作共建等，多途径实现“养中有医”。

第三种是“居家医养”模式。这种模式主要采用政府购买服务的形式开展，由公办或民办社会机构面向居家老年人开展创新性养老服务，满足老年人“养老不离家”“服务送到家”的居家医养需求。

第四种是“医养结合综合体”模式。这是一种以民间资本注入为特点的

---

① 张旭．养老服务提质增效，助力山西全面小康［EB/OL］．黄河新闻，2021-07-29.

② 医养结合 幸福到老［EB/OL］．人民资讯，2021-11-09.

养老模式，在扩大养老服务供给、提升个性化服务质量层面作用突出。如侯马市的山西怡之福中心项目，就是由山西瑞景养老产业有限公司投资打造的一个集养老、康复、医疗、护理、科研、培训等多功能于一体的融合式、综合体医养结合项目，预算投资16亿元，目前正有序推进。

在诸多养老模式中，山西省提出要重点围绕“一老”这项民生工作，以太原市社区居家嵌入式养老模式为样例，在全省范围内广泛推进社区养老服务网点建设，加快实现“家门口托老院”的全面覆盖。

## 三、山西省嵌入式医养结合模式案例

“不离家、不离亲、不离开熟悉环境”的“家门口式”养老是老年人更易于接受和更容易适应的养老模式，也是更加符合现代家庭实际的养老模式。因此，山西省以打造“15分钟养老服务圈”为目标的“嵌入式”医养结合养老服务模式，可以满足老年人居家安养的核心诉求，充分实现子女事业和老人养老两不误，备受到许多家庭的青睐。

### （一）山西省太原市社区居家嵌入式养老模式的推行情况

1. 太原市医养结合开展情况

太原市是山西省最早进入人口老龄化的城市，也是山西省老龄化程度最高的城市。根据第七次全国人口普查，太原常住人口530.4万人，其中60岁以上人口85.5万人，占总人口的16.1%，65岁以上人口56.4万人，占总人口的10.6%。[①] 为积极应对老龄化，2016年6月，太原市启动首批医养结合国家试点工作；2019年5月，太原市启动了第二批安宁疗护国家试点工作。为全面推进社区和居家养老服务工作，提升社区养老服务质量，增强老年人的获得感、幸福感和安全感，太原市政府在山西全省率先出台了《关于支持全市社区和居家养老服务发展的实施意见》，并于2022年3月4日起正式施行，在山西全省先行一步。

在政策推进之下，太原市医养结合服务得到有效实施。截至目前，太原

① 山西太原发布4项养老标准 应对人口老龄化［EB/OL］. 中国新闻网，2021-11-23.

市所有医疗机构全部开设了老年人就医绿色通道，为老年患者就医提供人工值守、志愿者帮助、无码通道等便捷服务，部分医疗机构给予减免挂号费、诊疗费等优惠政策。太原市 77.5%的二级以上综合医院开设了老年病科，当地养老机构中医养结合服务的覆盖率达到 85%；老年人家庭医生签约率达到 79%。① 太原市六个城区各类养老机构共计 49 所，其中公办 26 所，民办 23 所，床位数共计 12642 张；手续全部齐全，没有资质过期等问题的医养结合机构共 5 家，共有床位 755 张，总共入住老年人 593 人，平均入住率为 78.5%。其中，山西省老年公寓床位 373 张，入住 301 人；太原市源缘圆老年公寓床位 100 张床位，入住 82 人；太原市德兰老年养护院床位 84，入住 74 人；太原市安定医院床位 30 张，入住 27 人；太原市杏花岭区福乐居敬老院床位 168 张，入住 109 人。② 医养结合机构保有量的增加及覆盖率的提升，为太原市老年人的健康养老提供了保障。

2. 太原市养老服务设施类型

按照服务设施的面积、功能来看，太原市养老服务设施主要有包括医养结合在内的五种类型：一是社区养老服务中心（城镇社区养老幸福工程）。这类设施主要通过公建民营、民办公助、政府补贴、购买服务等方式建设，按照“县区为主、市级统筹、省级奖补、分级负担、社会参与”的原则，建设面积不低于 500 平方米的社区养老服务中心，为有需求的老年人提供生活照料、集中就餐、家庭护理、娱乐康复、居家上门、24 小时托老等服务。二是社区日间照料中心。这是一类以日间托养为重点的养老服务设施，服务对象为社区内有需求的居家老年人尤其是生活不能完全自理、需要一定照料的半失能老年人，服务内容以个人照护、膳食供应、保健康复、文体娱乐为主，一般建筑面积不低于 300 平方米。三是社区养老驿站。这是一类新型的养老设施，是街道养老中心功能的延伸与下沉，主要的特点表现为多功能、网络化和零距离。这类设施主要依托社区资源，以社区干部和社区志愿者为供给主体，就近为老年群体提供如代购、助行、陪护等多样化服务。四是嵌入式

① 山西太原发布 4 项养老标准应对人口老龄化［EB/OL］. 中国新闻网，2021-11-23.

② 梁蕊缨. 太原市养老机构运营现状——基于 28 家机构的调研分析［J］. 中国经贸导刊，2021（17）：114-117.

社区养老机构。这是一类以社区为依托，社区、居家和机构一体化发展的微型养老服务设施，体现了居家安养、短期寄养和长期托养的相互融合。这类机构充分利用和整合了社区闲置资源，为社区及周边有需要的老年人提供网格化、站点式、专业化的养老服务。五是社区食堂。这类设施建设的目的在于满足社区内所有居民的日常用餐服务需求，重点解决困难家庭及特殊老年人的膳食及营养问题，主要通过新建、改造、整合闲置场地等方式进行建设，建筑面积一般不低于120平方米。

养老服务设施的以上五种类型，更多侧重于“医疗+养老”综合服务地提供。在医养结合服务模式探索中，太原市侧重以专业化、服务能力强的基层医疗机构为主体，重点关注老年群体尤其是失能、半失能老人的卫生健康需求，有效推动了基层嵌入式居家（社区）医养结合服务的深入开展。

### （二）典型案例之山西省太原市迎泽区桥东街道双一社区嵌入式医养结合模式①

1. 太原市迎泽区桥东街道双一社区基本情况

太原市迎泽区桥东街道双一社区现有60岁以上居民1250人，90岁以上居民27人，以居家为基础、社区为依托的养老模式主要覆盖双一社区、双三社区、南内环街社区。太原市迎泽区桥东街道双一社区在2017年11月正式入驻新办公区后，安康通养老护理院入驻。太原安康通养老服务有限公司成立于2017年7月，是山西省民政厅公布的首批社区居家养老服务“1251”工程，也是全省示范机构之一。所涵盖的养老服务内容主要为营养健康咨询，家政服务，电子产品、电器产品的安装、销售，医疗器械的销售，计算机软件的开发与销售，进出口业务等。

2. 太原市迎泽区桥东街道双一社区嵌入式服务内容

安康通养老护理院的入驻为社区增添了新鲜活力。自该嵌入式社区养老服务机构引入以来，双一社区已累计为老年人开展千余次服务，不仅实现了社区老年人日常生活照料、文体娱乐等的有效供给，还依托卫生服务站满足

---

① 郭秀慧．太原市迎泽区双一社区，不离家服务佳病有人医老有人养［EB/OL］．智慧生活报，2020-01-06.

了区域内老年人便捷、专业的医疗卫生服务需求；同时，社区还与医疗机构、急救中心等签订合作协议，开通“绿色通道”，优先为老年人开展急诊急救、定期巡诊、健康评估等服务。

双一社区安康通养老护理院常住72人，80岁以上老人31名，年龄最大的98岁，收住的老人近七成是失能、半失能者。安康通养老护理院以专业的护理团队为依托，为有需要的老年人提供全天候、长期的照护服务，实现对老年人从基础护理到专科护理、从健康促进到安宁疗护的全方位覆盖和不间断照料。

同时，院内全面推行适老化建设，有专业的心理辅导室、藏书丰富的图书角、阳光明媚的活动室，可以满足老年人更多更丰富的精神生活需求。

该护理院以自主研发的互联网+智慧养老平台为依托，为区域内老年人开展居家养老“定制式”服务。在有痕化管理技术的基础上，该平台运用数据库、地图分布及展示等功能，通过易操作的“一键呼入”，为有需要的老年人提供涵盖代办代购、健康监测、上门陪护、紧急救援等在内的可定制式“十助服务”，有效提升了医养服务的人性化、针对性和可及性。

如前所述，当前“9073”的养老服务格局意味着老年群体对社区居家养老的服务需求旺盛。双一社区嵌入式养老服务模式的推行，实现了居家养老与社区养老的有机融合，满足了97%的老年人在养老环境、服务内容和供给形式上的需求，在减轻子女负担的同时，使老年人可以在熟悉的环境中实现安养，增加了老年人的幸福感和满足感，有利于老年人健康、积极老年生活模式的形成。

受到推荐的“太原模式”主要采取的是公建民营的运营方式，即政府提供场地，财政给予补贴，社会力量参与。其中，政府提供场所和政策扶持，并进行监督；机构负责日常运营，为老年人提供服务；社区主要是配合政府做好日常管理，凝聚发动群众，也可以为社区养老机构提供各种便利。

### （三）典型案例之山西省汾阳市文峰街道社区卫生服务中心：社区嵌入，医康养一体化

#### 1. 山西省汾阳市文峰街道社区卫生服务中心基本情况

文峰街道社区卫生服务中心辖区面积26平方公里，人口3万余人，下辖

16 个社区，21 个村卫生室。中心占地面积 1950 平方米，建筑面积 2106 平方米。[①] 现有职工 44 人，中级以上职称人员 16 人，开放病床 20 张，设有内、外、妇、中医、口腔、理疗康复等临床科室和检验、心电图、B 超等医技科室，配备有全自动生化仪、B 超、心电图机、心电监护仪、尿分析仪、血球计数仪等基本医疗设备及三维牵引床、中频治疗仪、熏蒸床、理疗康复配套设备。该中心严格执行国家基本药物制度，实施国家、省补基本药品零利润销售政策，年诊疗人次近万人，具备承担辖区基本医疗、基本药物、基本公共卫生服务和康养结合服务工作的条件。

2. 山西省汾阳市文峰街道社区卫生服务中心医养结合工作开展情况[②]

2016 年以来，文峰街道社区卫生服务中心主要关注老年人康复护理保健，积极筹备医养结合型养老服务工作，2017 年由汾阳市卫计局批准设立文峰社区卫生服务中心托老中心，该中心采取医养相融合的方式，将养老机构和社区卫生服务中心的功能相结合，把生活照料和康复关怀融为一体，为老年人提供集医疗、康复、养生、养老等为一体的综合服务，实现“医疗”与“养老”的动态管理，为社会及家庭承担养老助老、临终关怀等工作。

文峰街道社区卫生服务中心托老中心下设康养部与养生堂。康养部位于文峰社区卫生服务中心三楼，占地面积约 500 平方米，性质为全民所有制，由文峰街道社区卫生服务中心投入注册资金 10 万元，实行财务独立核算，按照国家财务制度的规定，组织专项基金管理。康养部设置养护床位 25 张，配有负责人 1 人、护士 3 人、心理咨询师 1 人、健康营养师 1 人、康复治疗师 2 人。

康养部服务对象主要是失能、半失能老人和术后进行康复治疗的老人，目前已入住 16 位老人。康养部配备专业的护工为老人提供 24 小时服务，主要负责老人日常生活起居，对于失能及半失能的老人会根据具体情况给予特殊护理如定时翻身、拍背，协助老人解决排泄问题以及进食等。康养部为每个老人建立个人信息库，包括生日、习惯、来友关系及联系方式等，对入住老人实行一对二、一对多的护工陪护，在服务上根据老人的身体状况、性格

① 汾阳市医疗集团文峰分院［EB/OL］. 汾阳市人民政府，2018-01-29.
② 文峰街道社区卫生服务中心医养结合工作开展情况汇报［EB/OL］. 人人文库，2020-10-07.

特点、兴趣差异和需求层次，提供医疗、保健、心理疏导、疾病治疗等人性化、保姆式服务。同时，与汾阳市人民医院签订医疗协作协议并开辟医疗绿色通道，老年人可享受快捷、保质的医疗待遇，老人一旦需要住院，可直接转入市人民医院进行治疗，为老人的健康保驾护航。

托老中心养生堂筹建于 2017 年 7 月，主要为老年人提供健康监测、评估和中医养生保健等服务。养生堂配备中医师、康复治疗师、按摩师、刮痧师、保健师和专业护士等各种专业人员，配置各种专业保健养生设备，如中医艾灸床、中医经络检测设备、中药熏蒸设备等。养生堂从为老年人建立健康管理档案开始，根据个体化健康监测和评估，设计有效的健康干预方案，包括营养膳食、经络疏通、中药熏蒸、艾灸按摩保健等干预方法，发挥中医中药优势，针对不同人群、不同体质进行辨证施治、深入开展中医治未病工作。经过健康跟踪和管理，实施亚健康调理可量化的标准，真正做到健康养生管理职业化、标准化、规范化、可持续化。

这种“中心医养结合式托老养老”的创新型医养结合养老服务模式，有效解决了“养老机构无医疗”“医疗机构难养老”的医养分离困局，展现了社区卫生服务中心在医疗托老服务开展中的资源优势和发展前景，提升了老年人的获得感和满意度，取得良好的社会效果。

# 第二章　山东省以基层为主导的嵌入式医养结合典型案例

人口老龄化是我国乃至国际社会关注的焦点之一，山东省作为全国重要的经济大省、人口大省，也同样面临老龄化问题。养老服务高质量发展不仅是实现经济高质量发展的重要前提，也是实现“老有所养”的必要保障。面对日趋严峻的人口老龄化形势，山东省以老年人现实需求为导向，不断调整政策和投入方向，推动养老事业发展。通过多年的探索与发展，山东省养老服务体系框架初步建立，医养结合服务省级样板打造初见成效。

## 第一节　山东省人口老龄化及医养结合开展情况

### 一、山东省人口老龄化情况

第七次全国人口普查结果显示，山东省人口老龄化显示如下特点：其一，老年人口规模庞大。① 山东省 2020 年人口年龄分布的结果显示，60 岁及以上老年人口和 65 岁及以上老年人口占全省常住人口的比例分别为 20.90%和 15.13%，占全国相应年龄段人口的比例为 8.04%和 8.06%。其二，人口老龄化进程日趋加快。山东省于 1994 年迈进人口老龄化社会，随后人口老龄化程

① 苏发东．山东 60 岁及以上老年人口 2122.1 万人 占全省常住人口的 20.90%［EB/OL］．闪电新闻，2021-05-21.

度不断加剧。与 2010 年相比，2020 年年底山东省 60 岁及以上老年人口和 65 岁及以上老年人口分别增加了 709.0 万和 593.4 万，占全省常住人口的比例分别提高了 6.15 个和 5.29 个百分点。自 2017 年开始，山东省即进入深度老龄化阶段。其三，未来老龄化程度将呈现加深趋势。截至 2020 年年底，山东省常住人口中即将步入老年行列的人口总数不容小觑，其中 50~59 岁年龄组人口数为 1691.0 万人，55~59 岁年龄组人口数为 776.6 万人，由此可见，山东省在未来很长一段时间依然面临人口老龄化所带来的加大压力和挑战。

老龄化程度不断加深的原因与 20 世纪五六十年代生育高峰效应显现、人均寿命延长、跨省外来人口增加等都有着一定的关联。对于人口老龄化的问题，山东省科学应对，主动作为，先后启动了全国医养结合示范省、示范机构、典型案例等的创建工作，着力打造山东特色医养结合模式，加快推进养老产业发展，并将积极应对人口老龄化写入山东省“十四五”规划，积极构建符合山东实际的可推广、能复制、多层次、多元化的养老服务体系。同时，作为山东省“十强产业”之一的医养健康产业，无疑是新旧动能转换的主战场之一，更是代表了山东省民生问题及先进生产力的发展方向。

## 二、山东省的医养结合开展情况

为全面实施新旧动能转换重大工程，统筹医疗卫生、养老服务及社会各方面资源，推动医养结合创新融合发展，山东省人民政府办公厅于 2018 年发布《山东省创建全国医养结合示范省工作方案》，对医养结合阶段性发展的目标予以明确。该工作方案要求，到 2022 年年底，服务模式智慧化、投资主体多元化、服务队伍专业化、服务流程标准化、服务品牌高端化的医养结合服务体系全面形成，老年人健康养老管理服务全面覆盖，智能健康养老服务产品全面推广，智慧医养、智能照护服务全面普及，医养健康产业繁荣发展。

医养结合示范项目创建，有效推动了山东省各地市医养结合模式的百花齐放。2017 年，确定并公布了 15 家山东首批医养结合示范单位；2018 年，山东省第二批医养结合示范单位公布，上榜单位为 58 家；为促进中医药传承创新发展，2021 年又开展了第一批山东省中医药特色医养结合示范基地建设申报工作，最终确定示范基地 12 家。无论是基层医疗机构、老年公寓还是疗养院等，都在以各自的形式发挥其在增进人民健康福祉、改善民生方面不可或缺的作用。如菏泽医学专科学校附属医院的医养康护、产教研学相结合模式；淄博市博山区的机构医养、两院一体模式；济宁曲阜市的居家医养、医护巡诊模式；青岛市西海岸新区的社区医养、智慧服务模式等。医养结合模式的多元化、人性化、个性化发展，成为老年人养老获得感与满意度提升的有效路径。

在不断探索、实践的过程中，无论是居家或（和）社区医养，抑或是机构医养，又或者是综合医养，每一种医养结合模式都具有各自较为鲜明的特点和适用的范畴，在持续地推进下，山东省已经基本形成了多层次、广覆盖、有差异的医养服务体系。有关资料显示，截至 2021 年年底，山东省两证齐全的医养结合服务机构 726 家，占全国 10%以上，871 家医疗卫生机构开展安宁疗护服务，安宁疗护床位达 4794 张，为 1048 万名 65 岁及以上老年人提供了健康体检等多元服务。①

## 第二节　山东省以基层为主导的嵌入式医养结合典型案例

在医养结合推进进程中，各具特色、多元共济的模式，为医养结合的开展提供了实践参考。2019 年以来，山东省各市卫生健康委，委属（管）医疗机构按照山东省卫生健康委部署要求，结合各自实际，积极探索创新，较好地完成了创建全国医养结合示范省的阶段性工作任务，涌现了一批能够复制、可推广的经验做法。接下来将结合官方公布的全国及山东省医养结合典型经验名单，选取烟台市、临沂市、潍坊市、德州市以及东营市等的案例，作为以基层为主导的嵌入式医养结合开展的典型案例进行详细阐述。

① 李殷婷．山东：两证齐全的医养结合服务机构 726 家，占全国 10%以上［EB/OL］．齐鲁壹点，2021-12-08.

## 一、山东省烟台市以基层为主导的嵌入式医养结合典型案例

### （一）烟台市人口特征及老龄化情况

烟台市是山东省辖地级市，国务院批复确定的中国山东半岛的中心城市、环渤海地区重要的港口城市和国家历史文化名城。烟台市地处中国华东地区、山东半岛东北部，东连威海，西接潍坊、青岛，南邻黄海，北濒渤海，是环渤海经济圈、胶东经济圈内重要节点城市、中国首批 14 个沿海开放城市之一、中国海滨城市、“一带一路”国家战略重点建设港口城市。

烟台市自 20 世纪 80 年代末步入老龄化社会以来，人口老龄化的发展进程持续居高不下。第七次人口普查数据显示，截至 2020 年年底，烟台市户籍老年人口数为 180.4 万，约占总人口的 27.7%。① 其中 80 岁以上老年人口 30 万人，百岁以上老人有 600 多人，失能半失能老人约 30 万人。目前烟台市老年人口以每年约 6.5 万人的速度增长，老年人口增长速度快、人口规模大已经成为烟台市不得不面对的难题，同时高龄、失能老年人口增幅较高更是给现有的养老体系建设提出了巨大的挑战。

### （二）烟台市医养结合开展情况

长期以来，烟台市坚持把人民健康放在优先发展的战略位置，以维护和增进人民群众健康为宗旨，贯彻新时代卫生与健康工作方针，稳步推进医药卫生体制改革，逐步完善以健康为中心的医疗卫生服务体系，卫生健康事业取得了长足发展。同时，面对严峻的人口老龄化形势，烟台市委市政府高度重视医养健康产业发展，明确将与民生福祉息息相关的健康与养老置于优先发展战略地位，并制定一系列相关政策文件，确保医养健康产业发展在应对人口老龄化进程中的积极作用。2018 年 2 月出台《烟台市“十三五”老龄事业发展和养老体系建设规划》，明确了烟台市的养老服务架构基本格局，随后下发的《关于印发烟台市建设省级医养结合示范先行市实施方案的通知》确

① 杨健．老年福利服务中心三期工程明年投用［EB/OL］．烟台日报电子报刊，2022-03-13.

立了医养结合政策体系建设的目标；2018 年 7 月《烟台市居家和社区养老服务改革试点工作方案（2018—2020）》发布、11 月制定了《烟台市医养健康服务业发展规划（2018—2020）》等，一系列文件的下发为推动烟台市医养健康产业持续快速发展提供了政策引领。

烟台市作为全国首批医养结合试点城市、省级医养结合示范先行市，其医养产业发展基础扎实、根基稳固，“十三五”末，烟台市医养结合机构总数达到 248 处、床位 2.8 万张，不断拓展居家医养服务，依托家庭医生签约服务，为老年人提供包含康复保健、医疗护理、文化娱乐等在内的 10 大类、50 余项的医养结合服务①；打造了医养新业态，龙口南山养生谷、开发区磁山温泉小镇被评为省级康养旅游示范基地；同时做强“互联网+医养”，与山东广电网络集团合作，依托医养健康智慧服务平台，全市创建智慧健康社区 20 个。目前，烟台市高质量医养结合服务高地基本形成。

1. 医养结合纵深发展。烟台市委市政府高度重视卫生健康事业的持续稳步发展，围绕民众普遍关注的养老问题，着力推进和完善健康养老服务体系的构建。2016 年 6 月，烟台市被确定为首批国家医养结合试点之后，开始了医养结合方面的积极探索与科学实践，2018 年 3 月，烟台市作为山东省确定的 8 个省级医养结合示范先行县（市、区）之一，更是将医养结合作为时代刚需，多措并举，积极打造医养结合新模式。以此为契机，烟台市将居民需求作为核心主导，以区域实际为基础，以改革创新为思路，目前已经初步形成了颇具特色、初具成效的四种医养结合模式，即“大养老+小医疗”“大医疗+小养老”“医疗+养老共建”“居家养老+医疗网络”。在“以居家医养为主体、机构医养为补充、家庭医生签约为抓手、信息化建设为依托、保障机制体系为支撑”的总体思路下，烟台市依托《烟台市医养健康产业发展规划》《烟台市建设省级医养结合示范先行市实施方案》等系列文件，医疗、养老、医保等多方联动，积极整合资源，搭建医养结合综合服务、信息化建设等平台，推动了烟台市医养结合的纵深发展。

截至 2020 年年底，烟台市医养结合服务机构及医养结合床位数均高出全

① 闫丽君．烟台医养结合服务机构达 248 处，医养健康产业收入达千亿元［EB/OL］．齐鲁壹点，2020-12-16.

国、省平均水平，全市所有二级以上医疗机构开设了老年科或老年病门诊，百余处医疗机构开展康复服务，100%的医疗机构开通了老年人就医绿色通道。在对医养结合的深入实践中，烟台市创建了芝罘区、龙口市等11区市的省级医养结合示范先行县（市、区），栖霞市翠屏街道等31个镇（街）的省级医养结合示范镇（街），莱州市市立医院、高新区御花园老年公寓等7个省级医养结合示范单位，招远市泉山街道东晟社区、烟台市的福山区清洋街道福惠社区等4个社区入选2021年全国示范性老年友好型社区，高新区御花园老年公寓等纳入2021年度省级支持建设的智慧社区名单，多个医养结合典型案例在全省乃至全国推广。2019年11月，全国老年健康和医养结合工作现场会在烟台市召开，烟台市医养结合模式在全国推广。中央电视台、《半月谈》等主流媒体多次刊发烟台经验。

2. 推动建立居家社区机构相协调、医康养护助相结合的养老服务体系和健康支撑体系。社区嵌入、资源整合是烟台市医养结合创新性发展的重要思路之一。烟台市莱山御花园、芝罘宝云颐养中心、蕾娜范颐养院、秀林集团等大中型医养结合机构率先垂范、积极探索，着力打造“1+N”医养结合联合体，即以社区为依托，以三株集团、师创集团等多家养老企业、社会组织等资源为核心支持力量。目前联合体所发挥的“社区+医养康护助等”成效显著。

3. 推进家庭医生签约，优化老年健康服务供给。家庭医生，在为包括老年人在内的居民提供全面有效、连续及时以及个性化医疗与照护层面发挥着守门人作用，因此，烟台市始终将“以健康为中心”的理念贯穿于老年健康服务中，将60~64岁老人率先纳入家庭医生签约服务范围，通过建立稳定、信任的签约服务，优化老年健康服务供给。目前，全市共组建签约服务团队1925个，签约总人数176.3万人，其中60岁及以上老年人及65岁及以上老年人中家庭医生签约率分别达64%和59%。

4. 逐步形成烟台特色的安宁疗护“3+N”模式。安宁疗护是一个新兴的事业和产业，也是医养结合、老年健康服务体系的重要内容。做好这项工作目的就是为临终病人传递爱和尊严。2020年烟台市筛选以医养结合结构、医疗机构和乡镇卫生院为主要类型的30家试点，实施“3+30”安宁疗护工程，其中医疗机构14个、医养结合机构8个、乡镇卫生院8个，逐步形成烟台特色的安宁疗护“3+N”模式。①

5. 完善长期护理保险制度。2018年6月在全市推广了职工长期护理保险，将全市所有参保职工纳入职工长期护理保险保障。截至2020年年底，全市职工长期护理保险参保职工共247.77万人，基本建立起覆盖全市的服务网络，已有5814人享受职工长期护理保险待遇，待遇支出共5438万元。2018年12月，烟台市在长岛启动了居民长期护理保险试点。截至2020年年底，长岛居民长期护理保险试点参保居民共2.2万人，共77人享受居民长期护理保险待遇，待遇支出共47.72万元。②

（三）烟台市医养结合模式

在探索医疗和养老有机融合的过程中，烟台市在促进医疗卫生资源进入养老机构、社区和居民家庭等的过程中，主要围绕以下四种模式进行探索。

1. “大养老+小医疗”型。这种模式以养老为主、医疗为辅，在原有养老机构基础上新增的医疗服务。如莱州市桃源山庄老年公寓，其服务形式为依托莱州旅行康复医院成立老年康复中心开展对应业务，其服务内容则专注于入住老人的医疗服务，尤其是老年病的治疗及康复；再如招远市社会福利中心，在服务形式上采用与青岛大学附属医院合作、引入招远金都康复医院保障中心内老人的方式开展对应服务，在服务提供上则通过长期选派老年人需求较高的内外科、心脑血管及康复等各方面专家前来坐诊的形式开展。

2. “大医疗+小养老”型。与上不同，该模式以医疗为主、养老为辅，其医养结合提供的方式主要是在原有医疗机构中增加养老服务提供的对应内容或所需的服务，为养护型和医护型养老机构。如滨州医学院烟台附属医院，其服务形式即为在牟平区投资建设老年养护中心，服务对象及内容则侧重于对失能、半失能、失智老人的医疗养护服务和临终关怀照料等。这类模式更好地实现了医康养护的一体化，也是对医疗资源和养老服务资源的协同整合。

① 张苹．烟台市60岁以上老年人口180.4万人，全市医养结合床位超2.8万张［EB/OL］．大小新闻，2021-10-14.

② 2020年烟台市长期护理保险运行情况［EB/OL］．烟台市医疗保障局，2021-01-15.

3. “医疗、养老并重”型。这种模式突出医与养的协同、平衡发展，在其资源投入和服务提供上不分伯仲，这一类型或将成为日后医养结合的主要发展方向，目前烟台市在建的养老服务项目中均规划建设了医疗服务机构。如烟台乐天养老中心，其服务的开展主要通过与山东省立医院合作，以三甲医院的标准建设省立医院烟台分院的形式进行，目前该医院已经完成主体封顶，即将投入使用；在服务内容提供上则以健康养老、生态养老为特色，侧重于老年病的诊疗服务，其服务对象也涵盖了大多数养老机构无法接收的失能、失智老人。

4. “分散养老+医疗网络”型。① 该模式突出了“嵌入式”“网络化”特色，其运行模式强调对现有社区医疗卫生服务资源的充分利用，其上门服务或托老服务等地提供主要由社区内有关服务机构及人员就近开展。这种模式可以让居家老年人近距离或居家即可享有养老及医疗卫生服务，有效提升服务可及性和获得感。② 结合区域老年人医养需求，按每街道办或每 5 万~10 万人口设有 1 处社区卫生服务中心、中心服务半径 1. 5 公里外按每 0. 5 万~1 万人设置 1 处社区卫生服务站的标准，烟台市共建成社区卫生服务中心 40 余个，近两百个社区卫生服务站，从业人员 3000 余人，实现了城市社区服务网络的全覆盖。

### （四）典型案例之烟台市牟平区姜格庄街道社区卫生服务中心：让街道社区卫生服务中心在医养结合工作中充当主力军③

烟台市牟平区姜格庄街道深入贯彻“以基层为重点”的新时代卫生与健康工作方针，强化政府主体责任，破解卫健行业发展难题，显著提升基层卫生服务供给质量，为适应人口老龄化进程，提高老年人生活质量，积极探索老年人医疗康复养老新途径，姜格庄街道结合自身实际，创新成立医养结合部，使街道老人“老有所依”的梦想照进现实，家门口就能为村民提供一道

① 烟台探索医养结合四种新模式为老人提供持续服务［EB/OL］. 烟台市人民政府，2016-12-05.

② 烟台探索医养结合四种新模式为老人提供持续服务［EB/OL］. 烟台市人民政府，2016-12-05.

③ 全百惠. 烟台动态 | 牟平姜格庄街道提供“医养护”一体化服务—— 让“老有所医”的梦想照进现实［EB/OL］. 大小新闻，2021-03-31.

健康保障。在全国评选的医养结合典型经验中，“烟台市牟平区姜格庄街道社区卫生服务中心：让街道社区卫生服务中心在医养结合工作中充当主力军”入选全国医养结合典型经验名单。

2017 年 12 月底，烟台市牟平区姜格庄街道社区卫生服务中心医养结合部开始运行。该机构依托现有的 24 张床位，为入住老年人提供全天候、全方位的集医康养护、休闲娱乐等为一体的综合性服务，无论是居住环境、配套设施，还是专业的服务，都不同程度地满足了入住老年人个性化、多样化需求，实现了“有病及时医治、无病康复养老”的医养无缝连接，具体表现为如下特点。

1. 医养服务协同化。医养结合的核心与关键点就在于医与养协同服务，牟平区姜格庄街道社区卫生服务中心在做好辖区内本职工作的同时，积极拓宽服务渠道与内容，不仅与辖区内 5 家幸福院签订合作协议，还在姜格庄街道敬老院开设了卫生室，有效实现了医与养的服务协同。该社区卫生服务中心为老年人提供医养服务的形式多样，老年人不仅可以通过就诊绿色通道进行线上预约，也可以享有医养结合巡视小组的每周巡诊服务。服务内容更是包罗万象，从健康咨询到诊疗护理、从中医养生到保健康复，多元化的服务有效缓解了老年人医疗与养老层面的供需矛盾。

2. 养老服务贴心化。医养部现共有 24 张床位，目前入住老人 11 人，由 4 名护理人员轮流照顾。每人分工不同，护理员的主要工作包含老年人所需的一切生活照料服务，如帮助老人用餐，为有需要的老年人喂药，帮助老年人及时清洁，定期组织老年人进行康复训练、心理疏导等。贴心的服务有效满足了老年人的心理需求，老人们经常与医护人员谈心，保持身体健康的同时，也促进了老年人的心理健康。

3. 医疗服务家居化。为实现医疗养老一体化便民服务，姜格庄街道社区卫生服务中心党支部严格制定标准，着力打造家居化的养老机制。目前姜格庄街道社区卫生服务中心所有病房不仅配有日常家居所需要的完善设施，如电视、衣橱、独立的卫生间等，还配备了服务于老年人群的特定通信设备、医疗器械，如电子呼叫系统、中心供氧系统等，在保障老年人日常生活所需的同时也可以为老年人提供健康保障。这些设施与设备充分发挥了老年人

"有病及时治，无病康复养"需求层面的作用，体现了"养老"与"医疗"的有效结合。环境的宜居性与服务的专业化及家居化的有机融合，为医养结合的创新发展提供了坚实的基础。为进一步满足失能、失智老人的托老服务，2018年8月，姜格庄街道社区卫生服务中心在全区率先开展了长期护理险的探索工作，有效减轻了失能老人的家庭负担。

4. 医疗服务就近化。据统计，在2021年开展的家庭医生签约服务中，姜格庄街道社区卫生服务中心与区域内65岁及以上老年人共签约7235人，为老年人提供签约服务包内对应的基本医疗及基本公共卫生服务等内容，如健康档案建立、健康教育、慢性病管理、中医健康管理、健康评估等服务，上门服务、送药问诊、康复护理等均有专门的家庭医生服务团队负责。老年人足不出村便可享受专业的医疗服务。街道力求医养结合模式的创新成果惠及每一位老人，下一步将全力推进养老人群的全范围覆盖应用。

5. 医养结合规范化。日益凸显的老龄化现象带动了朝阳产业——"养老产业"的升级，也必然推动着医养结合养老机构服务技术、管理体系等的规范化发展。在省市医养结合相关政策的指导下，姜格庄街道社区卫生服务中心积极落实各项惠老政策，持续推进长期护理险工作，不断细化服务供给流程、规范医养结合服务标准，多措并举地确保了医养结合各项工作的有序、高效开展。

## 二、山东省临沂市以基层为主导的嵌入式医养结合典型案例

### （一）临沂市人口老龄化情况

临沂市作为山东省面积最大的地区中心城市，经济总量多年位居全省上游，是国家重要的物流周转中心和商贸批发中心，被誉为"商贸名城""物流之都"。货物流、资金流也带来了人才流。山东省第七次全国人口普查公报显示，2020全临沂市常住人口为1101.8万人、占全省常住人口的比重达10.85%，人口总量位居全省第1。同时，临沂市也是山东省老年人口最多的市，截至2020年年底，全市60周岁及以上老年人口户籍数达227.9万人，约占全市总户籍人口的19.63%，其中65岁以上占比14.12%，老年人口绝对数

增加，人口老龄化形势严峻。①

（二）临沂市医养结合开展情况

近年来，临沂市高度重视医养结合工作，以医养结合示范创建为抓手，以“健康临沂”建设为引领，以满足全市老年人医养服务需求为目标，建立健全工作机制，不断完善政策措施，探索创新服务模式，有效整合了医疗、康复、养老和护理资源，基本建立以居家为基础、社区为依托、机构为补充、医养相结合的健康养老服务体系。目前，全市有省级医养结合示范先行县区 9 个，省级医养结合示范单位 4 个，省级医养结合示范乡镇（街道）25 个。医养结合机构 54 家，其中医疗总床位 4822 张，养老总床位 14608 张。

基层医疗卫生机构是群众健康的“守门人”，是群众就医的“先遣队”。全市 198 家基层医疗卫生机构，立足基层实际，积极为老年人提供多种医养健康服务。一方面，以居家老年人为重点，做细家庭医生签约服务，提升签约服务质量，全市老年人健康管理率 74.84%，为老年人建立家庭病床 863 张。另一方面，通过签约合作、托管、派驻医护人员等形式，为周边养老机构提供专业的健康医疗服务，积极构建“两院一体”医养服务新模式。如河东区九曲街道社区卫生服务中心托管九曲护理院和三官庙社区日间照料中心，立足医疗护理优势，为 200 余名老人提供医疗服务；金雀山街道社区卫生服务中心推进集基本医疗、康复理疗、生活照料为一体的 24 小时不间断、全方位院内医康养模式，被国家卫生健康委评选为全国医养结合典型案例。②

（三）典型案例之山东省临沂市兰山区金雀山街道社区卫生服务中心：真情相伴与爱同行，打造“医康养结合”新模式

1. 临沂市兰山区医养结合情况③

近年来，兰山区将医养结合工作纳入经济社会发展规划、深化医药卫生

---

① 孔雪婷．人口总量全省第一！临沂市第七次全国人口普查主要数据公布［EB/OL］．半岛壹点报，2021-06-11.

② 关于对在基层医院建立医养结合服务区域问题建议的答复［A/OL］．临沂市人民政府，2021-11-01.

③ 兰山区“四维”发力推动养老服务业多点开花［A/OL］．兰山区人民政府，2021-04-22.

体制改革和促进养老、医养健康产业发展总体部署，以政策、项目、城乡互动、居家养老为工作指南，创新养老模式，推广经验做法，推动养老健康服务业高质量发展。目前，全区现有敬老院8家，其中7家敬老院实现公建民营、医养结合，共有479名社会老年人入住；运营养老机构19家，建筑面积11.56万平方米，设置床位3334张，其中护理型床位2059张，入住老人1273人；社区老年公寓3家，养老服务场所55处。2021年4月，兰山区发展和改革局公开发布的《兰山区“四维”发力推动养老服务业多点开花》对兰山区医养结合开展情况进行了系统总结。

（1）以政策体系为引领，培育发展现代养老服务业。结合兰山区现代服务业中长期发展规划，通过产业政策制定、市场培育拓展、区位规划设计、细分服务方向等，以老年护理院、居家养老、日间照料等为老服务机构为重点，鼓励社会资源参与发展养老服务业，发展多层次的养老体系。加强公办养老机构建设，全面推进兰山区养老服务中心示范引领作用，加大农村敬老院改造力度，使5万人以下、5万~8万人、8万人口以上的镇敬老院床位数分别达到200张、250张、350张。大力培育扶持民办养老机构，安排财政性专项资金，确保养老机构建设资金、民办养老机构建设扶持资金、居家养老服务保障资金及时足额到位。如柳青街道实行政府购买服务，把原街道敬老院五保老人委托给民办杏花老年养护院，实现医养结合。

（2）以重点项目为抓手，推动医养健康高质量发展。加快智慧养老公寓、医疗康复中心、老年活动中心、兰山区养老服务中心等养老重点项目建设，推动全区养老产业高质量发展。目前，全区健康养老重点项目共5个。其中，2019年省市重点项目临沂凯旋智慧健康养老中心建设项目，拟建设床位460张；兰山区养老服务中心，一期开放床位200张，先入住老人107人，建成后将成为“健康医疗+养生养老+休闲度假”配套齐全的现代化特色养生小镇；拟建设临沂市中医药学校，总投资约76218万元，全日制在校学生达到6000名，专任教师500名，建成后将为全区乃至全市新旧动能转换和医养健康产业人才培养提供强大的智力支撑。

（3）以城乡互动为重点，助力现代养老服务体系建设。探索创新“公建民营、医养结合”新模式，兰山区白沙埠镇先行先试，将敬老院富余床位对社会老年人开放，打造高标准、社会化、医养结合养老新模式。依托新模式，提升改造李官镇、半程镇、枣园镇、汪沟镇、白沙埠镇和兰山街道6个敬老院，分别建成凯旋李官护理院、凯旋半程护理院、凯旋枣园护理院和凯旋汪沟护理院等。目前，6家养老院共接收五保老人200余名，兰山区失能、半失能的贫困集中供养老人183人，机构服务社会住养老人400余人。

（4）以居家养老为依托，践行智慧化养老新模式。选择辖区内成熟社会养老服务机构，充分利用居家养老专项补助资金，积极开展社区居家养老服务试点改造。临沂凯旋老年服务中心投资200余万元搭建智慧养老信息化服务云平台，购置300余台互联网双向视频器“小鱼易联”，免费发放给居家老人使用，目前全区已建成53家社区居家养老服务站，上门开展助医、助洁、助餐、助行等服务工作。积极探索医康养服务新模式，金雀山街道社区卫生服务中心在基本医疗、公共卫生服务、长护巡诊基础上，开展老年“医康养”服务，设置老年医养结合服务病区，成立专门医养结合服务团队，对辖区老人实行网格化分片签约服务，落实职工长护险、家庭病床、社区巡诊巡护、生活照顾等服务，中医药健康指导贯穿始终，其“真情相伴与爱同行，‘医康养’服务新模式”被国家卫健委列入全国经验典型。

2. 山东临沂兰山区金雀山街道社区卫生服务中心基本情况

金雀山街道社区卫生服务中心是位于临沂市兰山区金源路的一家一级医疗机构。近年来，金雀山街道社区卫生服务中心积极响应国家政策，立足基本医疗、基本公共卫生服务职能，充分发挥贴近社区、贴近家庭的优势，敢于担当、开拓创新，开展了社区巡护、医护巡诊、住养、安宁疗护、医养互转、居家护理、家庭病床等多种医养服务，并将中医药、康复理念融入医养结合服务，形成了以医疗为基础、康复为特色、养老养护为保障，多种服务形式并存的医康养结合服务模式。为辖区198位“三失”老人提供了专业的医康养服务，受到辖区居民一致好评。于2019年12月被国家卫健委评为全国医养结合典型经验案例。2021年2月，入选2020年“优质服务基层行”活动表现突出、成效显著机构名单。

3. 山东临沂兰山区金雀山街道社区卫生服务中心医养结合模式特点①

（1）全周期服务

长期护理保险是对个体年老、疾病或伤残导致生活不能自理，需要对在家中或疗养院治病医疗由专人陪护所产生的费用进行支付的保险。一般而言，护理期限可能为半年、一年、几年甚至十几年，护理的意义在于尽可能长地维持个体的身体机能而不是以治愈为主要目的，长期护理保险可以作为对护理费用的经济补偿。2016 年，我国长期护理险开始试点，以长期处于失能状态的参保人群为保障对象，重点解决重度失能人员基本生活照料和医疗护理所需费用。2020 年 9 月，经国务院同意，国家医保局会同财政部印发《关于扩大长期护理保险制度试点的指导意见》，长期护理保险试点城市增至 49 个。自 2018 年 5 月，兰山区金雀山街道社区卫生服务中心以兰山区长期护理保险试点为契机，将医康养工作进行院外延伸，以开展长护险为基础，重点保障长期处于失能状态的兰山区职工医保参保人员的照护需求，并向其他老龄人群延伸服务，提供日常生活照料和与基本生活密切相关的医疗护理服务。

（2）分类管理

社会分层理论意味着不同经济水平、健康水平的老人，在生活照料、精神慰藉、护理康复等方面的需求存在着差异，建立老年人分类管理制度是提高服务针对性、满足多元需求的重要途径。金雀山街道社区卫生服务中心将半失能、失能、失智的“三失老人”、65 岁以上慢性病患者和辖区内出院后的 60 岁以上老人纳入管理平台，及时进行健康评估，分类管理。同时，在分类管理的基础上，大力开展社区巡护服务和医护巡诊服务，老人经申请评估后，由医康养服务人员提供基础护理服务和照护服务，打通居家养老服务“最后一公里”。

（3）网格化管理

金雀山街道社区卫生服务中心医务人员与服务站工作人员及街道工作人员合作，建立公卫网格化管理团队，对各社区居民开展疾病诊疗、查体、建档等各种基本医疗服务，通过无缝对接，持续为社区居民提供精细化的医疗

① 真情相伴与爱同行 打造“医康养结合”新模式［EB/OL］. 临沂市卫生健康委员会，2019-07-25.

服务。辖区内社区划分为多个公共卫生服务网格，公卫网格化管理办公室设在社区卫生服务中心，由社区工作人员协助医生具体负责统计、调度、汇总、业务指导及协调工作。网格管理分工明确，责任到人，以重点人群为工作重点，在网格内开展家庭医生签约服务。根据工作安排保质保量完成65岁及以上老年人健康查体等工作任务。

每个网格的网格长均为金雀山街道社区卫生服务中心医生，在网格长的工作安排下，各网格工作人员进行拉网式居民健康档案复核及新建工作，摸清辖区内居民健康档案底数。以自愿为原则为居民签订家庭医生式服务协议，向居民发放家庭医生服务信息卡，为签约居民提供家庭式签约服务。

（4）“互联网+医康养”

此外，金雀山街道社区卫生服务中心坚持线上线下相结合，拓宽服务渠道。通过创建“互联网+医康养”老年人慢性病监测、健康体检、健康干预为一体的医康养结合平台，实现了上级咨询、指导、诊断与下级检查治疗的协同，签约家庭医生、社区协助及子女远程陪诊的互动，以及老人与子女、服务机构、医护人员的信息交互，对老人的身体状态、安全情况和日常活动进行有效监控。如该中心以中科护联护理驿站APP为媒介，将医患双方有效连接在一起，医务工作者通过线上订单以及入户前沟通，在第一时间即可实现对于老年人针对性需求的满足；有需要的老年人在线挑选所需的护理服务，在家中安坐，即可等待专业医护人员上门服务。对老年人而言，“互联网+医康养”的服务模式，得到的是安全、快速、专业的服务，对中心来说，也是走出去，让更多患者获得便利的开始。这种全新的医护服务模式，让老年人群收获极佳的医康养体验。

金雀山街道社区卫生服务中心的线下服务，则是依托国家基本公共卫生服务，每年对老年人进行免费体检、慢性病随访、中医药服务等健康管理。并将辖区划分13个网格，成立13个签约家庭医生、医康养服务团队，实行网格化管理，负责老年人家庭医生签约和社区医疗巡护服务工作，搭建居家养老的线下服务平台，全方位覆盖所辖社区的所有老人。

(5) 中医药贯穿始终①

中医药是中华民族的瑰宝，具有“简、便、验、廉”的特色优势，在防治常见病、多发病、慢性病及重大疾病中作用突出。金雀山街道社区卫生服务中心设有国医堂，配备了30余种传统及现代中医药医疗器械设备，通过中医辨证施治，可开展熏蒸、推拿、针灸等16种中医特色理疗项目。中心一楼大厅设有“中医药健康文化知识角”，对中药材标本、中医药器具等进行集中展示，并配备了中医体质辨识自助机，营造了浓厚的中医药文化氛围，进一步提升了群众中医药文化素养。同时，包括金雀山街道社区卫生服务中心在内的兰山区14家基层医疗机构与中医三甲医院——临沂市中医医院建立了区域医联体，共建共享中药房，实现了中药饮片共煎配送。基层中药处方通过互联网平台传至智能配方煎药系统，市中医医院专家审方、调配，自动化设备煎药、包装，最后由签约快递人员及时送达患者。这样的方式不仅快捷，而且有效保障了中药质量。

金雀山街道社区卫生服务中心通过签约家庭医生组、康复组、生活照护组的全程参与，以慢性病科、老年科、内科、外科等临床科室提供医疗服务为基础，以中医康复科、成人康复科进行康复理疗为特色，以老年护理员提供生活照料为保障，实现了医疗、康复、养老“三位一体”的高度融合服务。

## 三、山东省潍坊市以基层为主导的嵌入式医养结合典型案例

### (一) 潍坊市人口特征及老龄化情况

第七次人口普查数据显示，潍坊市全市常住人口，60岁及以上人口为204.3万，占总人口的21.77%，其中65岁及以上人口为148.4万，占总人口的15.81%。与2010年相比，60岁及以上人口的比重提高6.56个百分点，高出全省0.87个百分点，位列全省第六，65岁及以上人口的比重提高5.71个百分点，高出全省0.68个百分点，位列全省第六，人口老龄化程度的进一步

① 朱剑锋，石明兴．兰山：传承精华创新发展推进中医药事业高质量发展［EB/OL］．琅琊新闻网，2021-11-26.

加深，成为潍坊市未来一段时间的重要市情。①

### （二）潍坊市医养结合开展情况

为积极应对所面临的日益加重的人口老龄化，潍坊市不断探索，多措并举，着力优化养老服务供给结构，提升养老服务质量，不断健全完善居家社区机构相协调、医养康养相结合的养老服务体系，满足老年人健康养老的需求。

1. 潍坊市医养结合的政策推进

潍坊市多部门下发一系列相关文件，为医养结合的有效推进提供不断优化的政策环境支持。2018 年年初，潍坊市委、市政府“两办”印发《潍坊市建设全国医养结合示范省先行区实施方案》，明确了潍坊市医养结合工作的发展目标，鼓励社区养老服务机构与周边医疗机构通过“嵌入式发展”或签订合作协议等形式实现合作。2019 年 6 月下发的《2019 年全省养老院服务质量建设专项行动方案》为潍坊市养老院服务质量提升的长效机制建立提供了宏观政策指导。在此基础上，2020 年 12 月，潍坊市卫健委等 11 部门发布了《关于深入推进医养结合发展的实施意见》，提出鼓励基层医疗卫生机构开展医养结合服务，向养老服务延伸，发展医养结合机构。同期下发的《关于开展养老服务人员职业技能培训的通知》，将养老服务人员职业技能培训纳入职业技能提升行动。2021 年 7 月，潍坊市人民政府办公室《关于加快推进养老服务发展的实施意见》下发，将每个街道建设一处综合养老服务机构、社区嵌入式养老机构建设等作为持续推进的重点任务；2021 年 12 月潍坊市政府办公室印发了《潍坊市“十四五”养老服务体系规划》，聚焦充分利用和发动各方面力量“健全基本养老公共服务制度、补齐农村养老服务短板等，着力提高基本养老公共服务均等化、普惠化、便捷化水平”。政策环境的不断优化，为潍坊市医养结合的有效开展提供了顶层设计和指导方向。

2. 分级分层的医养相结合服务模式的特色

潍坊市将养老服务体系建设作为保障和改善民生、促进经济转型的重要

---

① 潍坊市第七次全国人口普查主要数据情况公布［EB/OL］. 澎湃在线，2021-06-10.

举措，在政策支持下，探索多元医养结合模式，推进居家社区机构相协调、医养康养相结合的养老服务体系。同时，在确保国有资产不流失、养老用途不改变、服务水平明显提高的前提下，按照新建公办养老机构一律实行公建民营，原有公办养老机构逐步改制的“两步走”思路，加快推进公办养老机构改革。截至目前，潍坊市现有的 156 家养老机构，公办的有 43 家，公建民营的有 24 家，民办的有 89 家，社会力量参与率 72.4%。①

（1）“嵌入式”发展

通过社区养老服务设施与周边医疗机构以“嵌入式发展”或签订合作协议等形式，提升医康养服务能力。目前，全市已有 99 处社区养老服务设施与医疗机构实现了合作，初步满足了社区老年人的医康养服务一体化需求。

（2）“融合式”发展

潍坊市鼓励医疗卫生机构与养老机构融合发展，在全市 156 家养老机构中，已有 31 家内设了医疗服务设施，其他 125 家与周边医疗机构建立了合作关系。

（3）“一体化”发展

潍坊市推进敬老院与镇街卫生院一体化发展，实现养老和医疗服务资源融合、优势互补，其中，安丘、诸城、临朐等县市的 13 家机构，率先实施了“两院一体”建设运营。

（4）“1126+”失能群体救助

潍坊市在峡山区开展了失能群体救助养老建设试点，通过搭建“1126+”失能群体救助模式，为失能群体提供养老服务。即 1 亿元基金的资金支撑，1 个提供技术化、科学化、规范化手段的智慧养老平台，2 家提供机构照料保障的标准化养老机构，6 家提供居家服务保障的居家照料公司以及在中心社区、中心村建立的能就近为老人提供便捷休闲、娱乐、康复、日间照料等服务的多家养老照料服务中心。潍坊市针对农村居民的特定情况开展了多个试点，探索适合农村的医养结合服务模式，如在寿光市开展了农村幸福院社会化管理运营试点；临朐县通过“以奖代补”，依托 12 家农村幸福院开展互助养老

① 夏德娟．为了 200 万老年人的幸福生活，潍坊这么干［EB/OL］．搜狐网，2022-04-27.

和配餐送餐服务；安丘市探索推行敬老院与卫生院一体化建设运营，实现医养优势互补等。①

### （三）典型案例之潍坊市临朐县辛寨中心卫生院卧龙分院：创新模式融合发展，全力打造基层医养结合新模板②

1. 潍坊市临朐县辛寨中心卫生院卧龙分院基本情况

第七次人口普查数据显示，临朐县常住人口为 80.6 万，60 岁以上人口约 19.4 万人，占比 24.04%，明显高于全国平均水平，并呈现逐年增长的趋势，老龄化情况较为严重。③ 特别是在农村地区，受城镇化进程不断深入等因素影响，老年人所面临的养老质量低、就医不便等问题越发突出，传统养老模式已经不能满足当地农村老年人的养老需求，医养结合成为临朐县养老模式发展的必然方向。临朐县辛寨中心卫生院卧龙分院积极响应群众健康养老需求，大胆探索医疗、养老两院一体融合发展的路子，取得了良好成效，获“山东省医养结合示范单位”荣誉称号。

潍坊市临朐县辛寨中心卫生院卧龙分院，是潍坊市临朐县的一家基层卫生院，服务人口 4.4 万人。自 2016 年起，卧龙分院积极发挥医疗康复专业特色科室的优势，健全配备专业康复队伍，开始尝试收治长期卧床不能自理的老人，探索性开展养老护理服务。该卫生院通过提供科学配餐、喂饭、定时翻身、每日擦洗、大小便清洁、全身按摩等服务，使老人住院期间的生活质量得到了提升，治疗效果明显改善，子女的养老压力也有所缓解，得到了病人及家属的一致好评。在初步探索取得明显效果后，卧龙分院在继续担负好乡镇卫生院职能职责的基础上，在上级主管部门的指导帮助下，转型升级，探索出了医疗救助与养老护理相结合的新型模式，为基层卫生院的转型发展积累了一定经验。

---

① 对市政协十三届五次会议第 135086 号提案（关于推进全市医养康养养老服务体系建设的建议）的答复［A/OL］. 潍坊市人民政府，2021-07-05.

② 临朐县辛寨中心卫生院卧龙分院——“医养结合”新模式誉满鲁中［EB/OL］. 齐鲁网，2021-05-10.

③ 临朐县人口数据［EB/OL］. 红黑人口库，2022-08-19.

2. 潍坊市临朐县辛寨中心卫生院卧龙分院医养结合服务模式特色

(1) 服务内容实现医疗、康复融合

与其他的基层医疗卫生机构一样，辛寨中心卫生院卧龙分院，长期存在着医疗水平低、职工体量小、住院病人少、设备质量差等难题。招不进人才、留不住病号、赚不出效益、发不下工资成为该机构恶性循环的常态。为实现突破，卧龙分院通过让职工“走出去学”和专家“请进来教”相结合的方式，培养建立一支熟练掌握针灸、按摩、理疗等多种康复治疗技术的医护团队；并通过多方筹集资金，引进了一批康复治疗仪器。初步实现了满足常规康复需求的建设目的。通过多途径的探索，有效提高了医院运营收入。在已积累大量康复理疗服务经验的基础上，2015 年，卧龙分院大胆尝试，开始收治长期卧床的失能或半失能老人，在做好疾病治疗的基础上，探索性开展养老护理服务。细致、专业的日常照护服务提供，有效提升了老年人住院期间生活质量，改善了治疗效果，缓解了子女压力，提升了机构的知名度与美誉度。在初步探索取得明显效果后，卧龙分院开始着力探索医疗救助与养老护理相结合的新型模式，为住院治疗的失能、半失能老人，提供 24 小时不间断养老护理服务。至此，这种医护和陪护相结合的新型养老模式在卧龙分院初步成型。

(2) PPP 模式推进“两院一体”建设

2017 年 2 月，在充分调研和科学谋划的基础上，经临朐县人民政府批准，辛寨镇政府联合山东祺月童车有限公司采用 PPP 模式，先期投资 1. 63 亿元，建设完成了占地面积 20684 平方米，建筑面积 18396 平方米的康养中心，中心设有设施完备、功能齐全的综合服务楼、生活用房楼、健康餐厅楼等。设置养老床位 300 张，医疗床位 99 张，房间设施配备齐全，居住环境舒适。2018 年 4 月，正式组建成立临朐景福养老有限公司，并与辛寨中心卫生院卧龙分院签署合作协议，由卧龙分院全面托管，负责护理院的管理运营，共配备 126 名医疗护理人员，实现了两院一体、融合发展。

传统的养老院在设备配备上普遍存在基础设施老旧、医疗设备专业性不足的问题，在针对老年人的照护层面，也多局限于吃饱穿暖睡好的传统方式，很难满足老年人的多元需求；传统医疗机构则不提供养老护理和日常照料服务，导致住院治疗的老人必须由家属或是请护工长期陪护，增加了患者家庭的经济负担。再加上多数老年人存在“一体多病”情况，自身疾病的彻底治愈已经相对困难，需要长期治疗甚至终身治疗，导致很多入住养老院的老人白天在医院看病、晚上回养老院休息的情况普遍。这些问题的存在在很大程度上影响了老年人的医疗与养老服务体验。卧龙分院“两院一体”的全新模式，则可以有效解决这一系列问题。病人住院期间由专业护理人员照看，无须家属陪护，护理人员在执行治疗内容外，对老年人不间断进行病情观察、生活护理、心理疏导、康复指导等养老护理工作，各类检查、治疗可根据需求随时开展。对不能自理或半自理老人，还可以开展床前服务，满足入住老人的各类需求。

卧龙分院的“两院一体”模式经过一段时间的探索后，到2019年逐渐形成一套系统科学的管理流程，也赢得了良好的社会口碑，主营业务年收入突破1800万元，真正实现了扭亏为盈。随后，2019年12月卧龙分院在景福养老有限公司内正式组建景福康复护理院，构建起养老院自己的医护团队和医疗力量，逐步脱离对卧龙分院医疗支持的依赖，建立起覆盖养老、康复、医疗全流程的服务架构，有效破解了“基层卫生院无养老护理”“传统养老院无规范医疗”的养老难题。2020年9月，卧龙分院在临朐县委、县政府的强力支持下，争取政府专项债券300万元，总投资750万元建成建筑面积2526平方米的医养楼，设置床位100张，医养结合事业进一步推进。

（3）扶贫与医康养相结合，开展个性化服务

临朐县辛寨中心卫生院卧龙分院坚持“以人为本”的发展理念，按照收住老人的具体情况和所需所盼，开展具有针对性的个性化服务。按照自理能力的强弱对收治老人进行护理类别划分，对不同状况的老人专门建档，科学建立专属的医疗、康复和护理方案，有效满足了入院老人从单纯健康养老、康复养生，到治疗疾病、全面护理的全部需求。

与此同时，通过在院内组建全市第一家县级扶贫养老服务中心，对全县低保贫困人员开展集中供养，通过政府购买服务的方式，长期免费收治200余名重度失能的低保贫困人员，既有效解决了这一群体“因病致贫、因病返贫”和“无法自理、无人照顾”的现实问题，又减轻了家属长期陪护照料的压力，让家人有时间外出工作增加收入，实现贫困家庭“减负”和“创收”

的扶贫工作双赢，切实将社会福利政策落到了实处。

截至目前，该院累计为600余名老人提供了高质量的医养服务，得到了服务对象及社会各界的一致好评。面对老龄人口数量不断增长、老年人养老服务需求不断升级的社会发展大势，卧龙分院未雨绸缪、积极作为，以“让政府放心、让老人满意”为最高标准，在扩大医、康、养服务范围和提高医、康、养服务标准上下功夫，不断丰富服务内容、提升服务质量，持续推进医养结合的深入发展。

## 四、山东省德州市以基层为主导的嵌入式医养结合典型案例

### （一）德州市人口特征及老龄化情况

全国第七次人口普查数据显示，德州市常住人口561.12万人，60岁以上老年人口116.32万人，占比20.73%；65岁以上老年人口85.96万人，占比15.32%。其中，失能、部分失能、失智老人近7.8万。与2010年第六次全国人口普查相比，60岁及以上人口的比重上升了6.53个百分点，65岁及以上人口的比重上升了6.44个百分点。[①] 当前，德州市已进入老龄社会，全市人口老龄化呈现基数大、增速快、失能化、高龄化的发展趋势，老龄化形势严峻。为积极做好养老工作，德州市养老服务业坚持党委领导、政府主导、社会参与、全民行动相结合，坚持应对人口老龄化和促进经济社会发展相结合，坚持满足老年人多样化需求和解决人口老龄化问题相结合，努力挖掘人口老龄化给社会发展带来的活力和机遇，积极满足老年人日益增长的物质文化需求，积极构建以居家为基础、社区为依托、机构为补充、医养康养相结合的养老服务体系。

### （二）德州市医养结合开展情况

1. 德州市医养结合政策推进情况

近年来，德州市政府及相关职能部门先后出台了一系列养老服务政策文

① 关于对市政协十四届五次会议第14050326号提案的答复［EB/OL］. 德州市卫生健康委员会，2021-05-10.

件，包含养老服务体系建设支持政策、老年人社会福利政策、养老机构综合责任保险政策、政府购买养老服务政策等一系列文件，初步构建起较为完善的养老服务政策体系。2019 年制定出台了《德州市养老服务条例》，成为山东省第一部综合性养老服务法规，对养老服务设施规划和建设、养老服务体系、人才培养和激励、扶持政策和措施、监督和管理、法律责任等方面进行了全方位规定，为全市养老服务发展提供了法律制度保障。2020 年 12 月，德州市人民政府办公室下发了《关于进一步支持养老服务发展的实施意见》，提出扩大多元化养老服务供给；加快养老与房地产、医疗、旅游等融合步伐，大力发展旅居养老、农家养老、以房养老等。2021 年 6 月制定出台了《德州市养老服务业专项资金补助项目实施方案》，提高了对护理型养老机构建设补贴和运营补贴的标准。在一系列医养结合相关政策的推动与支持下，德州市医养结合工作持续、稳定、高效运行并取得一定成效，为地方人口老龄化应对以及医养结合发展开辟了新途径。

2. 德州市医养结合取得的成效

（1）医养结合机构保有量增加

为应对全市老龄化，德州市卫健委全力打造医养结合机构，致力于为老年人健康保驾护航。截至目前，全市医养结合机构 33 家，其中两证齐全的 23 家，共有医养结合机构床位 7954 张。全市共有各级各类医疗机构 5351 家。其中，三级医院 5 家，二级医院 41 家，社区卫生服务中心 23 家，乡镇卫生院 111 家，社区卫生服务站 69 家，村卫生室 4085 家。全系统工作人员 4.5 万人，床位 27021 张。每千人口拥有执业（助理）医师 2.50 人、注册护士 2.23 人、床位 4.65 张。

（2）医养结合示范引领作用显著

自 2018 年始，全省开展了医养结合示范创建工作，3 年间，德州市共有 11 个县市区和 27 个乡镇荣获省级医养结合示范创建县和乡镇称号。庆云县东辛店镇卫生院“坚定服务理念，创建医养服务新模式”案例被列为“全国医养结合典型经验”案例之一。

（3）养老服务资源总量不断扩充[①]

截至目前，全市运营养老机构 130 处；城市社区老年人日间照料中心 76 处、农村社区幸福院 330 处；各类养老床位 3.6 万张。为完善城市服务功能，德州市积极筹建了德州养老示范城项目，该项目占地 110 亩，投资 7 亿元，设置床位 2000 张，于 2018 年 11 月启动建设，目前主体已完工，2022 年上半年投入运营。项目运营后将在全市养老机构中起到养老业态、适老化建筑、智能化管理、规范化服务、配套设施应用和孝文化等多方面的示范引领作用。同时，德州市在德州高铁新区、崇德三大道以西、尚德十路以北地块建设德州养老示范城项目。项目总投资 7.2 亿元，总占地面积约 100 亩，由德达城投公司投资并组织实施。项目主要包含 13 幢建筑及配套设施，涵盖老年人居住建筑、老年养护楼、康复医院、信息监控中心、接待中心、老年大学、景观餐厅、运动场馆、娱乐场馆等功能设施。建成后将提供自理型、半自理型和护理型三种养老业态服务以及养老文化艺术交流活动等，有助于提升德州市整体养老服务水平，让更多老年群体实现“老有所养，老有所医，老有所乐”。

（4）养老服务人才队伍供给扩容

在德州市市级财政支持下，通过政府购买服务的方式，全市连续 6 年举办了养老管理及服务人员培训班，免费对全市养老服务从业人员进行技能提升培训，累计培训各类养老管理及服务从业人员 2000 余名，有效提升了养老服务技能水平。同时，为加强养老服务专业人才培养，依托德州职业技术学院开展“校企合作”项目，学校增设老年服务与管理专业，开设老年护理课程，培养既有医学护理知识，又有养老管理服务技能的复合型人才，自 2018 年开设专业以来累计招收学生 600 余名。

（5）专业养老服务组织不断被培育充实

近年来先后引入青岛阳光佳苑养老集团、北京优护万家养老服务有限公司、无锡九如城养老产业集团、深圳旬彩养老服务有限公司等外地专业养老服务组织，培育鹤祥养老服务、双佳养老服务、颐寿园养老服务等本地养老服务组织，通过经验互鉴、市场竞争等方式，不断丰富全市养老服务多元化

① 市民政局对市十四届政协五次会议第 14050326 号提案（《关于我市康养产业发展的建议》）的答复［EB/OL］. 市民政局，2021-09-08.

市场，推动提升养老服务的专业化水平。

（6）互联网+智慧康养持续推进

作为山东省新型智慧城市的市级试点，德州市大力投入数字化基础设施建设，数字健康发展已有良好基础。在打造医保大健康平台、构建“互联网+医保+医疗+医药”综合服务体系上走上了“高速路”。依托省养老“两台一网”，对接户籍、医疗健康、社会保险、社会救助等信息资源，搭建信息共享、互联互通的养老服务管理与宣传平台。

2020 年 4 月 25 日，全国首个省级互联网医保大健康平台——山东省互联网医保大健康服务平台启用，该平台主要由国内最大的数字医疗服务平台微医运营，首创了“互联网+医保+医疗+医药”综合服务体系，于 6 月开始在山东全省推广，德州市正是全省首批落地山东医保大健康平台的地市之一。以此为契机，德州市从智慧医保、数字医疗、慢性病管理、药事中心、医保扶贫等方面进一步创新服务，探索“德州模式”。2021 年 5 月 9 日，德州市首家山东医保大健康慢性病管理服务中心在宁津县中医院正式启用，为患者提供慢性病门诊和全程数字化慢性病管理的一站式服务。慢性病管理服务中心可为慢性病患者在线提供健康咨询、预约转诊、慢性病随访、健康管理、延伸处方等，实现了医保认证、复诊核验、在线处方、送药到家等无缝衔接服务。

“互联网+医保+医疗+医药”的创新模式有效地推动了医保、医疗、医养线上线下融合发展，原有的服务壁垒在多样化创新服务中逐渐打通。在不久的将来，随着其他县市区同步推进的慢性病管理服务中心全部落地，智慧医保和数字医疗等服务的深入创新，德州 500 余万百姓将切实享受更多健康红利。①

### （三）典型案例之山东省德州市庆云县东辛店镇卫生院：坚定服务理念，创建医养服务新模式

1. 基本情况

山东省德州市庆云县东辛店镇卫生院是庆云县辖区内的一所乡镇卫生院，

① 微医以“数”赋能，德州构建慢病全程管理服务体系［EB/OL］．搜狐网，2021-05-11.

迁建于2009年，是政府举办的公益事业单位，位于庆云和乐陵交界，是集医疗、预防保健、中医康复理疗、健康教育、特色医养为一体的现代信息化综合性医院。目前，东辛店镇卫生院服务人口为27000余人，其中65岁以上老年人4000余人，占总人口的15%左右。东辛店镇卫生院设有养老床位52个，入住率百分之百。①

庆云县东辛店镇卫生院自建成以来，由于距离县城近、周围村庄少、医疗服务基础差等原因，一直处于亏损状态，为改变现状，东辛店镇卫生院于2013年6月启动养老院项目，2014年将院内病房楼改建成养老区和住院区，2015年率先走上“两院一体”一个法人的医养结合新模式，并在当年承担了庆云县医养结合的试点工作。

东辛店镇卫生院医养中心项目稳步有序推进的同时逐渐饱和，东辛店镇卫生院为求更高层次发展，突破自我，成功创建“医托养”模式。2018年6月，东辛店镇卫生院与庆云县幸福苑养老服务中心签订托管协议，以成立东辛店镇卫生院东院的形式入驻幸福苑养老服务中心。庆云县幸福苑养老服务中心位于庆云县常家镇政府驻地东方社区，占地20亩，设有养老床位206张，现入住老人100余人，其中政府供养的五保老人32人。幸福苑养老服务中心自建成以来，由于没有医疗资源介入，入住老人的医疗服务成为一大难题。与东辛店镇卫生院达成托管协议后，县卫生健康局批准核发医疗机构执业许可证，东辛店镇卫生院在该中心建立了分院，由幸福苑养老服务中心提供560平方米医疗专区，东辛店镇卫生院提供医生、护士和全部医疗康复设备，将东辛店镇卫生院的疾病管理、住院管理和康复管理模式成功复制，为住养老人提供门诊、住院治疗服务和康复医疗服务。同时，东辛店镇卫生院东院依托靠近居民小区的优势，积极开发居家养老和智能养老的医疗服务模式，让居家养老和社区养老的居民都享受到医养结合服务。这种向其他机构嵌入式提供医疗服务的“养老机构+医疗服务整体外包”型医养结合模式稳步有序地推进了“农村养老”工作，得到了政府的认可，获得了人们广泛的赞誉。

---

① 全市唯一！德州市庆云县东辛店镇卫生院入选全国医养结合典型！［EB/OL］. 闪电新闻，2020-09-07.

东辛店镇卫生院坚持养老与治病相结合，将中医药养生保健和“治未病”理念融入养老全过程，中医药服务和以中医为基础的医养结合项目现已成为该院特色，先后获得了“全国敬老文明号”“山东省医养结合示范单位”“德州市医养结合示范单位”等多个荣誉称号。

2. 德州市庆云县东辛店镇卫生院医养结合服务特色

（1）“嵌入式”服务模式

经过多年的探索、创新，东辛店镇卫生院总结出一套符合农村乡镇卫生院实际的医养结合管理模式，从医养结合养老机构出发点来讲，这种模式称为“养老机构+医疗服务整体外包”模式；从医养结合医疗机构出发点来讲，这种模式称为“医疗机构托管养老机构”模式，即“医托养”模式，两者合一，简称为“庆云东辛店‘嵌入式’服务模式”。

在这种嵌入式的医养结合模式运行之下，乡镇卫生院，既可以充分发挥基层医疗机构作用，避免医疗资源浪费，又能够提高经济效益，保障机构有效运转；县级养老机构，则无须建设大型医疗机构即可实现为养老机构入住老人提供有效的医疗服务。庆云县东辛店“嵌入式”服务模式通过服务整合，有效解决了乡镇卫生院面临的医养结合养老服务入住低、创收低问题以及县级养老机构面临的医疗难、资金难问题，为县级医养结合发展开辟了新途径。

（2）个案管理与分类管理

入住老人身体状况和心理状态存在着一定的差异，为提高服务质量，提升老年人幸福指数，卫生院采取个案管理和分类管理的方法。例如，对患有“三高”的老年人，在饮食结构上做出调整，与其他老人区别开来；对患有阿尔茨海默病的老年人，在安全预防上做出调整，互帮互助，避免老年人烫伤、摔倒、走失等现象的发生。同时，为有效提高个案管理与分类管理的效率，卫生院建立了动态健康状况评估制度，对入住老人进行定期评估，定性、定量测量入住老人的照顾能力，从而分配照顾任务，使入住老人能充分发挥自己的能力，提升个人人生价值的同时营造了互帮互助、相亲相爱的氛围。

在解决辖区生活不能自理的失能老人照护方面，东辛店镇卫生院依托靠近居民小区的优势，积极开发居家养老和智能养老的医疗服务模式。2019 年，卫生院启动了“东辛店镇农村失能老人医养结合服务”计划，培训该院家庭医生服务团队和乡村医生，使他们掌握专业的养老护理知识，为131名失能老人提供每月不少于1个小时的上门护理服务，让乡镇的居家失能老人在家就能享受包括褥疮护理、三管置换、皮肤护理、口腔护理等专业的医疗护理服务，获得了老人和家属的一致好评。

(3)“治未病”理念融入

当前“疾病医学”逐渐向“健康医学”转变，医学关注的对象也将从“已病人群”逐渐向“未病人群”扩展，对疾病的策略从“有病求医”向“预防为主”转变，医学干预的切入点逐渐前移。因此，“治未病”作为最先进、最超前的预防医学思想，是医疗发展的趋势。东辛店镇卫生院在服务提供过程中，坚持养老与治病相结合，将中医药养生保健和“治未病”理念融入养老全过程，利用中医药技术全面提升老年人身心健康和医疗保障。如今中医药服务和以中医为基础的医养结合服务已成为该院特色。

(4)依托培训助力

东辛店镇卫生院建院初期，全院职工较少，医院从业护士缺乏养老护理专业知识，聘请的护工人员文化水平较低，理论知识理解能力差，无法满足身体状况不一样的老年人的差异化、专业化需求。针对这一现象，医院成立了联合协作小组，由护士长任组长，护理能力较好的护工任副组长，本着“走出去，请进来”的学习原则，通过不定期邀请市级管护专家来上课指导、定期开展小组交流会议和现场模拟会议、选派拔尖人才到省级医院进修学习等途径，苦练管护理论和护理技术，形成了“一带、一管、一护、一情”的培训模式，即院长带一个养老院，副院长带一个管护，护士长带一个护工，全院干部职工每人带一个亲情老人。通过多途径培训，有效提高了护工人员的业务技能和专业水平，极大地提升对老年人的服务质量，开拓了医疗资源与养老资源的有机融合，实现了社会资源利用的最大化。

(5)工作制度提质

医院总结了涵盖基本养老、安全防范、医疗护理和急救预案等在内的24套工作制度，即院长工作职责、入院条件、入院流程、安全工作管理制度、院民管理制度、养老院敬老院及养老机构老人卫生制度、养老院敬老院及养老机构入住老人档案资料管理制度、房间安全管理制度、食堂餐厅管理制度、财务管理制度、值班制度、仓库管理制度、档案室工作制度、卫生管理制度、工作纪律、工作人员规章制度、护理员岗位职责、卫生保健管理制度、环境卫生制度、医护人员巡视制度、医护预警制度、医疗护理制度、医疗差错事故防范制度、用药管理制度，通过全方位、全覆盖的综合制度建设，形成了完善、规范的管理体制与机制，医院的服务质量不断提升。

东辛店镇卫生院东院自 2018 年 8 月启动运营以来，已为幸福苑养老服务中心入住老人办理住院治疗 200 余人次，近期该中心社会住养老人增加了 60 余人，截至目前，共计入住老人 181 人次，养老服务中心的经济效益大幅增加，东辛店镇卫生院在该中心提供医疗服务的医生、护士的绩效工资也有所增长，真正实现了多方共赢。①

## 五、山东省东营市以基层为主导的嵌入式医养结合典型案例

### （一）东营市的人口特征及老龄化情况

东营市为山东省地级市，是国务院批复确定的中国黄河三角洲中心城市、中国重要的石油基地。东营市人口增长速度、人口规模以及老龄化程度等具有自身特点。一方面，东营市人口规模总量偏小，人口增长稳定。山东省是人口大省，在山东省的 16 地市中，莱芜并入济南市以后，东营市成为山东省人口规模最小的城市。第七次人口普查数据显示，东营市常住人口为 219.35 万，与 2010 年第六次全国人口普查的 203.5 万人相比，增加约 15.8 万人，增长率 7.77%，年平均增长率为 0.75%，增速排名全省第 4 位。东营市人均 GDP 全省第一，常住人口全省最少，十年来人口继续保持平稳增长态势。另一方面，东营市人口老龄化严重，年轻的东营市已经进入深度老龄化时期。第七次人口普查数据显示，东营市 60 岁及以上人口为 44.7 万人，占总人口的 20.39%，其中 65 岁及以上人口为 34 万，占 15.51%。② 与 2010 年第六次

① 全市唯一！德州市庆云县东辛店镇卫生院入选全国医养结合典型！［EB/OL］. 闪电新闻，2020-09-07.

② 东营市常住人口 219.3 万人！东营市第七次全国人口普查数据出炉！［EB/OL］. 东营周刊，2021-06-09.

全国人口普查相比，60 岁及以上人口的比重增加 5.90 个百分点，65 岁及以上人口的比重增加 6.60 个百分点。这一数据表明东营市人口老龄化程度进一步加深。东营市 1983 年建市，建市不足 40 年，年轻的东营市已经快速步入了老龄化时期。

### （二）东营市医养结合的开展情况

自 2017 年山东省启动创建国家医养结合示范省以来，东营市坚持以示范创建为抓手，着力完善政策，强化措施，加快推进医养结合发展，以居家为基础、社区为依托、机构为补充、医养相结合的健康养老服务体系初步形成，医养融合发展取得明显成效。在省卫生健康委等 6 部门联合发文公布的全省第二批医养结合先行市、县区名单中，东营市成为第二批医养结合示范先行市之一，河口区、利津县入围第二批医养结合示范先行县区。至此，东营市率先实现医养结合示范先行单位市、县两级全覆盖。在医养结合建设层面，东营市积极推动各级医疗机构与养老机构建立长期合作机制，建立医疗养老联合体，对合作的养老机构转诊老年患者提供优先接诊、检查、住院服务；养老机构通过内设医务室、开办老年病医院、康复护理院以及与医疗机构签约协作等多种方式为入住老人提供医养结合服务。据统计，目前东营市 50 家养老机构中 13 家为医疗机构举办，16 家设立医务室，两项合计占比 58%，其余 21 家通过与医疗卫生机构签订协议的形式为入住老人提供医疗服务，占比 42%。①

在医养结合推进进程中，东营市积极通过加大财政投入、强化医护险的支撑、创新医疗服务等措施，高效推动了医养结合的有机统一。

首先，财政支持是医养结合有效开展的经济基础。东营市陆续制定出台《东营市养老服务业转型升级实施方案》《东营市养老服务提升三年行动计划（2018—2020 年）》等一系列文件，在国家和省相关规定基础上，进一步加

---

① 东营市率先实现医养结合示范先行单位市、县两级全覆盖［EB/OL］. 中国山东网，2020-12-17.

大产业基金、补偿机制、绩效考核、医疗保险等方面的优惠、补贴。[1] 2018年以来拨付养老机构养老服务业专项资金5278万元，其中市级及以上资金2761万元，对符合条件的民办和公建民营养老机构，按实际入住的自理、半自理、完全不能自理老年人数，在省级补助基础上，市财政连续3年给予每人每年360元、600元、720元的运营补助；对符合条件的养老机构，每张床位给予9000元一次性建设补助，对符合条件的租赁用房养老机构，每张床位给予4000元一次性改造补助；根据社区养老服务设施建筑面积，给予6万元到25万元的一次性建设补助，并根据运营情况，每年给予3万元到5万元运营补助；养老服务机构用水、用电、用气、用热均以居民生活类价格标准收费；安装、使用、维修固定电话、有线（数字）电视、宽带互联网均按一定比例减免收费；每年留成的福利彩票公益金按照不低于55%的比例支持养老服务发展。

其次，通过医护保险强化对医养结合的支撑。如前所述，长期护理险，被称为社保“第六险”，其属于健康保险范畴，标的物为个体的身体健康状况。长期护理险在解决老年人长期照护以及医养服务层面发挥着重要作用。2014年东营市在全省率先启动城镇职工长期医疗护理保险试点工作，将参保人员因疾病导致生活无法自理，需要入住养老机构、医疗机构或居家接受长期医疗护理产生的相关费用纳入医疗保险统筹范围；2018年启动城乡居民长期照护保险试点，2020年实现所有县区全覆盖，并出台《东营市城乡居民长期照护保险失能等级评定标准》和《东营市城乡居民长期照护保险失能人员照护服务管理规范》，走在了全省前列。截至2020年8月底，东营市职工长护险基金累计支出727万元，受益职工440人；居民长护险基金累计支出1765万元，受益群众2180人。参加居民基本医疗保险具有本市户籍的70周岁及以上参保居民、重度残疾人（一、二级）、建档立卡贫困人员个人缴费部分由政府代缴。

最后，多视角创新医疗卫生服务。目前，东营市74家医疗机构全部开通

① 东营市率先实现医养结合示范先行单位 市、县两级全覆盖［EB/OL］. 中国山东网，2020-12-17.

了老年人就医绿色通道，二级以上综合医院设置老年病科比例达 70.6%；对全市常住 60 岁以上失能、失智和半失能老年人开展调查摸底，养老护理信息收集实现“应录尽录”；加快推进居家养老家庭医生签约服务和老年人健康管理工作，截至目前，全市 65 岁以上老年人签约率 78%，健康管理率 76.8%。按照“改造一批、转型一批、规范一批”的工作思路，鼓励各级各类医疗机构因地制宜拓展养老服务。

（四）典型案例之东营市亲祥源养老服务有限公司——医养结合“嵌入”社区智慧养老温暖居民①

1. 东营市亲祥源养老服务有限公司基本情况

东营市探索实施的社区“嵌入式”医养结合智慧养老模式是入选国家发改委、民政部养老服务业发展的典型案例，在“嵌入式”医养结合模式开展中，较为突出的是入选国家第四批智慧健康养老应用试点示范企业、街道的亲祥源养老项目。

东营市亲祥源养老服务有限公司是一家民非养老企业，成立于 2015 年 5 月，由东营市美年大健康（东营）健康管理有限公司投资建设运营。项目自启动以来，在国家政策的鼓励下，亲祥源将企业使命与社会责任密切相连，经过了充分的国内外考察和民意调研，结合我国传统养老观念、养老方式、老年人养老意愿和老年人及其子女的经济生活状况，着力打造“社区嵌入式医养结合智慧养老”新模式，构筑“一网、多站、一中心、一校”“人工+智能”的养老运营服务体系，以做好“生态、健康、智慧、自助、精准”之养老五环为指导理念，以“大社区、小居家、大服务”为发展目标，最终实现机构、社区、居家三位一体化养老，满足目前东营市养老需求，真正实现养老的市场化、可持续健康发展。

亲祥源集“机构住养+医养康复+智慧居家服务”为一体，可容纳 80~100 张床位，内设康复中心、中央餐厅、寿宴厅、公共助浴室、商超配送中心、居家呼叫服务平台、老幼同乐区、活动大厅等；除此之外，还在其他 4

---

① 荆文娜．山东东营：“嵌入式”医养结合智慧养老让“养老”变“享老”［EB/OL］．闪电新闻，2019-01-31.

个社区设立便民养老服务站，通过互联网智慧居家服务平台、智能陪护机器人等，让老人、子女、服务商、“一中心”“多站点”实现互联互通，就近化、本地化满足居家养老服务需求。

2. 东营市亲祥源养老服务有限公司医养结合服务特色

受阅历、兴趣、性格以及收入水平等因素影响，老年人对养老服务需求有所不同，客观上应实施差异化养老。同时，受传统养老观念的影响，老年人更愿意在家中或社区养老，除一些高龄、失能、失智、残疾的老年人给家庭造成严重照护负担而必须入住养老机构外，居家养老成为老年人的主要选择。为满足老年人多元化养老需求，山东省东营市亲祥源养老服务有限公司着力打造的“社区嵌入式医养结合智慧养老”新模式，呈现如下特色。

（1）嵌入途径多元化

东营市亲祥源坚持把“让老年人走进养老院”理念转变成“把养老院开进老年群体之中去”，通过多种形式的嵌入，真正实现了养老服务的“三位一体”。

一是嵌入社区建设小型养老机构（中心），也就是把养老院设在居民小区之内。利用小区公共闲置房进行改造，建设集机构养老、日间照料、居家养老服务为一体的综合养老服务机构，距离老人及其儿女家近，老年人来去方便，让老人时时沉浸在居民小区热闹温馨的氛围中，没有离家的孤独感和失落感。同时通过配套适老化设施、智能化设备和医疗设施，收住高龄、失能、失智、残疾等刚需老年群体，有效解决了家庭照护负担。

二是嵌入社区实现了社区就近化养老，使老年人实现了在熟悉的环境中和熟悉的朋友在一起养老的愿望。通过在养老院大环境内设立小居家的方式，老年人可以独住也可以合住，可以把家里的物品摆设带来，按照自己的起居习惯生活，不需要较长时间的适应期和过渡期。目前亲祥源已经在东营市东西城建立了两个综合养老服务机构，一个日间健康管理服务中心，设置床位200余张。

三是嵌入智能化养老服务平台开展居家养老服务，为居家老人提供家政、助医、助餐、助浴、助购等服务，满足了居家老人足不出户养老的需求。亲祥源这种“三位一体”有机结合的养老服务模式从一出现就得到了老年人的充分肯定和广泛好评。目前，亲祥源养老服务中心服务老人已达6000多人。

(2) 运营方式集成化

为进一步加强养老基础设施建设，提高养老服务质量，满足老年人多层次、多样化的养老服务需求，东营市区积极实施居家社区养老服务提升工程，在城市社区建设5处居家社区养老服务中心，12处老年人日间照料中心、养老服务站、社区老年食堂等服务场所，统筹社区养老服务设施和资源，为失能、半失能、高龄等老年人提供系统化托养、日间照料、上门等居家社区养老服务。为高标准按时完成任务，东营市从指导考核、多元化支持、对标推进等方面发力，确保民生实事稳步推进。截至目前，东赵社区、翠苑社区2处居家社区养老服务中心已完成建设，青山、井下南、东利等5处社区日间照料中心，物华、玉景社区2处智慧养老服务站完成建设并投入运营，服务覆盖中心城区4万余位老年人。

对于居家社区养老服务中心和日间照料中心建设项目，东营市区围绕老年人的分布、年龄结构、经济水平和社区养老服务供给、需求等情况进行调研，选址重点考虑老年人相对集中比例高、有一定消费能力的社区，并且有条件进行适老化改造的场所。同时，与全区重点项目以及2021年完整社区建设任务相衔接，统筹运用各方扶持政策吸引社会化力量投入养老服务业，积极与国资运营、物业、市政等资产公司对接协调，鼓励有承接养老项目意向的企业自主寻找适合场所建设改造，高标准打造居家社区养老服务提升项目。

近年来，东营市区致力于建设山东省社区治理暨养老服务创新实验区，建设完善社区养老服务信息平台，开通了8112349养老服务热线，集中做好线上线下服务，连续5年被纳入全区民生实事实施项目。同时，东营市区探索“油地融合—居家养老先行”模式，整合胜利油田移交物业资产和社区各类服务资源，将场所低价或无偿交给专业养老组织改造运营，严格按标准建设具备短期托养、日间照料、居家服务、学习教育、休闲娱乐等养老服务功能为一体的社区养老服务中心，打造成服务空间由机构延伸到居家、时间跨度由自理持续到失能的老年生活大包揽、全覆盖的综合性养老服务机构。

(3) 服务体系智慧化

亲祥源构建了“一网、多站、一中心、一校”智慧养老运营服务体系。

"一网"是指智能化服务网络平台，负责老年人的各项服务需求，发出服务指令，并对老年人需求进行统计分析；"多站"是指各社区便民养老服务站，依托"一中心"资源，就近及时地为社区养老及居家养老的老年人提供各项服务；"一中心"是指养老服务中心，负责收住高龄、失能、失智、残疾等刚需群体，为他们提供餐饮、文化、医疗等方面的服务，"一中心"服务资源同时服务多站点；"一校"是指老年护理及养老服务职业培训学校，培养养老服务、管理及老年护理方面的专业化人才。

通过不断实践和完善，亲祥源实现了由"养老"到"享老"的转变。"嵌入式医养结合智慧养老"模式让养老院走进社区老年人的身边，使养老不再有离家的失落感，同时配套了专业的医养服务设施及技术团队，为老人提供更加完善、专业的健康保障，让老人放心入住，康享晚年。

# 第三章 滨州市以基层为主导的嵌入式医养结合实例研究

医养结合作为提高老龄人口对医疗服务和养老服务可及性的重要途径之一，在全国及山东省各地市如火如荼地进行。为进一步有效推进滨州市医养结合的开展，争创省级医养结合示范先行市，在滨州市社会科学规划项目的支持下，本章以滨州市作为研究领域，在系统分析该市医养结合开展情况的基础上，以需求为导向，对以基层为主导的嵌入式医养结合服务模式的供给与需求进行详细阐述，为探索符合滨州市实际的医养结合服务模式创新与发展提供借鉴与依据。

## 第一节 滨州市以基层为主导的嵌入式医养结合课题研究背景

### 一、研究背景

#### （一）滨州市医养结合推进基本情况

滨州市位于山东省北部、黄河三角洲腹地、渤海湾西南岸，依河傍海，自然生态环境优良，健康养生资源丰富。近年来，全市上下统筹推进医疗服务、健康养老、生态旅游体系建设，持续加大健康投入，医养健康产业、医养结合服务发展基础日益扎实。第七次人口普查结果显示，与 2010 年相比，山东省 60 岁及以上人口比重上升 6.15 个百分点，占 20.90%，人口老龄化程度进一步加深。而滨州市 60 岁以上人口占比达 21.76%，明显高于同期山东省和全国（18.70%）的平均水平。[①] 滨州市“健康老龄化”刚性需求日益凸显，为应对老年人多层次、个性化的医养需求与服务供给不足之间的矛盾，新业态、新模式催生的新经济，就需要造就干事创业的创新大舞台。医养结合作为一种新型养老模式，通过医养康护等资源的有机结合，在为滨州市全体老年人提供全方位、全周期的健康服务方面发挥着越来越重要的作用。

在健康滨州建设的积极推动下，滨州市医养结合环境持续优化。全市上下积极推进医养结合及健康滨州建设，召开滨州市卫生与健康大会，研究编制《健康滨州 2030 规划》《健康滨州“十三五”行动方案》等，全民健康氛围加速形成，滨城区、无棣县、邹平市入选山东省健康促进示范县（市、区）。2018 年 4 月，滨州市人民政府办公室下发《关于印发滨州市医养结合示范创建工作方案》的通知，明确了以居家为基础、社区为依托、机构为补充、医养相结合的养老服务体系，并将居家服务医养结合作为重点建设任务之一，在完善社区医养服务设施建设的同时，明确了 90%以上的医疗机构为老年人提供就医绿色通道，80%以上的养老机构提供医疗护理服务的建设任务。同时将以家庭医生签约服务为抓手，实现居家服务医养结合；以一站式服务平台为依托，实现社区服务医养结合等作为工作的核心内容，统筹以医疗和养老为核心的社会各领域资源，促进医养结合的协调统一、创新融合发展。2019 年年底，滨州市迎接了国家示范省创建中期评估，受到评估组充分肯定。在前期探索的基础上，该市提炼出首批医养结合典型案例，如“以地养老、集中医养”的农村居民医康养典范——博兴县吕艺镇老年公寓；集医疗、保健、养老于一体的非营利性医养结合机构——博兴县京博养老服务中心；“前医后养”接续性医养融合机构——阳信县龙兴养老康复服务中心；以“两院一体”健康养老模式为主的沾化区富源街道社区医养康复服务中心等。

① 山东省第七次全国人口普查公报［EB/OL］. 红黑统计公报库，2021-05-21.

滨州市较好地完成了创建全国医养结合示范省的阶段性工作任务，其经验做法以医与养的融合衔接为根基，着力推动医养结合工作的增能增效与质量提升，构建了既符合滨州市当地实际又能够复制推广的新模式。2022 年 3 月 1 日，滨州市医疗保障局、滨州市卫生健康委员会、滨州市民政局联合发布《关于在医养结合机构开展“治疗性家庭病床”医保支付试点工作的通知》，助力医疗、医保与养老的深度结合，为积极应对人口老龄化探索建立了医保支持养老服务业发展新模式，有效打通了医养结合机构养老、医疗“一张床”的瓶颈。一系列的政策支持及实践，彰显了医养结合模式在有效满足滨州市老年人医康养多元需求层面的突出作用。

### （二）滨州市医养结合推进面临的问题

总体来看，滨州市医养结合以及医养健康产业发展具有良好的优势条件，但滨州市各地在养老服务、民生保障、健康服务、宜居环境等方面，依然存在诸如“医”与“养”资源配比不均衡、医养结合机构部门协同与支持不足、服务保障机制有待完善、专业人才队伍建设滞后等问题，医养结合的相关政策和配套措施仍需要进一步完善，老龄服务工作仍面临较大压力。

1. 医疗卫生资源和养老服务资源“嵌入”不足

实现医养结合养老模式发展的重要前提之一就是有效融合当前的医疗资源和养老资源。随着医疗服务体系建设的不断完善，目前滨州市已形成以三级公立医院为核心、县级医院为龙头、乡镇卫生院（社区卫生服务中心）为纽带、村卫生室（社区卫生服务站）为基础的基本医疗卫生体系。但是，医疗卫生机构尤其是基层医疗卫生机构，在发挥基层“嵌入式”医养结合中的作用不足。当前滨州市开展医养结合相关机构的主要特点是“小而杂”，“小”主要表现为规模小、投资小；“杂”则体现在管理主体复杂、层次复杂，其整体发展缺乏规范性，这些都导致滨州市养老机构很难做到与医疗资源的有效对接和共享。另外，老龄人口数量的迅猛增长及需求的日趋多元，意味着没有任何一种单一的养老模式能够满足庞大的养老市场需求。因此需要各种社会力量的注入。但受制于市场机制不够完善、各种政策的限制和养老服务业高投入、低效益、慢回报，以及社会对养老行业的不了解等，社会力量如民营医养结合机构等存在生存和发展困难，难以形成规模效益。再加上城乡发展的不均衡以及智慧化养老、信息化养老发展等的滞后更加剧了医疗资源和养老服务资源的配比不足，医养融合以及多元嵌入动力缺乏。

2. 医养结合机构部门协同与支持不足

医养结合机构是有效推动医养结合深入发展的重要载体，体现了市场应对养老模式和养老特点发生变化的积极反馈。但是在实际机构运营过程中，滨州市各地尚未形成完善的政府主导、部门联动、社会参与、协同推进的工作机制。从职责分工及业务范围上看，养老服务领域内面临的多头管理及碎片化问题依然存在。医养结合由于其“医+养”的特质，现有的民政、卫生、医保等部门均在一定程度上有所介入，一般而言，民政部门为传统养老机构的主要管理主体、卫生行政部门负责医疗卫生服务的监管、医保报销相关事宜则由医疗保障部门核算监管。受制于原有制度下的职能界定、行业壁垒等，各部门对于医养结合型养老机构各司其职的管理过程中，难以避免地出现认知分离、责任模糊甚至利益纷争等问题，因此医养结合推进中容易出现跨部门协作难、执行难、落实难的现象，难以形成合力去推动医养结合养老模式的健康发展。医养结合养老模式的新型机构在监管中需要进一步明确相关部门的职责分工，凝聚工作合力，形成齐抓共管的工作格局，协同解决工作中遇到的困难和问题。同时，社会力量介入养老机构的难度依然存在，各部门在政策、资金和各类保障性举措上更多向政府主办的医养结合机构倾斜，对社会组织的民营医养结合机构整体关注度相对不足。

3. 医养结合服务保障机制有待完善

医养结合服务保障机制的不足主要体现在没有持续深入推进城乡基本医疗保障体系的拓展性建设。目前，滨州市养老服务机构内设医疗机构以及面向老年人服务的康复医院、老年病专科医院和社区卫生服务机构等，未有效纳入城乡基本医疗保障和相应的社会保障体系，在医保基金支持层面，对应体制、机制及配套政策不完善。同时，滨州市作为国家确定的长期护理保险制度试点城市之一，在为重度失能人员日常生活照料和与生活密切相关的医疗护理提供保障层面，仍需不断扩大保障范围、丰富护理模式、规范评估机制并强化监督管理。

### （四）专业人才队伍建设滞后

医养结合专业人才的缺乏是医养结合养老模式健康发展的短板。滨州市当地高等院校以及职业、技术学院等开设医养结合相关专业及相关课程的相对较少，尤其缺乏领域内高级专业人才。专业人才的缺乏成为滨州市医养结合养老模式快速、高质量发展的障碍。另一方面，医养结合领域内相关人才尤其是养老护理人员的激励机制不完善，缺乏医疗技术与服务人员参与养老护理服务中的激励体现，在职称晋升、薪酬待遇层面不能实现有效对等，导致医养结合相关领域内人才流失严重、后备力量不足。

## 二、本课题的研究意义

在对滨州市医养结合开展情况系统进行分析的基础上，本研究通过理论与实践相统一、定性与定量相结合的研究思路，选择基层医疗卫生服务机构作为核心嵌入主体或对象，有计划、有系统地进行资料收集、数据分析和解释，探寻在新旧动能转换理念下，既符合健康滨州建设目标，又能满足居民需求的以基层医疗卫生机构为主导的嵌入式医养结合新模式。本课题研究具备较为明显的理论和实践意义。

### （一）理论意义

本研究以需求为导向，以供给—需求分析为研究的理论基础，围绕滨州市医养结合开展现状及以基层医疗卫生机构为主导的医养结合需求开展实证研究，将促进国内学者和政策制定者对滨州市乃至全省以基层医疗卫生机构为主导的医养结合开展过程中存在的问题形成良性认知，同时弥补医养结合研究实证评价研究的相对不足。

### （二）现实意义

通过研究，有针对性地提出符合滨州市实际的以基层医疗卫生机构为主导的医养结合策略和思路，可以为打造医养结合示范市提出可供参考的建议，真正满足人民日益增长的、多层次、多元化的健康养老需求，以加快新旧动能转换，打造名副其实的“健康滨州”“富强滨州”。

## 三、以基层为主导的嵌入式医养结合研究现状

在前述的理论基础研究中不难发现，“嵌入式”理论的产生与社会嵌入理论、马斯洛需要层次理论、福利多元理论、社会分层理论等有着密切关联。“嵌入式”理论强调经济活动存在与非经济因素相关的不确定性，其核心是经济活动融于具体的社会网络、政治构架、文化传统和制度基础之中。嵌入式养老突出和强调嵌入型治理视角，该视角下更多探讨的是资源的整合与有效利用。养老服务提供的内容、形式及方法等源自老年人的需求，因此，以基层为主导的嵌入将养老产业导入“家庭、社区和街道”，有效满足了老年人更为便捷的“身边、床边和周边”的养老需求，实现了既有资源的合理利用与整合，更是养老体系贴合国计民生的体现。嵌入式养老将原本相对独立的家庭养老、社区养老和机构养老进行有机融合，在功能上体现出多种养老方式的需求优势，在载体上表现为更为便捷的社区亮点，在理念上更是彰显出思维创新的重要作用。“三位一体”的“嵌入式”医养结合则是对原有机构、社区、居家养老模式的补充和整合，即整合社区、医疗卫生机构、养老机构的优质养老服务资源，采取多元运作方式，机构之间通过签订协议、扩建改建、资源升级、合并经营等方式形成合作或融合，为老年人提供更加专业化、个性化、便利化的养老服务。

### （一）“嵌入式”医养结合的国外研究现状

西方国家较早地步入老年化社会，对老年人的医养结合问题也有深入的研究，提出了将医疗和养老结合在一起的养老模式，在国外称为长期护理或长期照护。这一概念最早是由美国健康保险学会（HIAA）提出，指的是在一段相对较长的时期内，持续为患有慢性疾病，如认知障碍或功能性损伤的人，提供如医疗康复、生活照料、居家护理、家务辅助等一系列照护服务和其他需要支持的服务。西方国家结合本国国情选择不同的医养结合模式，在长期的医养结合探索中积累了丰富的经验，嵌入式养老具有“小规模、多功能”的特点，更加符合老年人养老和区域发展的实际需求，因此备受多国推崇。

很多国家和地区的学者、专家、政策制定者等进行了大量的理论探索与实践尝试，修订与颁布了诸多规章制度，深入推广应用该模式。日本在不断尝试和寻求解决本国严峻人口老龄化问题的进程中，于20世纪80年代率先着手社区层面的嵌入式养老服务模式的探索，随后政府以“在地安养、相互扶持”为原则，以“国家+地方政府+个人”相结合的介护保险出台为政策支撑，有计划地持续推进社区嵌入式养老服务。目前已形成了“自助、他助、公助、共助”相结合、“政府、企业、社会组织、居民、志愿者等”多主体参与、“居家服务、区域密集服务、机构服务”多元服务方式的嵌入式养老服务模式，其理念、形式、机制、体制等均值得借鉴与参考。美国在历经几十年的市场化运营后，也形成了“层层嵌套、相互补充”的较为成熟的养老体系。美国嵌入式养老模式强调细分市场，在服务内容、形式层面更多依据老年人失能情况和需求。如托管型适用于失能程度较轻老年人，居住型则适用于半失能、生活自理能力低的老人。对于较早进入老龄化的英国，社区嵌入也是很多老年人选择的重要养老方式之一。英国嵌入式养老服务以“金字塔”的形式为老年人提供养老及医疗服务，金字塔最底层是以社区为单位的提供基本医疗保健服务的医疗服务中心，中间为负责急、重症手术和住院护理的综合型医院等，最上层则是侧重于解决疑难杂症问题的专科型医院。不同国家和地区针对养老模式进行的尝试与改革，都不同程度地为我国嵌入式养老服务模式的发展与完善提供了借鉴与参考。

### （二）“嵌入式”医养结合的国内研究现状

#### 1. “嵌入式”医养结合的理论研究

目前有关“嵌入式”医养结合问题的研究深度尚浅，学者专家对其性质界定存在一定的分歧。如胡宏伟等（2015）认为“嵌入式”养老是社区养老与机构养老结合的新生产物；邱路（2019）将嵌入式养老的本质界定为社区养老；何润珺（2019）则认为“嵌入式”仅属于传统居家养老的延伸；亦有学者认为“嵌入式”仅是在居家的基础上来提供养老护理服务。魏庆豪（2020）则在前期研究基础上，将“嵌入式”医养结合与居家、机构、社区3种医养方式进行了深入剖析，认为“嵌入式”是一种建设方法，而非医养环境，三者不具有类型可比性，他认为“嵌入式”医养结合更可能具备的本质是多模式的内嵌及形式的创新。尽管如此，关于“嵌入式”医养结合的理论研究层面，就服务理念、运营方式以及覆盖范围等层面，诸多学者专家达成了共识。

2.“嵌入式”医养结合的实践研究

虽然理论界定存在一定的争议，但是国内在实践层面的研究上对“嵌入式”医养结合的发展优势形成了统一认知。大家普遍认为“嵌入式”医养结合养老服务就其途径与方法层面更具兼容性、更显亲和力，也更具多元性；在其作用发挥层面，“嵌入式”医养结合养老服务是对家庭养老、社区养老和机构养老的有机融合与优势整合，更具备时代特点。同时，在国家政策的持续支持与引导下，各地方政府结合自身及当地情况，逐步开始探索适合自己的“嵌入式”医养结合模式，国内关于“嵌入式”医养结合的实践研究也各具特色。如天津地区探索的“嵌入式”医养结合，其服务形式为养老机构+医疗服务，即通过与附近的医疗卫生机构合作，在已有养老机构内设立医疗服务专区门诊，充分利用已有养老机构的资源，提供“医+养”的服务；服务提供的内容既包括常规化验和检查、药品提供、康复治疗等的基础性医疗服务，也包含突发疾病的紧急医学救治等服务。合肥市打破医养分离格局所采取的整合照料模式，其服务形式主要为医疗机构+养老服务，即在原有医疗机构的基础上，内设养老服务专区，开设针对性和专业性较强的老年病科；郑州市则是采取养老机构与医疗机构联合运营的模式开启“嵌入式”医养结合的初体验。当然，以上模式仅为不同地区探索“嵌入式”医养结合模式的初期实践，所具有的“小范围”“低覆盖”等特点，也使其面临一定的发展局限性，因此，后续发展过程中，不同地区开始广泛学习、深入探索，逐渐形成了诸多可复制、可推广的经验，此部分在之前内容中已经做了详细阐释，此处不予赘述。

3.“嵌入式”医养结合存在的问题及策略研究

总的来说，近几年虽然无论是国家还是各地政府，都陆续制定一系列“嵌入式”医养结合的指导性政策、运行方案或执行标准等，但由于服务主体相对单一、专业人员及专业化服务供给不足、内部协调机制运行不畅、监督管理体制不够完善等问题，现有的养老资源与医疗资源仍面临相互独立的困境。诸多学者专家在大量的理论与实践研究基础上，形成了一定的共识，如睢党臣（2016）、王雪珍（2018 年）等认为现有“医养结合+社区嵌入型”养老模式应着力在运行机制、人才队伍、信息平台建设等方面着力改进；胡宏伟（2015 年）、贾海彦（2016）等通过研究提出，现有基层养老服务主体的单一、服务信息的离散意味着优化基层资源配置的必要性；吴宏洛（2014）、孟颖颖（2016）、王玉芬（2016）等的研究则表明，目前我国医养结合过程中存在内部体制机制运行不畅及管理层面的交叉重叠等问题。现有的医养结合机构中面临的较为集中的两大问题，即专业医疗机构内提供养老服务不足、大部分养老机构内设置的医疗服务供给匮乏，意味着“嵌入式”医养结合养老服务体系构建中，所面临的供需矛盾并未被很好地协调解决。

4. 以基层医疗卫生机构为主导的医养结合模式研究

前面的学者专家所开展的以基层医疗卫生机构为主导的医养结合模式研究，主要集中于理论探讨，尚缺少实证分析。王长海（2019 年）等采用 PEST—SWOT 法，从政治、经济、社会、技术方面对基层医疗卫生机构主导型医养结合模式的内部优势、劣势以及外部的机会、威胁进行分析，提出对基层医疗卫生机构的职能进行重新定位，优先开展针对失能、半失能老年人的医养结合服务，构建长期护理保险制度，加强基层医疗卫生机构的医养结合服务团队建设等的建议。薛镭等（2019 年）采用 SWOT 分析法，系统阐述了基层医疗机构开展医养结合服务支持的优势、劣势、机遇与威胁，认为可以从调整服务体系、丰富服务内容和建立配套机制三个方面具体实施，建立“公共卫生服务+基本医疗+社区养老医疗支持”为主体的全新服务体系。

纵观国内外，诸多专家和学者在医养结合领域内的研究主要集中于医养结合的模式分析，也有部分学者开展了不同模式下医养结合的效果研究和实证研究。但是以基层医疗卫生机构为主导的医养结合模式，作为相对较新的一种模式，其研究多局限于理论研究，鲜见较为系统和完整的在该模式指导下的需求及其影响因素分析，山东省内该模式的相关研究更为少见。但在新旧动能转换理念下健康滨州建设过程中，基层医疗卫生机构在医养结合服务提供过程中所发挥的优势日趋明显，在满足人群健康与养老等多元需求、医养结合示范省建设等层面发挥的作用预示着该模式的可行性分析及实证研究迫在眉睫。

## 第二节　滨州市以基层为主导的嵌入式医养结合研究设计

研究设计是研究工作的总体方案，是科学研究的关键部分。研究设计的主要意义在于保证研究的经济、准确和高效。本节围绕具体的研究思路、框架体系以及研究对象与方法等进行研究设计相关的阐述。

### 一、课题研究思路

本节采用理论分析与实证研究相结合的思路，前期系统分析以基层（包括医疗机构）为主导的“嵌入式”医养结合开展中面临的优势与劣势、机会与威胁（详见第三章），在此基础上，探讨医养结合服务供给与需求之间的差异及其影响因素，以构建符合实际的以基层医疗卫生机构为主导的“嵌入式”医养结合服务提供模式。详见下图。

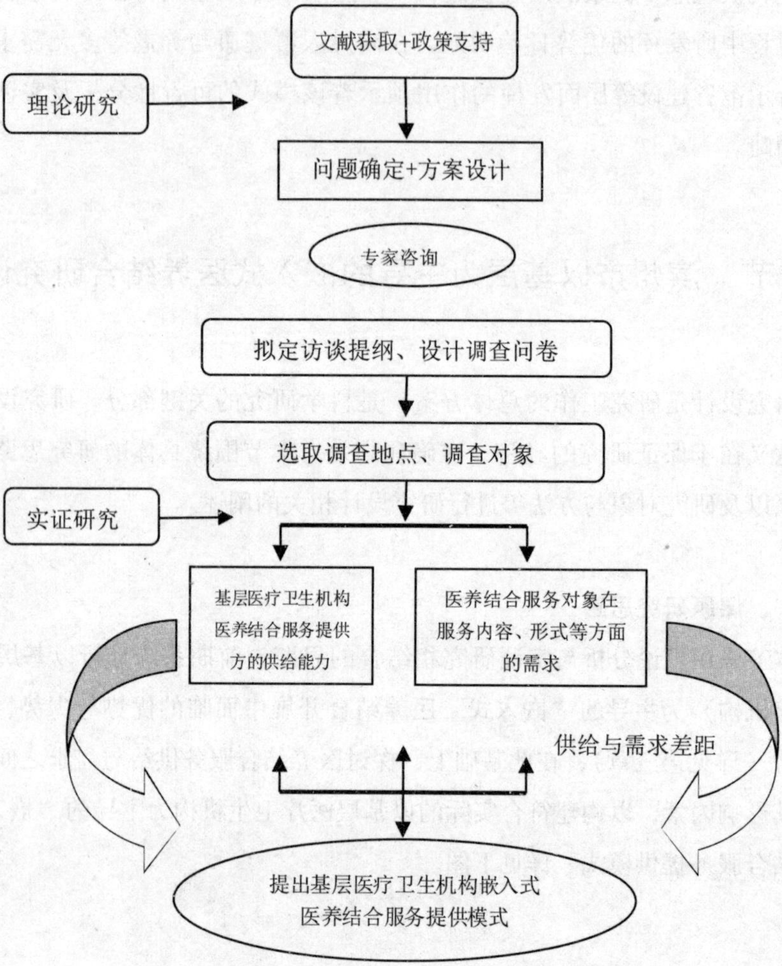


**图5　以基层为主导的嵌入式医养结合研究思路**

## 二、课题的框架体系

本节以滨州市医养结合服务的供需双方为主要研究对象，结合该市基层医疗卫生机构的现状及老年人医养结合服务的需求，科学分析在基层医疗机构医养结合服务提供过程中供需差异形成的核心原因，为滨州市构建以基层医疗卫生机构为主导的医养结合模式提供可供参考的建议，详见图6。

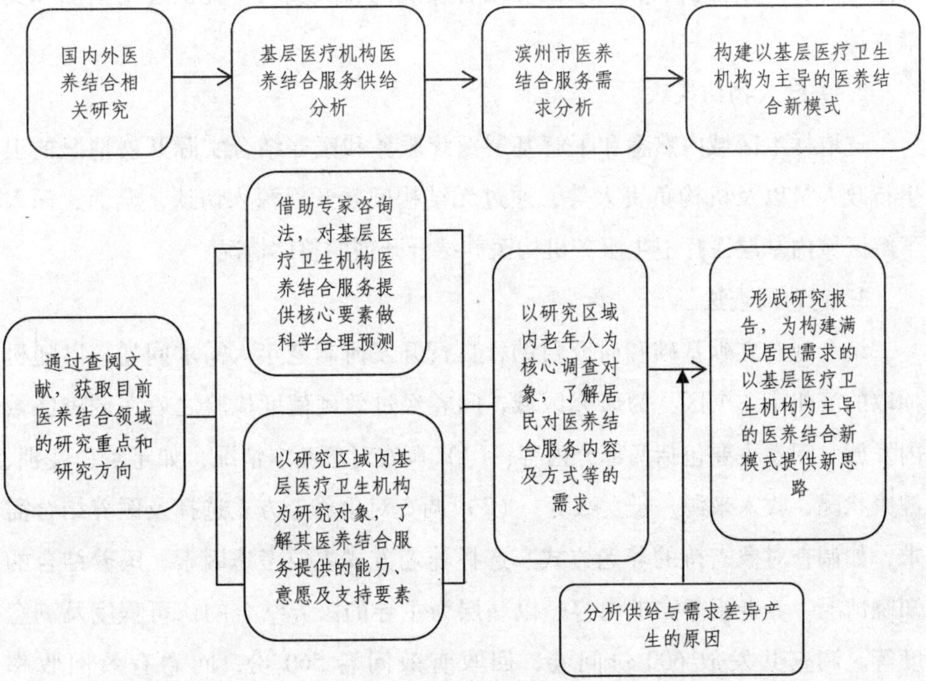


**图6 课题的框架体系**

## 三、课题研究对象与方法

### （一）研究对象的选择

选取滨州市一区两县（BC 区、HM 县和 BX 县）的老年人为研究对象，对其医养服务需求情况进行问卷调查。纳入标准：①年龄>60 岁；②对问卷调查内容有一定认知及反应能力；③对本次调查知情同意。

### （二）研究方法

1. 文献研究法

本研究以“医养结合”“基层医疗服务机构”“需求”等为关键词，通过对 CNKI、维普、万方等数据库的广泛文献查阅，获取有关医养结合模式、以基层为主导的医养结合、居民医养结合需求及满意度等的相关文献资料，并通过官方公开数据获取滨州市医养结合发展的相关资料，提供理论依据和文献支撑。

2. 关键人物访谈法

选取样本区域内熟悉和了解基层医疗服务和医养结合实际开展情况的卫生行政人员以及机构负责人等，通过无结构问卷开展深入访谈，全面、深入了解区域内基层医疗卫生服务机构医养结合开展的整体情况。

3. 问卷调查法

结合现有文献基础和研究目的，自行开发研制老年人需求问卷，以随机抽取的滨州市3个区县为研究区域，问卷经过效度信度检验之后在调查区域内发放。问卷主要包括两部分内容：（1）调查对象基本情况，如年龄、性别、健康状况、收入来源、子女数等；（2）调查对象养老方式选择及医养结合需求，如调查对象支持的养老方式、选择养老方式主要考虑因素、医养结合的知晓情况、养老服务需求内容、以基层为主导的医养结合的认可程度及满意度等。调查共发放600份问卷，回收有效问卷560份，问卷有效回收率为93.3%。

### （三）数据录入与统计方法

对收集到的问卷进行采用Epidata3.1建立数据库并进行问卷录入，录入完毕后，进行质量控制，以排除逻辑错误和异常值。编码后导入SPSS16.0对数据进行统计分析。主要统计方法为描述性分析和卡方检验。

## 第三节　滨州市以基层为主导的嵌入式医养结合研究结果及结论

结合课题研究目的，通过定性与定量相结合的方法，本研究对滨州市以基层为主导的嵌入式医养结合研究所取得的有价值的成果进行阐述，主要包括调查对象基本特征、养老方式选择及其考虑因素、医养结合的认知及需求情况、基于基层提供的养老服务需求满足程度以及不同人口学特征的养老选择及需求的差异性分析等。

## 一、本课题的主要研究结果

### (一) 样本地区调查对象的基本特征

此次调查结果显示，调查对象的男女性别比为 1：1.14；以 60 岁至 74 岁的年轻老人为主，占 60.2%；已婚有配偶占大多数，为 46.3%；户籍类型以非农业为主，占 56.1%；文化程度以初中以下为主，共占比 65.0%；调查对象绝大多数月收入超过 1000 元，经济来源中退休金或养老金占比最高，为 50.4%；88.9%的调查对象拥有 1 个或以上的子女，40.7%的调查对象健康状况较好，一般不需要别人的照顾。详情见表 4。

**表 4 被调查对象的基本特征（N=560 人）**

| 项目 | | 频数 | 构成比（%） |
|---|---|---|---|
| 性别 | 男 | 298 | 53.2 |
| | 女 | 262 | 46.8 |
| 年龄 | 60~74 | 337 | 60.2 |
| | 75~89 | 203 | 36.3 |
| | 90 岁及以上 | 20 | 3.6 |
| 婚姻 | 已婚（有配偶） | 259 | 46.2 |
| | 离异 | 114 | 20.4 |
| | 丧偶 | 173 | 30.9 |
| | 其他 | 14 | 2.5 |
| 户籍类型 | 非农业 | 314 | 56.1 |
| | 农业 | 246 | 43.9 |
| 文化程度 | 小学及以下 | 180 | 32.2 |
| | 初中 | 184 | 32.9 |
| | 高中/中专 | 138 | 24.6 |
| | 大专 | 26 | 4.6 |
| | 本科及以上 | 32 | 5.7 |

续表

| 项目 | | 频数 | 构成比（%） |
|---|---|---|---|
| 目前或退休前从事的工作 | 机关事业单位负责人 | 82 | 14.6 |
| | 专业技术人员 | 112 | 20.0 |
| | 办事人员和有关人员 | 96 | 17.1 |
| | 商业、服务业人员 | 62 | 11.1 |
| | 农林牧渔水利业生产 | 86 | 15.4 |
| | 城乡无业/失业/半失业 | 56 | 10.0 |
| | 其他 | 66 | 11.8 |
| 月收入 | 1000 以下 | 110 | 19.6 |
| | 1000~3000 | 210 | 37.5 |
| | 3001~5000 | 116 | 20.7 |
| | 5001 及以上 | 124 | 22.2 |
| 主要收入来源 | 退休金/养老金 | 282 | 50.3 |
| | 配偶或子女收入 | 202 | 36.1 |
| | 政府救助 | 52 | 9.3 |
| | 其他 | 24 | 4.3 |
| 子女数量 | 无子女 | 62 | 11.1 |
| | 1 个子女 | 132 | 23.5 |
| | 2 个子女 | 220 | 39.3 |
| | 2 个以上子女 | 146 | 26.1 |
| 主要医保方式 | 城乡居民医疗保险 | 290 | 51.8 |
| | 城镇职工医疗保险 | 184 | 32.8 |
| | 商业保险 | 66 | 11.8 |
| | 全自费 | 20 | 3.6 |
| 健康状况 | 很好，还可以照顾别人 | 68 | 12.1 |
| | 较好，一般不需要别人照顾 | 228 | 40.7 |
| | 一般，很多事情需要别人照顾 | 221 | 39.5 |
| | 较差，完全需要别人照顾 | 43 | 7.7 |

（二）调查对象的养老方式选择及其考虑因素

1. 调查对象的养老方式选择

调查结果显示，调查对象对于养老方式的选择倾向于家庭养老（子女养老），占比最高为 52.7%。对于社区居家养老的认可度最低为 10.9%。详见表 5。

**表 5 调查对象认可的养老方式（N=560 人）**

| | 频数 | 构成比（%） |
|---|---|---|
| 社区居家养老 | 61 | 10.9 |
| 机构养老 | 160 | 28.6 |
| 家庭养老（子女养老） | 295 | 52.7 |
| 其他 | 44 | 7.8 |

2. 调查对象养老方式选择的主要考虑因素

在给定的考虑因素选择中，调查对象在选择养老服务时，考虑最多的前三个因素分别为照护服务的专业性、费用合理性以及离家远近，分别占到 60%、57.3%和 52.1%。传统观念并非此次研究的调查对象养老方式选择的首要考虑因素。详见表 6。

**表 6 调查对象养老方式选择的主要考虑因素排序（n，%）**

| | 频数 | 构成比 |
|---|---|---|
| 照护服务专业性 | 336 | 60.0 |
| 费用合理 | 322 | 57.5 |
| 离家远近 | 292 | 52.1 |
| 自理情况 | 250 | 44.6 |
| 周围环境 | 164 | 29.3 |
| 医疗保障 | 100 | 17.9 |
| 传统观念 | 72 | 12.9 |
| 信息化/智慧化水平 | 28 | 5.0 |

（三）调查对象对医养结合的认知及需求情况

调查结果显示，53.2%的调查对象从未听说过医养结合，在医养结合方式的选择上，对医养结合有所了解的调查对象中，更多人倾向养老机构增加医疗服务模式（47.7%）和“社区医疗+居家养老模式”（39.7%）。

**表7　调查对象对医养结合的认知及需求（n, %）**

| 项目 | | 频数 | 构成比（%） |
|---|---|---|---|
| 是否听说过医养结合 | 是 | 262 | 46.8 |
| | 否 | 298 | 53.2 |
| 愿意接受的医养结合模式 | 医院开设养老服务模式 | 16 | 6.1 |
| | 养老机构增加医疗服务模式 | 125 | 47.7 |
| | 医院与养老机构合作模式 | 17 | 6.5 |
| | “社区医疗+居家养老”模式 | 104 | 39.7 |

（四）基于基层提供的养老服务需求及满足程度

1. 调查对象的就医选择

在出现身体不适时，47.9%的调查对象以社区医院或乡镇卫生院作为首选医疗机构，较少人首选私人诊所或民营医院。

**表8　调查对象的首选医疗机构（n, %）**

| | 频数 | 构成比 |
|---|---|---|
| 省或市级医院 | 111 | 19.8 |
| （区）县级医院 | 156 | 27.9 |
| 社区医院或乡镇卫生院 | 268 | 47.9 |
| 民营医院 | 14 | 2.5 |
| 私人诊所 | 9 | 1.6 |
| 其他 | 2 | 0.4 |

2. 调查对象的养老服务需求及满足程度

调查对象养老服务需求调查结果显示，如果所在社区可以提供养老服务，调查对象最需要获得的服务内容主要集中于医疗保障、生活照料与文化休闲等（分别占66.1%、60.9%、46.1%）。调查对象普遍认为目前所在地区的资源，养老需求满足程度较低，认为小部分满足和完全不满足的占91.4%。

**表9 调查对象基于基层提供的养老服务需求及满意度（n,%）**

| 项目 | | 频数 | 构成比 |
|---|---|---|---|
| 养老服务内容需求排序 | 医疗保障 | 370 | 66.1 |
| | 生活照料 | 341 | 60.9 |
| | 文化休闲类 | 258 | 46.1 |
| | 体育健身类 | 212 | 37.9 |
| | 精神慰藉类 | 102 | 18.2 |
| | 政策法律咨询 | 28 | 5.0 |
| 社区资源满足养老需求的程度 | 大部分满足 | 4 | 0.7 |
| | 基本满足 | 44 | 7.9 |
| | 小部分满足 | 490 | 87.5 |
| | 完全不满足 | 22 | 3.9 |

（五）不同人口学特征其养老选择及需求的差异性分析

进一步的统计分析结果显示，不同年龄老年人、有无子女对于医养结合的了解程度以及养老方式选择层面，其差异具有统计学意义；不同性别在就医首选基层医疗卫生机构还是非基层医疗卫生机构上，其差异具有统计学意义。但不同户籍类型和文化程度的老年人认可的养老方式、就医首选、对医养结合的了解情况、社区资源满足养老需求的程度认知以及养老方式选择中的考虑因素均没有统计学差异。详见表10。

## 二、本课题的主要研究结论

### (一) 医养结合供给和需求存在结构性不匹配

1. 服务供给单一化，无法满足老人多元需求

调查数据显示，老年人对于养老服务的需求集中于医疗保障、生活照料与文化休闲，但普遍认为目前所在地区的资源，养老需求满足程度较低，服务较为单一，大部分满足或基本满足的仅占到调查对象的 8.6%。储珍珍等的研究表明，医疗与养老服务需求的数量一定程度取决于机构中老年人的生活自理能力和健康状况，当失能、半失能老人较多时，其对应需求必然会加大，医疗卫生服务需求和生活照料需求叠加的趋势越来越显著，精神文化和自我实现需求日益强劲。结合前期研究不难发现，目前在医养结合服务提供层面，不管是专业技能、服务质量抑或是管理水平，都无法达到老年人满意的程度，供需矛盾依然突出。部分养老相关机构存在的诸如服务质量低下、设施不完善等系列问题，一旦给老年人形成不良的入住体验或不良的信息传输，将进一步加剧老年人对于机构养老服务的不适应与排斥。

**表 10 不同人口学特征其养老选择及需求的差异性分析**

| 项目 | | 性别（n,%） | | 年龄（n,%） | | 有无子女（n,%） | | 文化程度（n,%） | |
|---|---|---|---|---|---|---|---|---|---|
| | | 男 | 女 | 年轻老人 | 老年人及长寿老人 | 无 | 有 | 初中及以下 | 初中以上 |
| 认可的养老方式 | 社区居家 | 35，11.7% | 26，9.9% | 44，13.1% | 17，7.6% | 18，29.0% | 43，8.6% | 47，12.9% | 14，7.1% |
| | 机构养老 | 87，29.2% | 73，27.9% | 105，31.2% | 55，24.7% | 18，29.0% | 142，28.5% | 105，28.8% | 55，28.1% |
| | 家庭养老 | 156，52.3% | 139，53.1% | 161，47.8% | 134，60.1% | 26，41.9% | 269，54.0% | 182，50.0% | 113，57.7% |
| | 其他 | 20，6.7% | 24，9.2% | 27，8.0% | 17，7.6% | 0，0.0% | 44，8.8% | 30，8.2% | 14，7.1% |
| | $\chi^2$ | 1.588a | | 9.507a | | 10.503a | | 5.533a | |
| | P 值 | 0.662 | | 0.023 * | | 0.001 * | | 0.137 | |
| 是否听说医养结合 | 是 | 137，46.0% | 125，47.7% | 146，43.3% | 116，52.0% | 17，27.4% | 245，49.2% | 172，47.3% | 90，45.9% |
| | 否 | 161，54.0% | 137，52.3% | 191，56.7% | 107，48.0% | 45，72.6% | 253，50.8% | 192，52.7% | 106，54.1% |
| | $\chi^2$ | 0.169a | | 4.0759a | | 10.503 | | 0.091a | |
| | P 值 | 0.681 | | 0.044 * | | 0.001 * | | 0.763 | |
| 首选医疗机构 | 非基层医疗机构 | 143，48.0% | 149，56.9% | 175，51.9% | 117，52.5% | 37，59.7% | 255，51.2% | 183，50.3% | 109，55.6% |
| | 基层医疗机构 | 155，52.0% | 113，43.1% | 162，48.1% | 106，47.5% | 25，40.3% | 243，48.8% | 181，49.7% | 87，44.4% |
| | $\chi^2$ | 4.409a | | 0.016a | | 1.586a | | 1.454a | |
| | P 值 | 0.036 * | | 0.901 | | 0.208 | | 0.228 | |

续表

| 项目 | | 性别（n,%） | | 年龄（n,%） | | 有无子女（n,%） | | 文化程度（n,%） | |
|---|---|---|---|---|---|---|---|---|---|
| | | 男 | 女 | 年轻老人 | 老年人及长寿老人 | 无 | 有 | 初中及以下 | 初中以上 |
| 社区资源满足程度 | 满足 | 22，7.4% | 26，9.9% | 25，7.4% | 23，10.3% | 6，9.7% | 42，8.4% | 34，9.3% | 14，7.1% |
| | 不满足 | 276，92.6% | 236，90.1% | 312，92.6% | 200，89.7% | 56，90.3% | 456，91.6% | 330，90.7% | 182，92.9% |
| | $\chi^2$ | 1.149a | | 1.436a | | 0.109a | | 0.785a | |
| | P值 | 0.284 | | 0.231 | | 0.741 | | 0.376 | |

注：大部分满足和基本满足视为满足，小部分满足和完全不满足视为不满足。

2. 医养结合机构费用相对较高，老年人养老金相对不足

较之于普通养老机构，医养结合机构所提供的医养服务更具备专业化，入住医疗护理费用比单纯养老机构高。在项目调查的多家机构中，自理型老年人月均收费2000元以上，失能、半失能老年人月均收费3500元以上。而在调查的老年人中，月收入在3000元以下的占到58.2%，仅有20.7%和22.1%的调查对象月收入在3000~5000元和5000元以上，其中大部分收入来源于退休养老金及子女定期给予的养老费用，消费社会化养老服务的能力较弱。整体而言，现有养老机构的费用收取与老年人的支付能力不匹配，大多数老年人由于多病缠身而产生的医疗费用占据其主要花销，如果没有储蓄或缺乏子女资助，所剩无几的资金显然难以支付价格不菲的机构费用。本研究与诸多学者得出的结论一致，经济因素是制约老年人养老服务方式选择的重要因素，也成为老年人医养结合机构选择的障碍因素。

3. 专业人才数量及能力不足

调研发现，医养结合专业背景和专业知识的缺乏，是目前医养结合机构中面临的核心问题。按照山东省地方标准《养老机构护理型床位认定》（DB37/T3587-2019）的规定，每个养老机构需至少配备1名职业医师，2名主管护师或以上职称的职业护士（30张床位以上），以及相应的康复医师、康复治疗师、心理治疗师、心理咨询师等。目前山东省高校相关专业的毕业生，远远不能满足山东省养老事业发展的需求。同时，调查结果显示，调查对象在养老方式选择的主要考虑因素排序中照护服务的专业性是最高的，占到60%。但当前能够提供养老服务的相关机构，其养老护理人员文化水平普遍偏低，专业知识及专业技能较为匮乏，多为社会招聘的40岁以上的女性人员，甚至有的在60岁以上。大部分为郊区或农村的大龄妇女，她们没有受过专业培训，缺乏综合性专业知识，医疗护理水平整体偏低。再者，养老行业待遇对人才缺乏吸引力，离职率高。研究资料显示，2018~2020年间我国从事养老服务工作的应届毕业生前三年离职率分别为30%、50%、70%。[①] 同时养老护理人员的年龄较大，无法长时间从事护理工作，因此护工人员流动性较大，

---

① 养老从业人员年轻化困难重重［EB/OL］. 齐鲁壹点，2021-01-15.

造成了养老机构的护理人员匮乏。养老服务工作由于劳动强度大、薪水低、职称或行政职务上升空间小等，对高素质人才缺乏吸引力，许多年轻人不愿意从事这一行业的相关职业。诸多因素的叠加，进一步加剧了养老服务人才供给与需求之间的矛盾与差距。

### （二）老年人养老服务相关认知与选择具有倾向性

（1）老年人医养结合认知程度不高

近年来，针对养老问题，当地政府积极推广相关政策，取得了一定的成效，但是医养结合养老模式的宣传仍然存在一定的提升空间。此次调查结果显示，有53.2%的调查对象完全没有听说过医养结合，进一步分析发现，年龄、是否有子女是影响老年人医养结合认知的因素，这一结果与石河子市、厦门市思明区老年人医养结合认知的研究结果一致。其原因可能在于没有子女的老人缺乏更为广泛的来自子女交流的信息获取，对相应的信息不了解；而高龄老人的知晓率高于年轻老人，一定程度上说明了年龄越大，对于养老的需求越高，对于养老的关注度也越高。

（2）老年人对于以基层医疗机构为主导开展养老服务认可程度低

目前，以居家养老为基础、社区养老为依托、机构养老为支撑的养老服务体系已经初步形成，但是受制于各种主客观因素，居家养老仍然是老年人首选的养老服务方式（52.7%），认可社区养老服务模式的老年人仅占到10.9%。但是进一步的调查结果表明，除了照护服务的专业性、费用合理性之外，距离近也是老年人在选择养老服务时较为注重的选择要素。但是由于对于社区卫生服务的综合服务满意度较低、机构服务经营能力不足等，绝大多数老年人认为社区资源仅能小部分甚至完全不能满足养老服务，以社区为主导开展医养结合并不能被大多数老年人所熟悉和认可。

（3）老年人基层首诊意愿较高

分级诊疗是我国医疗服务体系改革的重要举措，以基层首诊为核心的分级诊疗显著改善了居民健康水平。此次调查结果显示，老年人基层首诊意愿较高，这一结果与王颖等人的研究结果一致。在居民对于养老服务内容要求中，66.1%和60.9%的老年人侧重医疗和生活服务，这与《医养结合机构服务指南》（2019 年 12 月）所明确的医养结合服务内容高度吻合；同时基层医疗机构可以满足老年人在就诊过程中对于距离、价格等的要求，因此，在对于基层医疗机构的认可一定程度上促使基层医疗机构为主导的医养结合成为可能，为基层提供对应养老服务提供了促进条件。

（三）老年人对于医养结合信息化水平缺乏关注

“互联网+”时代的到来，无疑对于智慧养老提出更高要求。但此次调查结果显示，仅有 5%的老年人对医养结合相关机构存在信息化/智慧化的需求。在《滨州市医养结合示范创建工作方案》中，以互联网大数据为支撑，实现智慧化医养结合是医养结合建设的重点内容之一，滨州市委市政府依托现代信息技术大力推进“两台一网”智慧居家养老的建设与应用，即融“养老管理平台、养老服务平台（呼叫中心）、养老服务信息网”为一体，通过信息化手段获取并整合符合老年人养老需求的信息与资源，开展 O2O（Online To Offline）模式下的养老服务供给，拓展从需求到服务、从线上到线下、从技术到应用的延伸，充分实现以需求为导向的养老服务供给，满足老年人就地、就近、居家安养的需求。目前滨州市在主观意识和客观基础上均具备较为充足的智慧养老条件，但作为一个新兴领域，整体而言，滨州市的“互联网+”养老服务尚处于探索和萌芽阶段，虽取得了一定的实效，但普及程度有限，老年人接受程度不高，参与不够、人才资源不足等问题较为突出。

究其原因，一方面，智慧养老的实现是以基础设施完善为先导的，但滨州市现有养老终端良莠不齐。受制于经济条件、使用难易程度、技术复杂程度等，养老机构及老年人更倾向于选择功能简单、价格可接受的养老终端产品，如智能手表、运动手环等一些智能穿戴设备，对于一些高效能、高价格的产品如智能摔倒感应器、智能养老机器人等一些智能家居产品或综合医疗健康监测终端等鲜少普及推广。另一方面，负责将养老需求与养老服务及时匹配精准对接的信息平台整合不够。当前滨州市使用的养老信息平台呈现大而不强、小而不专、分散化、碎片化、数据共享难的运营状态。再者，老年人对于移动互联网的使用受限，主要体现在对于老年人而言，由于学习能力的不断下降，很难实现对于公共场合免费网络的有效使用，而家庭之外移动互联网的开通，意味着通信费用的增加，这也是此次调研显示老年人对于信息化/智慧化要求和关注较低的核心原因之一。再加上，智慧养老是一个涉及多方面、多领域的系统性工程，对于人力资源的专业性、复合型要求较高，从事智慧养老的服务人才存在数量不足、青黄不接的情况。诸多因素都阻碍着智慧养老的规模化、专业化及有效性。

## 第四节　滨州市以基层为主导的嵌入式医养结合的可持续发展策略

近年来，滨州市紧紧抓住 7 个县市区全部纳入紧密型县域医共体建设国家试点的有利契机，以县域医共体的建设为载体，全面推进医共体建设，目前县域就诊率超 90%。[①] 通过研究我们也可以看出，滨州市老年人基层首诊意愿较高，不同特征的老年人对于养老服务相关需求不同，整体呈现多层次、多样化特征，同时老年人在养老过程中更为关注“养中有医”“医养并重”，因此，滨州市应大力推动医养结合服务模式的优化升级，充分利用现有资源，推进以基层为主导的医养结合服务，实现健康滨州、健康老龄化的最终目标，基于此，我们给出如下对策建议。

### 一、明确政府职能，拓宽以基层医疗机构为主导的医养结合服务支持路径

#### （一）加强政府主导，强化医疗卫生与养老服务的有效衔接

目前，我国推行的医养结合的方式呈现多样化趋势，但是不论“大养老+小医疗”“大医疗+小养老”抑或“医疗、养老并重”等，都存在着一些问题及困难。要真正实现以基层为主导，充分拓展基层医疗机构的服务范围及领域，完成对既有医疗及养老资源有效整合，提升基层医养结合服务提供的能力与水平，首先需要从理念上认识这项民生事业的重要意义，在不断加强医

① 滨州市全面推进医共体建设，县域就诊率超 90%！[EB/OL]．搜狐网，2021-12-04.

养结合宣传力度的同时，也需要进一步明确政府的功能定位和主导作用，从制度层面建立以基层医疗机构为中心的医养结合服务平台。各部门的相互配合与有效沟通、完善的政策制度与法律法规都是医养结合机制有效运行的重要保障。

### （二）建立协调机制，统筹各部门合作

强化医疗卫生与养老服务的有效衔接是解决不同资源之间配置不均衡的重要举措。政府需要牵头统筹协调养老医疗资源配置，调控“吃不饱”的基层医疗机构就近和养老机构、日间照料中心等“结对子”兜底，提高资源的利用效率。政府发挥主导作用，在卫生准入、标准制定、医疗保障等内容上对医养结合养老机构实施一系列扶持政策，建设统一审批和监督制度。随着卫健、医保、民政等部门逐渐综合介入医养结合领域，政府应进一步针对医养结合相关部门的职责与权力做出明确规定，建立卫健、医保、民政、发改等部门的协调与沟通机制，形成良好的制度衔接，解决目前多部门因条块分割和部门垄断引起的重难点问题，明确各部门在老年健康服务中的职责。这样既可以形成监督系统，防止其他部门低效办事，又可以快速解决老人的医疗和护理难题，同时还能促进养老行业整体水平的提高和老年医疗康复产业的发展。

### （三）建立统一标准，完善服务标准化建设

应进一步出台并完善相关政策，规范细化医养结合机构的统一标准，如价格标准、建设标准、人员标准、服务标准等，规范化提高养老服务质量。明确医养结合机构的准入门槛和考核标准，根据各地实际情况因地制宜地提升养老服务水平。加快形成人口统计、人力社保、医疗健康、养老服务、金融保险、街（乡镇）基层社会治理等部门信息互联互通，加快建立老年健康政策体系与基本养老保险、基本医疗保险、长期护理保险制度相互衔接的支付体系。围绕规范开展医疗卫生服务、强化疫情防控和传染病防控、智慧健康养老等方面，推进标准制定，完善标准规范，防止行业的无序发展。搭建社会监督平台，发挥行业协会作用，建立第三方评估机制，适时对政策执行

情况进行评估，切实提升老年健康服务质量。

（四）完善配套政策，提升医养结合人员积极性

基层医疗卫生机构的软、硬件设置未达标准，是造成医养结合服务功能缺失、机构养老功能不足、医养结合服务质量无法保证的主要原因。同时，基层卫生机构承担着基本医疗和公共卫生的双重工作，开展居家养老给基层卫生机构增加了工作量，必然影响基层卫生工作者的参与积极性。因此，可以通过无偿、低偿和有偿服务有机结合，抑或基于社区支持的居家基本服务与专业照护服务相结合等，有效拓宽以基层医疗机构为主导的医养结合服务支持路径，以满足老年人多元化的医养结合需求。

## 二、创新模式，推动多层次医养结合

医养结合的养老模式发展不仅需要政府不断完善政策体系，确保政策具有针对性和创新性，同时还要求城乡、国家和社会力量等不同主体去建立更加完善的医养体系，以此满足不同层次、不同人群对养老的实际需求。

（一）根据养老机构规模和医疗机构水平，建设可推广的医养模式

大型养老机构推进医养结合应选择“医养并进”型模式为最优，中等规模养老机构建议推广“合作养老+医疗整体托管”型模式，规模较小的养老机构要实现医养结合，应优先选择“合作养老+医疗部分托管”型模式。通过附近的医疗机构提供医疗服务，如医疗机构派人到养老机构提供所需的医疗服务等，正常医疗收费归属医疗机构，派驻医务人员工资福利由养老机构为医疗机构以补贴的形式提供。

（二）根据城市、乡镇、村等不同的层级选择建设适合的养老机构模式

城区应重点推广“医养并进”型的模式，尤其是应支持社会力量新建医养结合的养老机构，比如大型的企业，鼓励和支持一些医疗水平偏低的医疗机构向护理院和养老机构转型。乡镇地区应大力推行“两院整合”运营模式的养老机构，利用乡镇卫生院的空置床位开展针对失能老人的养老服务，还

可以开展上一级的医疗转诊任务，可以有效增加养老护理人员的资金收入和福利补贴，有利于稳定乡镇卫生院的人才队伍。规模较大的村完全可以建设“家庭式微养老”型，如有农村幸福院的村可以在幸福院基础上进行扩建，本村“五保户”和失能、失智及高龄老人均可入住，由村卫生室托管运营（村卫生室应是与乡镇卫生院一体化的中心村卫生室），实现村一级的医养结合。

### （三）打造养老服务联合体，实现规模效益

以基层社会福利中心或社区卫生服务机构为依托，多种养老服务模式相融合，创建养老服务联合体，采用统一集团化经营，形成规模经济。坚持政府主导、部门联动、社会参与，形成多层级、全覆盖的养老服务体系，建设医疗、康复、照护、养老一体化、一站式的健康养老服务新模式。

### （四）推进“社区—机构—居家”融合式发展

推进“嵌入式”养老服务发展，鼓励养老企业嵌入社区养老，社区养老嵌入家庭养老，养老机构嵌入社区家庭养老，实现“居家—社区—机构”养老融合发展。如通过政策制定，鼓励新建小区和已建成小区留出部分使用面积为养老用房，统筹开展助老环境改造和设施设备完善，如建设助老餐厅、老年文体活动中心、社区托老所等，进一步缩小“养老圈”的服务半径，让老年人足不出社区地实现健康养老、快乐养老。同时对接社区家庭医生，定期上门巡诊，开展疾病康复和安全用药指导等工作。

## 三、突破传统观念，提升认知水平

### （一）进一步加大医养结合宣传力度，提高认知水平

针对我国老年人对医养结合服务的认知与需求特点，政府和社会要采取一些老年人更容易接受的方式进行宣传，如报刊、社区宣讲、上门科普、在电视、抖音、快手等媒体上投放相关公益广告等，加大对医养结合的宣传力度，逐步将宣传重点向乡镇、农村、山区等边远地区转移。让更多的老年人获得更为准确、全面、具体的养老政策信息，让大家更好地了解医养结合养

老模式的作用和意义，逐步提高老年人对医养结合的认知水平。

### （二）打破传统养老观念，促进医养结合发展

受传统养老观念的影响，老年人宁愿独自在家无人照顾也不愿去养老机构，再加上对花费上的误区，认为这种新型的养老模式花费相对高。因此，需要从以下方面着手改进。首先，需要让老年人转变观念，打破传统的养老观念，接受这种健康、全面、多元的养老模式。其次，进一步完善医保政策，扩大医疗保障对老年人养老服务的覆盖范围及内容，以减轻入住医养结合型养老机构的老年人及家庭的经济负担，解决老年患者由于经济问题而产生的照护与治疗层面的后顾之忧，更好地保障医保资金的合理有效使用。

### （三）结合需求，不断丰富医养结合服务内容与形式

1. 丰富基层医疗机构医养结合养老项目，优化养老服务体验

目前基层医疗机构所能提供的医养结合项目比较单一，仅局限于医疗救治、疫苗接种、健康体检等方面，没有真正地走进社区、走进乡村。因此，需要根据老年人日趋多样化的养老需求，积极扩展医疗健康、生活照料、休闲娱乐、精神文化等医养结合养老项目。例如，医护陪同、社区日间照料日托、家庭病床、专业护理、健康教育、社区群体娱乐活动等。签约家庭医生的同时，每一个家庭医生都要认真负责尤其要关注身患疾病需要长期照料、残疾、慢性病、空巢、高龄的老人。除了医疗护理方面的帮助，还要进行定期的心理疏导。此外，要调动政府和社会的多元力量，积极推动医养结合的发展，加强基层医疗机构服务网络建设。以社区为中心、以家庭为单位的社区卫生服务中心要努力发挥“健康守门人”的重要作用，探索常见病、多发病、慢性病的诊疗护理与老年人健康管理的有机结合，完善诊所、社区卫生服务站、社区卫生服务中心、村卫生室等基层医疗卫生机构的健康档案，提高基层医疗机构的综合服务能力，因地制宜地建立区域性老年卫生网络。为老年人提供高质量、全方位、多层次、优质的医疗护理服务，积极营造具有安全感、医疗意识和责任感的健康老年社区环境。

2. 以需求为导向，提高基层医疗卫生机构的医养结合水平

近年来，随着基本公共卫生服务均等化的全面推广，居民尤其是老年人对基层医疗卫生机构的认知与了解在逐步增强，但是传统就医观念以及基层医疗卫生服务机构本身的原因，老年人对其服务能力和服务水平的不信任依然存在。再加上经济、社会等环境不断变化，老年人需求也在不断地发生改变，在需求导向之下，以基层医疗机构为主导的医养结合模式，不仅要满足这一群体的医疗、护理等身体健康，更要积极满足老年人的心理和社会幸福感需要。因此结合服务对象需求，通过人才引进、培训、宣传等多种途径，逐步提高基层医疗卫生机构的医养结合水平，这依然是基层医疗卫生机构进一步获得老年人信任的重要内容。

## 四、加大医养服务专业化人才培养力度

### （一）鼓励增设医养结合相关专业，实现人才资源的持续供给

医养结合养老模式的发展关键在于人的支持。当前整个行业专业人才的缺失是制约医养结合产业快速发展的重要因素。目前我国不同层次、不同性质的院校中所设置的医养相关专业少之又少，因此，应鼓励我国高等医学院校、专科院校、职业院校等逐步增设如健康服务与管理、全科医生、老年护理、康复医学等与医养结合相关的专业，从源头上解决医养结合机构人员不足、整体素质不高的问题。同时，建议政府设置公费生名额，定向服务养老机构 3~5 年，并给予相应的职称晋升、考核评优、子女入学等福利政策，吸引和留住人才，形成人才持续供应。

### （二）强化医养结合相关人员的培训和监管，提升人力资源质量

培训，即“培养+训练”，是人力资源管理中的核心环节和重要内容之一，对提高员工工作能力、知识技能及整体素质起关键作用，是保持组织竞争力的重要手段，同时也是激励从业人员工作积极性的重要措施。因此，鼓励医养结合相关机构不断强化医养结合专业人员的岗前及岗位职业技能提升工作任务，定期、不定期开展机构内从业人员的职能素养及道德水平提升培训，

并通过完善的评价体系确保培训实效。同时，应积极开展养老护理员职业技能等级认定工作，引导养老服务机构的相关从业人员如法人、管理者、负责人、养老护理员及医务工作者等，自觉养成优良的品格，努力提升专业技能，开拓创新服务思维，打造良好服务形象，回归养老服务机构与老人之间的信任关系。

### （三）扩大社会范围内医养结合相关人员的聘用，完善人才激励机制

医养结合相关人员的不足一方面由于专业人才的匮乏，另一方面也由于激励制度不到位而导致的人员的流动性强。由于人才培养的周期限制，需要进一步扩大社会范围内医养结合相关人员的聘用。因此，结合政策支持，推进落实农村转移就业劳动力、下岗失业人员和转岗职工、残疾人等重点群体培训，辅助贫困地区农村转移劳动力并向医养结合机构输送。同时需要不断完善人才激励制度，通过签订合同等方式，保证基层医养结合机构相关人员的福利待遇，并不断丰富完善工资制度和绩效考核机制，保证其具有同等的职称职务晋升、评优评先等机会，畅通渠道，落实监管，解决他们的后顾之忧，让医养结合行业更具有吸引力，更好地留住人才。

## 五、建设统一的智慧养老数据平台，创新医养结合服务智能化发展

### （一）建设市域范围内一体化、综合性智慧养老服务平台

坚持政府主导、社会参与、市场运作的理念，建立综合性的智慧养老指挥中心，采用政府购买服务等的方式，依托第三方，从专业层面上实现数据的维护及软件的升级等，确保数据的唯一性和真实性。引导市、县（区）的相关管理部门和养老机构加入智慧养老服务大数据平台，市区、各养老机构实现数据共享和动态监测。建立以老年人居民健康档案为基础的信息共享平台，关注老年人健康相关信息的动态变化并及时调整服务内容与形式，实现“社区—养老机构—医疗机构”之间信息的互通互联。以智慧养老平台为载体，开发符合老年人多样化养老需求的服务应用，重点围绕医疗、预防、保健、康复、文体等，与时俱进地逐步丰富化、便捷化养老产品的品类，提升

老年人的获得感与幸福感。

（二）提高智慧养老产品的可操作性和老年群体的信息技术水平

一方面，大力引进智能设备制造企业和研发机构，重点支持研发适应老年人不同需求的智能化终端设备，对智慧养老设备进行适老化改造，使智能养老设备操作更加简便。通过智能化穿戴设备、便携式和自助式健康监测设备、智能养老监护设备和康复辅助器具以及可视化设备等，可以实时反馈被监测老人的身体状况，密切关注老人健康。另一方面，加大老年群体互联网使用的公益培训力度。根据老年人的认知特点和需求，有针对性地开展公益性互联网“适老银龄课堂”，现场指导老年人学习使用互联网便民技术，帮助老年人跨越数字鸿沟，提高老年人生活品质。大力倡导子女向长辈们普及信息技术，提高老年人利用信息技术的能力。利用互联网平台积极发展“子女网上下单、老人线下体验服务”等消费新业态。

（三）推动“互联网+医养结合”建设，更好地提供智能化的智慧养老服务

推动“互联网+医养结合”，实现人工智能和5G在医养结合养老机构中的运用。机构入住老人可以通过在线平台下单医疗服务或者生活照理服务。根据老年人的实际需求，有针对性地提供服务，为老年人打造全智能化的服务平台，并创新个性化发展。此外，特别是对身体健康状况欠佳的老人，更要具体化对待。同时通过平台的大数据分析，实时追踪老年人的健康状况。例如，根据区域实际，搭建可以实现信息共享的“智慧养老服务平台”，以便捷操作的“一键通”形式，获取老年人对于清洁、送餐、维修、就医等的需求，并在第一时间指定相应的工作人员开展对应的上门服务。通过对后台数据的分析，可以及时了解不同老年人的养老服务需求及其变化，以便制定更为精准和更具针对性的“养老服务包”，满足老年人的个性化服务需求，实现老年人对美好生活的向往。

# 参考文献


**中文文献**

一、专著

［1］戴靓华．“医养结合”城市社区养老居住设施规划设计［M］．北京：中国建筑工业出版社，2016.

［2］黄德海，钱培鑫，何蓓婷，等．社区植入式医养结合：理论、模式及应用——以和康医疗集团为例［M］．北京：清华大学出版社，2020.

［3］克劳斯·奥菲．福利国家的矛盾［M］．郭忠华，等译．吉林：吉林人民出版社，2006.

［4］雷晓康，朱松梅．医养结合概论［M］．北京：清华大学出版社，2021.

［5］司明舒．老年人医养结合机构模式选择与服务供需研究［M］．北京：化学工业出版社，2020.

［6］涂爱仙．需求导向下医养结合养老服务供给碎片化的整合治理研究［M］．长春：吉林大学出版社，2021.

［7］杨一帆，张劲松，等．积极应对人口老龄化研究报告（2020）聚焦医养结合［M］．北京：社会科学文献出版社，2020.

二、期刊

［8］安鑫，张晖，方晓强，等．基于福利多元理论的河北医养结合养老

模式研究［J］. 产业与科技论坛, 2017, 16（16）.

［9］陈忠勇. “医养结合”联合体发展中存在的困难和建议［J］. 世界最新医学信息文摘, 2018, 18（101）.

［10］储珍珍. 高端养老机构的服务现状及对策研究［J］. 中小企业管理与科技（中旬刊）, 2021（26）.

［11］戴锦, 陈亚光, 高学义, 等. 以基层医疗机构为主导的社区医养结合模式研究［J］. 卫生经济研究, 2019, 36（7）.

［12］丁小燕, 沈蔷, 卢艳丽, 等. “医养结合”专家主题研讨［J］. 中国全科医学, 2016, 19（33）.

［13］董恩宏, 鲍勇, 刘威. “医养融合”背景下社区医疗机构与养老机构联动模式研究综述［J］. 中国卫生事业管理, 2016, 33（10）.

［14］高鹏, 杨翠迎. 上海市医养结合的政策过程与实践——基于“过程—工具”的分析［J］. 社会保障研究, 2021（6）.

［15］高岩, 李玲. 机构养老服务研究文献综述［J］. 劳动保障世界（理论版）, 2011（7）.

［16］郭晓敏. 嵌入与融合：医养结合养老模式发展路径—以安徽省为例［J］. 中共云南省委党校学报, 2017, 18（6）.

［17］郭鑫, 杨明琦, 邹璐. “互联网+”时代背景下医养结合路径探讨［J］. 中国医院管理, 2021, 41（7）.

［18］侯姗姗, 曲桂玉, 宋杰, 等. 基于医养结合岗位胜任力的老年护理本科课程体系构建［J］. 医学与社会, 2021, 34（9）.

［19］胡宏伟. “嵌入式”养老模式现状、评估与改进路径［J］. 社会保障研究, 2015（3）.

［20］胡晓佳, 刘佳琪, 李慧珍. 基于马斯洛需求层次理论的陕西省医养结合养老模式供需分析［J］. 经济观察, 2021（9）.

［21］黄佳豪. 关于“医养融合”养老模式的几点思考［J］. 国际社会科学杂志（中文版）, 2014, 31（1）.

［22］黄少宽. 我国城市社区养老服务模式创新研究综述［J］. 城市观

察，2018，56（4）.

［23］黄艳华．医养结合背景下养老护理人才的分层培养策略［J］．吉首大学学报（自然科学版），2019，40（4）.

［24］贾海彦，张红凤．基于产权约束的基层养老服务资源优化配置研究［J］．中央财经大学学报，2016（1）.

［25］李海燕，郑文贵，井淇，等．基于O2O模式的医养结合模式［J］．中国老年学杂志，2019，39（6）.

［26］李华，徐英奇．分级诊疗对居民健康的影响——以基层首诊为核心的实证检验［J］．社会科学辑刊，2020（4）.

［27］李莉，裴瑞娟，孙涛，等．社区卫生服务机构参与居家养老服务的供给侧改革探讨［J］．中国卫生政策研究，2016，9（11）.

［28］李玲，邵爱玉．老年服务与管理专业医养结合人才培养模式初探［J］．卫生专业教育，2016，34（22）.

［29］李树丛．对机构养老服务体系的再认识［J］．社会福利，2016（5）.

［30］李文军，王媛媛．我国养老服务研究的热点分析与路径演化——基于CiteSpace知识图谱分析［J］．广西职业师范学院学报，2022，34（1）.

［31］李小鹰．老龄化挑战应加强老年医学人才培养［J］．中国卫生人才，2015（3）.

［32］梁蕊缨．太原市养老机构运营现状——基于28家机构的调研分析［J］．中国经贸导刊（中），2021（17）.

［33］刘雪，叶素琴，陈海霞，等．健康老龄化视域下医养结合认知及养老意愿研究［J］．劳动保障世界，2019（15）.

［34］刘祖云．社会分层的若干理论问题新探［J］．江汉论坛，2002（9）.

［35］马慧芬，周伟．医养结合服务人才策略探析［J］．中华老年心脑血管病杂志，2020，22（4）.

［36］孟颖颖．我国“医养结合”养老模式发展的难点及解决策略

[J]．经济纵横，2016（7）．

[37] 潘淑慧，郭晶，张玲芝．浙江省医养结合模式的现状及思考［J］．健康教育与健康促进，2019，14（5）．

[38] 逄晓婷．新形势下烟台市医养结合发展路径及对策建议［J］．新西部，2021（12）．

[39] 裴瑞娟，李桂森，刘治宇，等．利益相关者视角下基层卫生机构参与居家养老的影响因素［J］．医学与社会，2017，30（1）．

[40] 彭华民，黄叶青．福利多元主义：福利提供从国家到多元部门的转型［J］．南开学报，2006（6）．

[41] 乔木，田娟．"社区医养结合"养老服务态度及需求研究——以江苏省为例［J］．现代商贸工业，2019（31）．

[42] 司明舒，李士雪，杨丽丽，等．新旧动能转换背景下老年人医养结合服务需求及影响因素研究：以青岛市为例［J］．中国卫生事业管理，2019，36（11）．

[43] 山东省人民政府办公厅．山东省人民政府办公厅关于印发山东省创建全国医养结合示范省工作方案的通知［J］．山东省人民政府公报，2018（7）．

[44] 史云贵，周荃．整体性治理：梳理、反思与趋势［J］．天津行政学院学报，2014，16（5）．

[45] 睢党臣，彭庆超．"白发浪潮"下我国医养结合养老服务的发展困境与对策研究［J］．宁夏社会科学，2016（4）．

[46] 孙玉栋，郑垚．老龄化背景下养老项目 PPP 模式研究［J］．中国特色社会主义研究，2018（1）．

[47] 同春芬，张越．福利多元主义理论研究综述［J］．社会福利，2018（5）．

[48] 汪雨潭，匡莉，赵婧革．全科医疗核心特征功能定义与内涵界定研究——可及性［J］．中国卫生政策研究，2017，10（5）．

[49] 王长海，王贞丽，石桦．以基层医疗卫生机构为主导型医养结合模

式的 PEST—SWOT 分析［J］. 卫生软科学，2019，33（11）.

［50］王成利，王洪娜. 医养融合养老：供给途径、实践困境与政府责任——基于公共产品理论的视角［J］. 东岳论丛，2017，38（10）.

［51］王洪娜. 医养结合养老机构服务效率及其影响因素——基于山东省226家医养结合养老机构数据分析［J］. 重庆社会科学，2020（5）.

［52］王莉莉. 健康战略背景下我国医养结合政策新进展［J］. 兰州学刊，2021（12）.

［53］王倩. 人口老龄化背景下城市社区"嵌入式"养老模式研究——以合肥市庐阳区为例［J］. 安徽行政学院学报，2019（1）.

［54］王全美，匡萍. 农村老人医养结合养老资源需求影响因素研究［J］. 资源开发与市场，2019，35（10）.

［55］王霞，冯泽永，李秀明，等. 医疗服务融入居家养老服务模式中的探讨［J］. 医学与哲学（A），2015，36（2）.

［56］王先菊. 我国消费结构优化中健康养老服务业发展研究［J］. 改革与战略，2016，32（10）.

［57］王颖，牟墨涵，赵世超，等. 分级诊疗背景下山东省居民基层首诊意愿影响因素研究［J］. 医学与社会，2021，34（2）.

［58］王玉芬. 探索医养结合模式的政策思考［J］. 开放导报，2016（3）.

［59］魏庆豪，吴宪，孙梦. 山东省"嵌入式"医养结合建设的发展现状及优化路径［J］. 中国医药导报，2020，17（33）.

［60］魏宇. "十四五"时期我国养老服务模式的创新战略探讨［J］. 西南金融，2021（5）.

［61］温雪娜. "物业+学院式"社区康养服务新模式［J］. 中国物业管理，2021（11）.

［62］翁美华，郭丽华，范丽敏，等. 厦门市思明区老年人对医养结合养老模式的认知和参与意愿现状及其影响因素［J］. 医学与社会，2019，32（9）.

[63] 吴东翔，王卫东，张寒冰，等．医养结合人才培养研究综述 [J]．山西卫生健康职业学院学报，2020，30 (4)．

[64] 吴宏洛．论医疗保险制度设计对失能老人的救助功能——基于医养结合长期照护模式的考察 [J]．福建师范大学学报（哲学社会科学版），2014 (2)．

[65] 武雨，王小娜，于谦，等．石河子市老年人医养结合养老模式认知 [J]．中国老年学杂志，2019，39 (3)．

[66] 夏初，胡勤勇．做改革先行者，助力机构高质量发展 [J]．中国社区医师，2021，37 (10)．

[67] 薛镭，安娴，王峥，等．健康老龄化背景下基层医疗机构对“医养结合”服务的支持性研究术 [J]．中国卫生经济，2019，38 (10)．

[68] 严鸿兴，王建骏，张悦．居家养老现状、模式及前景探讨 [J]．中华全科医学，2011，9 (5)．

[69] 杨梅．贺州市“医养结合”背景下中职护理人才培养教育体系研究 [J]．基层医学论坛，2019，23 (6)．

[70] 臧少敏．“医养结合”养老服务的开展现状及模式分析——以北京市为例 [J]．老龄科学研究，2015，3 (12)．

[71] 翟绍果，马丽，万琳静．长期护理保险核心问题之辨析：日本介护保险的启示 [J]．西北大学学报（哲学社会科学版），2016，46 (5)．

[72] 詹雪琴，沈佳坤，张能鲲．康养医疗企业数字化服务平台的合规机制构建与风险防控——以S康养集团为例 [J]．财务管理研究，2022，(12)．

[73] 张波．我国居家养老模式研究综述与展望 [J]．四川理工学院学报（社会科学版），2013，28 (4)．

[74] 张虹，沈军．医养结合机构失能老人长期照护需求及满意度研究 [J]．重庆医学，2019，48 (21)．

[75] 张瑞洁，夏昉．吉林省居民对社区卫生服务的满意度及其影响因素 [J]．医学与社会，2019，32 (6)．

[76] 张涛，张华玲，褚淏婧，等．我国医养结合政策发展历程分析

[J]．中国医院，2018，22（6）．

[77] 张轶鹤，张琳，赵思颖，等．连云港市机构养老路径的探索［J］．大陆桥视野，2022（11）．

[78] 张要茹，金真．我国医养结合人才队伍建设分析［J］．人口与计划生育，2018（12）．

[79] 周慧芳，王晓艳．医养结合 幸福养老［J］．人人健康，2021（23）．

[80] 朱庆．医养结合养老服务研究综述［J］．中国初级卫生保健，2020，34（6）．

三、报纸

[81] 高艺飞．东营区：医养结合"嵌入"社区智慧养老温暖居民［N］．齐鲁晚报，2021-09-20.

四、其他文献

[82] 顾文轩．医养结合模式下大连市高校康复专业人才培养研究［D］．大连：大连理工大学，2020.

[83] 郭良林．社会组织参与农村社区养老研究——以奉贤"四堂间"模式中的社会组织参与为例［D］．上海：上海师范大学，2020.

[84] 黎婷．"互联网+"背景下滨州市智慧养老研究［D］．济南：山东师范大学，2020.

[85] 李建华．嵌入式养老视域下城市社区老年体育公共服务体系建设研究［D］．武汉：武汉体育学院，2020.

[86] 徐虹霞．基层医疗机构医养结合服务供给能力现状研究——以上海市黄浦区社区卫生服务中心为例［D］．上海：上海交通大学，2016.

[87] 张化楠．山东省医养结合养老模式发展问题研究［D］．泰安：山东农业大学，2017.

[88] 赵然．天津市医养结合养老服务的实践困境与对策研究［D］．天津：天津工业大学，2020.

[89] 德州市人民政府建议提案专栏．《关于我市康养产业发展的建议》

的答复［A/OL］. 德州市人民政府，2021-12-18.

［90］对市政协十三届五次会议第135086号提案（关于推进全市医养康养养老服务体系建设的建议）的答复［A/OL］. 潍坊市民政局，2021-07-05.

［91］关于对在基层医院建立医养结合服务区域问题建议的答复［A/OL］. 临沂市卫生健康委员会，2021-11-01.

［92］国家卫生健康委调研组到我市开展医养结合机构服务质量提升行动调研［A/OL］. 临沂市卫生健康委员会，2021-07-26.

［93］兰山区发展和改革局. 兰山区"四维"发力推动养老服务业多点开花［A/OL］. 兰山区人民政府网站，2021-04-22.

［94］薄其雨. 后疫情时代，"老有所养"的困与纾［EB/OL］. 新浪财经，2022-06-08.

［95］北京青年报北青网官方账号. 山西太原发布4项养老标准应对人口老龄化［EB/OL］. 北青网，2021-11-23.

［96］陈敏. 让晚年生活更美好 宁波先后出台多项政策推动医养结合［EB/OL］. 中国宁波网，2019-11-18.

［97］初磊. 山东两证齐全医养结合服务机构726家，占全国10%以上［EB/OL］. 九派新闻，2021-12-08.

［98］第七次全国人口普查数据表明山西进入"轻度老龄化"阶段［EB/OL］. 人民资讯，2021-05-27.

［99］杜寅. 让晚年生活更美好宁波先后出台多项政策推动医养结合［EB/OL］. 中国宁波网，2019-11-18.

［100］范晓燕，陈文彬. 全市唯一！德州市庆云县东辛店镇卫生院入选全国医养结合典型［N］. 山东广播电视台闪电新闻，2020-09-07.

［101］甘贝贝. 聚焦上海医养结合：沪上的幸福养老经［EB/OL］. 光明网，2020-09-27.

［102］甘贝贝. 聚焦上海医养结合（上）优质服务送到老人家门口［EB/OL］. 健康报，2020-09-25.

［103］甘贝贝. 聚焦上海医养结合（下）沪上的幸福养老经［EB/

OL］. 健康报，2020-09-26.

［104］郭秀慧. 太原市迎泽区双一社区，不离家服务佳病有人医老有人养［EB/OL］. 智慧生活报，2020-01-06.

［105］韩敬. 安宁疗护在社区的“打开方式”有何不同?［EB/OL］. 搜狐网，2020-10-15.

［106］黄石松，陈红梅. 对接养老服务供需双方，街乡社区的作用凸显——夯实社区对养老服务的支持作用［EB/OL］. 北京日报，2019-08-19.

［107］姜慧梓. 北京七人普数据出炉，老龄化加深劳动人口下降，你关心的都在这儿［EB/OL］. 新京报，2021-05-20.

［108］荆文娜. 山东东营：“嵌入式”医养结合智慧养老让“养老”变“享老”［EB/OL］. 山东广播电视台闪电新闻，2019-01-31.

［109］荆文娜. 山东东营：“嵌入式”医养结合智慧养老让“养老”变“享老”［EB/OL］. 山东广播电视台闪电新闻，2019-01-31.

［110］孔令华. 2021 年临沂市老龄工作委员会全体会议顺利召开［EB/OL］. 临沂日报社，2021-04-15.

［111］李姗姗. 老有所养 老有所医 老有所乐 YMG［EB/OL］. 烟台日报，2021-10-14.

［112］李依璐. 兰山区金雀山街道社区卫生服务中心将基本公共卫生服务铺展到 10 个社区［EB/OL］. 琅琊新闻网，2020-05-22.

［113］梁蕊缨. 太原市养老机构运营现状［EB/OL］. 参考网，2021-07-23.

［114］辽宁老龄化程度位居全国首位现行举措有效满足养老需求［EB/OL］. 中国新闻网，2021-06-22.

［115］刘畅. 上海全力推进医养结合 提升儿童健康服务［EB/OL］. 中国新闻网，2019-07-23.

［116］刘理晖，王伟进，顾天安. 补齐短板 加快养老护理人才职教发展［EB/OL］. 中国经济时报，2021-05-10.

［117］毛羽. 北京医养结合机构总数达 200 家养老机构实现医疗服务全

覆盖［EB/OL］．北青都市，2022-01-14.

［118］戚荷琳，马韶琪．烟台牟平区姜格庄街道：打造医养结合样板实现“医养护”一体化服务［EB/OL］．人民网，2021-10-28.

［119］秦洋．医养结合探新路（上）［EB/OL］．山西日报，2021-04-23.

［120］庆云县东辛店镇卫生院．胡洪宇院长荣获“新时代引领社会责任十佳院长”称号［EB/OL］．山东省医养健康产业协会，2020-08-14.

［121］曲薪瑜．牟平区姜格庄街道社区卫生服务中心积极开展医养结合工作［EB/OL］．大众网，2021-06-19.

［122］全百惠．姜格庄街道提供“医养护”一体化服务——让“老有所医”的梦想照进现实［EB/OL］．烟台日报，2021-03-31.

［123］山西医养结合现状调查报告范文［EB/OL］．百度文库，2021-05-23.

［124］宋吉男．实现医养结合示范先行单位市、县两级全覆盖东营医养融合发展成效显著［EB/OL］．人口健康报，2021-01-25.

［125］铁岭市卫生健康委员会．辽宁多措并举推进医养结合提升养老服务质量［EB/OL］．辽宁日报，2021-03-06.

［126］王敏娜．护航人生“最后一公里”！辽宁加快发展安宁疗护服务［EB/OL］．搜狐网，2022-03-04.

［127］王维逸，李冰婷．人口老龄化+需求多元化，发展养老产业势在必行［EB/OL］．远瞻智库，2021-06-02.

［128］网信津南．天津市津南区：“医养结合”打造养老新模式［EB/OL］．网易，2021-11-13.

［129］文峰街道社区卫生服务中心医养结合汇报［EB/OL］．百度文库，2017-10-15.

［130］我国医养结合政策发展历程梳理［EB/OL］．养老之家网，2021-01-05.

［131］夏雪．就地养老对老年人的意义［EB/OL］．社论前沿，2019-

08-29.

［132］县医保局：创新“医养结合”模式助力打造全链条闭环式医疗健康服务［EB/OL］．新浪网，2022-01-06.

［133］信召红．我市两年内打造千亿级医养健康产业［EB/OL］．烟台日报，2020-09-19.

［134］徐佳婷，张文魁．让临终患者舒适地走完最后一程！沈阳13家医疗机构是这么做的［EB/OL］．九派新闻，2021-03-25.

［135］央视新闻联播聚焦山东医养结合800多家公立医院开办养老服务［EB/OL］．大众网，2019-10-07.

［136］杨凡，王进．临朐县辛寨中心卫生院卧龙分院——“医养结合”新模式［EB/OL］．齐鲁网，2021-05-10.

［137］郓城这家机构荣获山东省首批医养结合典型案例殊荣［EB/OL］．搜狐网，2019-12-27.

［138］张斌．安宁疗护做好安宁疗护，让生命“善终”［EB/OL］．健康报，2021-04-06.

［139］张伟群．看浙江老年人口十年变化老龄化速度“歇一歇”后再回升［EB/OL］．浙江日报，2021-11-30.

［140］张煜．山西：医养结合探新路［EB/OL］．山西日报，2021-04-23.

［141］张玉岩，张宝帆．山东60岁及以上老年人口占比20.90%，老龄化进程加快［EB/OL］．齐鲁壹点，2021-05-23.

［142］浙江目标到2025年建成1000个康养联合体形成康养服务网［EB/OL］．搜狐网，2021-09-30.

［143］周程程．国家卫健委：切实推动医养结合实现高质量发展［EB/OL］．每日经济新闻，2021-04-09.

［144］朱剑锋，石明兴．兰山：推进中医药事业高质量发展［EB/OL］．东方财富网，2021-11-26.

## 英文文献

[145] Conroy S, Van Der Cammen T, Schols J, et al. Medical services for older people in nursing homes comparing services in England and the Netherlands [J]. J Nutr Health Aging, 2009, 13 (6).

[146] Gilbert N. Remodeling Social Welfare [J]. Society, 1998, 35 (5).

[147] PENCHANSKY R, THOMAS J W. The concept of access: definition and relationship to consumer satisfaction [J]. Med Care, 1981, 19 (2).